ゼロ災運動推進者
ハンドブック

中央労働災害防止協会

はじめに

　ゼロ災害全員参加運動（略称：ゼロ災運動）は、1973年（昭和48年）に「ゼロ災害・ゼロ疾病」を目指す「全員参加の安全先取り運動」としてスタートしてから、2023年（令和5年）に50年の節目を迎えた。ゼロ災運動は、中央労働災害防止協会（略称：中災防）が提唱して以来、産業界から広く支持を受け、労働災害の防止に大きく貢献し、今日まで揺るぎない発展を続けている。その間編み出された手法のほとんどは、現場から生まれ、あるいは現場で活用された結果を踏まえて、改良に改良を重ねてきたものである。各企業においては、これらの手法を用いて、自主的安全衛生活動を促進し、快適な職場づくりの取り組みが展開されている。

　この「ゼロ災運動推進者ハンドブック」（略称：ハンドブック）は、ゼロ災運動で築いてきた運動理論と実践手法の集大成である。中災防が主催しているゼロ災運動トップセミナー、ゼロ災運動プログラム研究会（プロ研）でもテキストとして使用されている。

　第4版となる本書では、ゼロ災運動50周年を機に再構築した理念3原則を解説するとともに現場での実践に基づき、手法の改良等を取り入れ、引き続き労働安全衛生マネジメントシステムとの関係やライン化の徹底の考え方の他、健康づくり・メンタルヘルスにおける取り組みについてより詳しく述べ発行することとしたものである。

　このハンドブックを通じてゼロ災運動のご理解を深めていただいたうえで、ゼロ災運動を各社それぞれの実情に合わせて創意工夫をこらし、さまざまな問題解決に取り組む明るくいきいきと働ける職場づくりにつながる運動として積極的に展開していただくとともに、家庭生活や地域の社会活動にまでその輪を広げていただくことを心から期待している。

令和6年10月

中央労働災害防止協会

目　次

第1章　ゼロ災害全員参加運動のあらまし …………………………………… 11
Ⅰ　ゼロ災運動の考え方（理念） ………………………………………………… 11
1　ゼロ災運動に参加しよう──全員参加の安全衛生── ……………… 11
2　運動発足までの背景と経緯 ……………………………………………… 11
3　ゼロ災運動理念3原則 …………………………………………………… 13
4　全員参加で課題達成──活力ある職場づくりと24時間トータルゼロ災── …………………………………………………………… 15
5　ゼロを超えて──ゼロ災運動の高みとは── ………………………… 16
Ⅱ　ゼロ災運動の進め方──ゼロ災計画作成の手引き── ………………… 18
1　ゼロ災運動推進体制の基本 ……………………………………………… 18
2　ゼロ災運動の導入から発展へのプログラム例 ………………………… 19

第2章　ゼロ災運動の理念 ………………………………………………………… 36
Ⅰ　ゼロ災運動とは ………………………………………………………………… 36
1　人間尊重の哲学 …………………………………………………………… 37
2　健康とは──身体的・精神的・社会的なもの── …………………… 40
Ⅱ　ゼロ災運動基本理念3原則 …………………………………………………… 41
1　ゼロの原則 ………………………………………………………………… 41
2　先取りの原則 ……………………………………………………………… 42
3　参加の原則 ………………………………………………………………… 44
Ⅲ　ゼロ災運動推進3本柱 ………………………………………………………… 47
1　ゼロ災運動推進3本柱とは ……………………………………………… 47
2　スタッフの役割 …………………………………………………………… 51
3　管理監督者と小集団活動 ………………………………………………… 52
4　ゼロ災小集団活動の課題 ………………………………………………… 52
5　管理活動と職場自主活動 ………………………………………………… 53

第3章　ゼロ災小集団活動……………………………………………… 55

Ⅰ　ゼロ災小集団活動のとらえ方……………………………………… 55
1. 小集団は基本的な単位………………………………………… 55
2. 小集団活動の機能……………………………………………… 55
3. 感受性と問題解決能力………………………………………… 56
4. 毎日ミーティング・毎日トレーニング……………………… 57
5. ゼロ災小集団活動の意義……………………………………… 57
6. 管理監督者のリーダーシップ………………………………… 58
7. 前向きで自発的な自主活動…………………………………… 58
8. 小集団活動のマンネリ化……………………………………… 59

Ⅱ　いまなぜゼロ災小集団活動なのか………………………………… 61
1. 新しい小集団活動……………………………………………… 61
2. ゼロ災小集団とは……………………………………………… 62

Ⅲ　ゼロ災小集団のチームワークづくり……………………………… 67
1. チームとは……………………………………………………… 67
2. 人数は5、6人で……………………………………………… 68
3. リーダーが必要………………………………………………… 68
4. リーダーの職務と必要な事項………………………………… 69
5. 共通の行動目標づくり………………………………………… 70
6. 目標達成への前向きな姿勢…………………………………… 71
7. チームメンバーの役割とチームワーク……………………… 72
8. 職場風土づくり………………………………………………… 73

第4章　ヒューマンエラー事故防止…………………………………… 75

Ⅰ　ヒューマンエラー――危険の心理学入門――…………………… 75
1. 人間の行動特性………………………………………………… 75
2. 錯誤現象………………………………………………………… 76
3. 不注意物語……………………………………………………… 79

Ⅱ　ヒューマンエラー対策……………………………………………… 87
1. 人間特性に基づく事故防止策………………………………… 87
2. ハードウエア対策（物の面）………………………………… 87
3. ソフトウエア対策（人×物の面）…………………………… 88

目　次

　　　4　ヒューマンウエア対策（人×心の面） ……………………………… 89
　　　5　ゼロ災運動の具体的な諸活動 ………………………………………… 90

第5章　KYTの目指すもの ……………………………………………………… 92

　Ⅰ　KYTのすすめ ………………………………………………………………… 92
　　　1　人間はエラーする ……………………………………………………… 92
　　　2　3つのレベルでヒューマンエラー事故防止 ………………………… 93
　　　3　ヒューマンウエアの課題 ……………………………………………… 94
　　　4　なぜやらないのか、3つのケース …………………………………… 96
　　　5　KYTの正しい位置づけ ………………………………………………… 97
　　　6　瞬時KYへの展開 ……………………………………………………… 98
　　　7　KTYの進め方の特徴 …………………………………………………… 99
　　　8　24時間トータルゼロ災活動の提唱 ………………………………… 101
　Ⅱ　メンタルヘルスとヒューマンエラー事故防止 …………………………… 102
　　　1　精神健康と5つの具体策 …………………………………………… 102
　　　2　1分間黙想法 ………………………………………………………… 102
　　　3　八段錦 ………………………………………………………………… 105
　　　4　ストレッチ …………………………………………………………… 108
　　　5　メンタルヘルスケア ………………………………………………… 111

第6章　KYTの導入から定着まで ……………………………………………… 121

　Ⅰ　KYT導入のポイント ……………………………………………………… 121
　　　1　導入プランをしっかり立てよう …………………………………… 121
　　　2　トップ、管理者の理解と協力を得よう …………………………… 123
　　　3　トレーナーを養成し、リーダー研修をしよう …………………… 124
　　　4　「みんなで　早く　正しく」を課題にしよう …………………… 125
　　　5　全員参加運動を展開しよう ………………………………………… 126
　Ⅱ　KYT定着のポイント ……………………………………………………… 128
　　　1　毎日毎日トレーニングしよう ……………………………………… 128
　　　2　仕事そのものにしよう ……………………………………………… 129
　　　3　管理者は指導し援助しよう ………………………………………… 130
　　　4　積極的創造的な活動をしよう ……………………………………… 131
　　　5　安全作業KYサイクルを回そう …………………………………… 132

　　　　6　運動を本格的に推進しよう……………………………………… 133
　　　　7　ゼロ災運動・KYT研修トレーナー心得7カ条………………… 134

第7章　指差し呼称………………………………………………………… 136

　Ⅰ　指差し呼称の実践方法………………………………………………… 136
　　　　1　指差し呼称とは………………………………………………… 136
　　　　2　指差し呼称の理念……………………………………………… 136
　　　　3　指差し呼称の名称……………………………………………… 136
　　　　4　指差し呼称のやり方…………………………………………… 137
　　　　5　指差し呼称の型………………………………………………… 138
　　　　6　注意すべきこと………………………………………………… 138
　　　　7　確認の項目（対象）…………………………………………… 139
　Ⅱ　なぜいま指差し呼称か………………………………………………… 141
　　　　1　指差し呼称の必要性…………………………………………… 141
　　　　2　指差し呼称の有効性…………………………………………… 142
　Ⅲ　指差し呼称の実践……………………………………………………… 144
　　　　1　指差し呼称実施上の問題点…………………………………… 144
　　　　2　指差し呼称とゼロ災運動……………………………………… 145
　　　　3　指差し呼称を組み込んだKY手法…………………………… 145

第8章　指差し唱和、タッチ・アンド・コール………………………… 147

　Ⅰ　意識下の意識への挑戦………………………………………………… 147
　Ⅱ　指差し唱和……………………………………………………………… 148
　　　　1　指差し唱和とは………………………………………………… 148
　　　　2　やり方…………………………………………………………… 148
　Ⅲ　タッチ・アンド・コール（T&C）…………………………………… 149
　　　　1　タッチ・アンド・コールとは………………………………… 149
　　　　2　やり方…………………………………………………………… 149

第9章　健康KY…………………………………………………………… 151

　Ⅰ　職場レベルの個別健康KY…………………………………………… 151
　　　　1　目的……………………………………………………………… 151
　　　　2　監督者による観察と問いかけ項目…………………………… 151

目 次

  3　訓練方法⋯⋯⋯⋯⋯⋯⋯⋯⋯⋯⋯⋯⋯⋯⋯⋯⋯⋯⋯⋯⋯⋯ 151
  4　健康KYシステム図⋯⋯⋯⋯⋯⋯⋯⋯⋯⋯⋯⋯⋯⋯⋯⋯⋯ 152
  5　適切な指導と措置⋯⋯⋯⋯⋯⋯⋯⋯⋯⋯⋯⋯⋯⋯⋯⋯⋯ 154

第10章　ホンネの話し合い方 ⋯⋯⋯⋯⋯⋯⋯⋯⋯⋯⋯⋯⋯⋯⋯ 157

 Ⅰ　ゼロ災チームミーティングの進め方 ⋯⋯⋯⋯⋯⋯⋯⋯⋯⋯⋯ 157
  1　ゼロ災チームミーティングとは ⋯⋯⋯⋯⋯⋯⋯⋯⋯⋯⋯⋯ 157
  2　ゼロ災チームミーティングにおけるホンネの話し合い方 ⋯⋯ 159

第11章　問題解決4ラウンド法 ⋯⋯⋯⋯⋯⋯⋯⋯⋯⋯⋯⋯⋯⋯⋯ 163

 Ⅰ　問題解決4ラウンド法の考え方 ⋯⋯⋯⋯⋯⋯⋯⋯⋯⋯⋯⋯⋯ 163
  1　問題解決ゼロ・サイクルとは ⋯⋯⋯⋯⋯⋯⋯⋯⋯⋯⋯⋯⋯ 163
  2　各ステップの進め方・考え方 ⋯⋯⋯⋯⋯⋯⋯⋯⋯⋯⋯⋯⋯ 165
  3　4ラウンドKYTへ ⋯⋯⋯⋯⋯⋯⋯⋯⋯⋯⋯⋯⋯⋯⋯⋯⋯ 170
 Ⅱ　問題提起ミーティングの進め方 ⋯⋯⋯⋯⋯⋯⋯⋯⋯⋯⋯⋯⋯ 173
  1　問題提起ミーティングの進め方要領 ⋯⋯⋯⋯⋯⋯⋯⋯⋯⋯ 173
 Ⅲ　問題解決4ラウンド法の進め方 ⋯⋯⋯⋯⋯⋯⋯⋯⋯⋯⋯⋯⋯ 177
  1　現場の問題解決（時間短縮と分かりやすさを重視）⋯⋯⋯⋯ 177
  2　量→質→量→質の集団思考発展 ⋯⋯⋯⋯⋯⋯⋯⋯⋯⋯⋯⋯ 177
  3　ホンネで早く　正しく反復訓練 ⋯⋯⋯⋯⋯⋯⋯⋯⋯⋯⋯⋯ 178
  4　第2ラウンドまででも行動が変わる ⋯⋯⋯⋯⋯⋯⋯⋯⋯⋯ 178
  5　5W1Hで具体化 ⋯⋯⋯⋯⋯⋯⋯⋯⋯⋯⋯⋯⋯⋯⋯⋯⋯⋯ 179
  6　チーム行動目標唱和 ⋯⋯⋯⋯⋯⋯⋯⋯⋯⋯⋯⋯⋯⋯⋯⋯⋯ 179
  7　具体的な目標 ⋯⋯⋯⋯⋯⋯⋯⋯⋯⋯⋯⋯⋯⋯⋯⋯⋯⋯⋯⋯ 179

第12章　危険予知訓練（KYT）⋯⋯⋯⋯⋯⋯⋯⋯⋯⋯⋯⋯⋯⋯ 186

 Ⅰ　KYTのすすめ ⋯⋯⋯⋯⋯⋯⋯⋯⋯⋯⋯⋯⋯⋯⋯⋯⋯⋯⋯⋯ 186
  1　KYT小史 ⋯⋯⋯⋯⋯⋯⋯⋯⋯⋯⋯⋯⋯⋯⋯⋯⋯⋯⋯⋯⋯ 186
  2　KYTの考え方 ⋯⋯⋯⋯⋯⋯⋯⋯⋯⋯⋯⋯⋯⋯⋯⋯⋯⋯⋯ 189
 Ⅱ　KYT基礎4ラウンド法の進め方 ⋯⋯⋯⋯⋯⋯⋯⋯⋯⋯⋯⋯ 194
  1　KYTレポートの書き方 ⋯⋯⋯⋯⋯⋯⋯⋯⋯⋯⋯⋯⋯⋯⋯ 201
  2　模造紙の書き方 ⋯⋯⋯⋯⋯⋯⋯⋯⋯⋯⋯⋯⋯⋯⋯⋯⋯⋯⋯ 201
  3　KYT基礎4ラウンド法のポイント ⋯⋯⋯⋯⋯⋯⋯⋯⋯⋯ 205

		4 第1ラウンドの"危険"のとらえ方と表現の仕方 ……………… 207
		5 KYTを実施するリーダーの心得 …………………………… 209
Ⅲ	KYTの生かし方 ………………………………………………………… 213
	1 作業態様に適合 …………………………………………………… 213
	2 KYT活用3つのレベル ………………………………………… 215
	3 TBM－KY活動 ………………………………………………… 216
	4 KYTの実践 ……………………………………………………… 219
	5 金魚鉢方式 ………………………………………………………… 222
	6 KYTで留意すべき7項目 ……………………………………… 224
	7 KYTが生み出すもの …………………………………………… 225
Ⅳ	作業指示者レベルのKYT …………………………………………… 227
	1 作業指示STK訓練 ……………………………………………… 227
	2 適切指示即時KYT ……………………………………………… 235
	3 個別KY …………………………………………………………… 241
	4 問いかけKY ……………………………………………………… 242
Ⅴ	小人数チームレベルのKYT ………………………………………… 248
	1 ワンポイントKYT ……………………………………………… 248
	2 三角KYT ………………………………………………………… 255
	3 SKYT …………………………………………………………… 264
Ⅵ	1人レベルのKYT …………………………………………………… 269
	1 1人KYT ………………………………………………………… 269
	2 自問自答カード1人KYT ……………………………………… 275
	3 KY（自問自答）カード ………………………………………… 282
	4 1人4ラウンドKYT …………………………………………… 284
Ⅶ	交通KYT ……………………………………………………………… 287
	1 交通KYT基礎4ラウンド法 …………………………………… 287
	2 ストレートKYT ………………………………………………… 296
	3 交通自問自答カード1人KYT ………………………………… 300
	4 交通1人4ラウンドKYT ……………………………………… 303
Ⅷ	ミーティングKYT …………………………………………………… 305
	1 短時間ミーティングSS訓練 …………………………………… 305
	2 5分間ミーティングシナリオ役割演技訓練 …………………… 312
Ⅸ	実践的な現場の先取り手法 …………………………………………… 324

目　次

　　　1　災害事例KYT ……………………………………………………… 324
　　　2　単位作業KYT（ステップKYT） ……………………………… 329
　　　3　S－KYT ………………………………………………………… 333
　　　4　4S－KY …………………………………………………………… 337
　　　5　プロセス（P）KY ……………………………………………… 337
　　　6　設計マンKY ……………………………………………………… 337
　　　7　インシデントレポートKYT …………………………………… 337
　　　8　ヒューマンリスクアセスメントの活用（指差し呼称項目の
　　　　　作成）……………………………………………………………… 338

第13章　ヒヤリ・ハットの活用 ……………………………………… 339

　Ⅰ　ヒヤリ・ハットミーティング ………………………………………… 339
　　　1　ヒヤリ・ハットミーティングの活用 ………………………… 339
　　　2　災害事例KYTで解決 …………………………………………… 339
　　　3　実践ヒヤリ・ハットKY ………………………………………… 340
　　　4　仮想ヒヤリ、予想ヒヤリ、H・H・K ………………………… 340
　Ⅱ　ヒヤリ・ハットKYT …………………………………………………… 342
　　　1　イラストづくりのポイント …………………………………… 342
　　　2　イラストの書き方 ……………………………………………… 342

＜資料①＞　ゼロ災運動史年表 …………………………………………… 345
＜資料②＞　ゼロ災害全員参加運動推進計画 …………………………… 353
＜資料③＞　ゼロ災運動における管理活動 ……………………………… 358

第1章　ゼロ災害全員参加運動のあらまし

I　ゼロ災運動の考え方（理念）

1　ゼロ災運動に参加しよう──全員参加の安全衛生──

> ゼロ災害全員参加運動（ゼロ災運動）は
> 人間尊重を基本理念に据え、一切の労働災害を発生させないよう、全員参加で職場の危険や問題点を把握、解決し、職場の安全と健康をみんなで先取りする安全衛生運動である。

　ゼロ災害全員参加運動（略称：ゼロ災運動）は、「ゼロ災害へ全員参加」のスローガンのもとに安全衛生の方向性を示す運動として、中央労働災害防止協会（略称：中災防）が1973年（昭和48年）から提唱している。人間尊重とは、かけがえのない一人ひとりの人間（ひと）を平等に大切にすることである。

　ゼロ災運動は単に災害や疾病がいくらか減ればよいとするような消極的なものではない。この運動は人間尊重の基本理念に基づいて、厳しく一切の労働災害を許さず、職場の危険や問題点を全員参加で把握し、解決し、安全衛生を先取りしていこうとする運動である。そしてゼロ災運動を通じて、職場の安全衛生のあり方を追求し、人間中心の働きがいのある明るく健康で快適な職場をつくり出していこうとする取り組みである。

2　運動発足までの背景と経緯

　中災防は創立（1964年（昭和39年））以来、各種の安全衛生キャンペーンを実施してきていたが、その中に1969年（昭和44年）3月提唱の「緑十字グループ運動」がある。この運動は、同一職場のメンバー10名程度で「緑十字グループ」をつくり、自主的なグループ目標を設定し、それに挑戦する自主活動を促進しようというキャンペーンであり、当時事業場で推進されていた安全QCサークル活動[1]や安全ZD運動[2]等に

第1章　ゼロ災害全員参加運動のあらまし

ヒントを得たものであった。しかし、当初は機関誌やパンフレットで運動の趣旨をPRしたのみで、それ以上に運動を推進する体制にはなかった。

　このような時代背景の中で、1971年（昭和46年）9月に開かれた財界トップとの労働安全衛生懇話会は、労働安全衛生法（以下「安衛法」という。）制定についての審議が中心であったが、その際、「安全衛生管理組織の確立は、企業内の生産組織が一体となって、全員参加の活動を展開すること」また「安全衛生教育の徹底は、作業者自身の安全衛生自主活動により促進すること」が議論され、その後の安全衛生活動のあり方に大きな示唆を与えた。

　その後、1972年（昭和47年）の安衛法制定を経て、労働災害防止活動が急速に活発化する中にあって、中災防としても、独自の迫力ある安全運動キャンペーンを企画することとなり、上記の懇話会での趣旨を生かして1973年（昭和48年）の年頭スローガンとして「ゼロ災害へ全員参加」を選定し、これを実体的な運動に高めるため、中堅

（このマークはゼロ災運動のシンボルマークである。）

ゼロ災マークの意味

　ゼロ災マークは、中災防が発案したものである。このマークは2人の人間がゼロを支えているように見える。これは労使協調、さらにはゼロ災小集団内のチームワークを意味している。また、ゼロ災マークは見方によっては、海賊船のドクロマークに似ている。事故を起こせばたちまち被害者やその家族はもちろん、会社まで含めて周囲の状況は修羅場となり、ドクロマークの世界に一変する。事故を起こしてゼロ災マークをドクロマークにしてはならない。相互に手を携えて「ゼロ」を転がさないよう誓い合いたい。

---

1) 安全QC（Quality Control）サークルは、品質管理活動に由来する、同じ職場内の小グループで行う自主的な安全のための職場改善活動。
2) ZD（Zero Defects）運動は、欠点（不良）や欠陥をなくすことを目標として行う無欠点運動・無欠陥運動。通常小集団の自主活動として行われる。

Ⅰ　ゼロ災運動の考え方（理念）

幹部によるプロジェクト・チームを結成し、具体化のための検討に着手した。

　1973年（昭和48年）当時は、企業では生産能率向上、品質向上、コスト・ダウン、納期厳守などを目的として、すでにいろいろな名称の職場小集団活動が行われていた。1972年（昭和47年）の調査で、1千人以上の企業の69％が何らかの形で小集団活動を行っていたようである。そのような状況を踏まえて、プロジェクト・チームが苦心して作成した「ゼロ災運動推進要領」が発表されたのは1973年（昭和48年）初頭であった。その趣旨は「経営者、管理監督者をはじめ、全部門、全職場の従業員の自主参加によって、労働災害の絶滅と全員健康の理想を実現する…」ことであった。期間については、当初の案は3年であったが、国の労働災害防止基本計画に合わせて5カ年に修正した。1973年（昭和48年）から始まる5カ年のこの推進要領は、後に「第1次推進計画」と称された。なお、この運動の発足により、従来から提唱してきた緑十字の日、緑十字グループ運動、危険・有害物表示は、この新しい運動に吸収されていった。

　中災防では、この要領を機関誌に発表するとともに、運動実施プログラムを具体的に進めるための手引きの作成に着手したが、その際、Zero in on Safety（安全に照準を合わせよ）をスローガンに進めていたアメリカのNSC（全米安全会議）のキャンペーンの資料を参考にした。

　このようにしてつくられた「ゼロ災運動の進め方──ゼロ災計画作成の手引き」は、そのあと何回もの審議検討を経て、決定された。この手引きは、そのあとも情勢の進展につれて数回、加除訂正されて今日に至っている。その内容は「考え方」と「実施計画作成の手引き」に分かれており、具体的な運動推進プログラム案が提示され、ゼロ災運動普及の原動力となっている。

3　ゼロ災運動理念3原則

　ゼロ災運動は、人間尊重の基本理念を、「ゼロ」、「先取り」、「参加」の3つの原則でとらえている。これをゼロ災運動理念3原則という。

> **（1）　ゼロの原則**
> 　ゼロ災害とは、職場や作業にひそむ全ての危険を発見・把握・解決し、根底から労働災害をゼロにし、さらには心とからだの健康や働きがいの向上につなげていこうとすることである。

　災害件数は去年の半分にすればよいというものではない。誰一人ケガをさせない、

第1章　ゼロ災害全員参加運動のあらまし

死なせないという人間愛が、「ゼロ」という言葉に込められた意味なのである。「ゼロ災害」・「ゼロ疾病」というのは、かけがえのない一人ひとりの人間（ひと）を平等に大切にする人間尊重の理念そのものである。全員が、とりわけトップが、「誰一人ケガ人は出さない」とゼロ災の達成を強く決意し宣言するところにゼロ災運動の出発点がある。

　人間尊重の視点に立てば、働く人一人ひとりの安全と健康をないがしろにすることはできない。特に心とからだの健康は、病気を予防するというだけでなく、元気にいきいきと働く基盤として不可欠なものである。また、いきいきと健康に働くためには、安全・快適な働きやすい職場で、仕事に誇りとやりがい、熱意を持ちながら働きがいを実感できることが大切である。

　「ゼロ災害」・「ゼロ疾病」を究極の目標（理念）として、全員の努力・協力を積み重ね、元気にいきいきと働ける職場づくり人づくりに向けて、一歩一歩着実に地道に前進していこうという全員参加の先取り（プロセス）そのものが、ゼロ災運動が目指すゼロの原則なのである。

> **（2）　先取りの原則**
> 　ゼロ災運動における先取りとは、心とからだの健康や、自主性・自発性を生かしつつ職場の活力を高め、職場や作業にひそむ全ての危険を低減するとともに、行動する前に発見・把握・解決して、事故・災害の発生を予防したり防止したりすることである。

　通常、災害は不安全な行動と不安全な状態が重なり合って発生する。ヒヤリ事故も死亡事故もその根本は同じ危険要因から起こっている。いずれも情報としての価値に差はない。

　ゼロ災運動では、極微傷害でも、ヒヤリ・ハット体験でも、それを重要な情報として大切にして、職場の危険を見つけ出し、これを除去、低減したり、全ての危険要因を事故・災害が発生する前に発見し、把握し、さらに、もしかしたら事故・災害になるかもしれないという危険を予知予測し、その解決に努める。そして必要な安全衛生活動を自主的に進んで行い、自身の健康の大切さを認識し、健康づくりを自発的に行う。指示される前に自分と仲間を守るために考えて行動し、前向きで能動的な行動ができる人づくりを進め、活力ある魅力的な職場づくりを実現していくことがゼロ災運動の人づくり、職場づくりなのである。

また、健康診断やストレスチェックの結果などから、将来、心やからだに不調を来す可能性のある危険を予測し、その除却・低減や心とからだの健康づくり、職場環境の改善に努める。事故・災害や心やからだの不調が発生する前に未然に防止して安全と健康を先取りする「先取り安全衛生」を進めるために、先取り的な職場・企業体質に変えていこうとすることがゼロ災運動が目指す先取りの原則である。

> (3) 参加の原則
>   ゼロ災運動における参加とは、職場や作業にひそむ危険を発見・把握・解決するために、トップをはじめ全員が一致協力してそれぞれの立場・持場で、自主的・自発的に問題解決行動を実践することをいう。

働く人々の安全と健康の確保は、事業者に課せられた当然の法的責任であり、かつ道義的責任でもある。その責任を全うするためには、事業者はトップダウンの安全衛生管理の徹底に併せて、作業者一人ひとりの自主性・自発性を生かしたボトムアップの職場自主活動を促進することが必要である。

トップをはじめ全員が積極的に安全衛生活動に参加し、「ゼロ災害」・「ゼロ疾病」を目指して、心とからだの健康づくりや職場環境改善に積極的に取り組むことで、先取り的、参加的ないきいきとした職場風土（人間関係・雰囲気・価値観）づくりに取り組むことがゼロ災運動が目指す参加の原則なのである。

4 全員参加で課題達成──活力ある職場づくりと24時間トータルゼロ災──

働く人々の安全と健康を確保するため、会社が機械・設備をはじめ作業環境の安全衛生化を図り、安全衛生のルールや作業標準などを整え、安全衛生教育を行うなど、安全衛生管理を推進することは基本的な大前提である。

しかし、安全衛生を徹底し本格的に進めるためには、これらの会社側の管理的な施策に併せて、作業者一人ひとりの自主性が尊重され、自ら進んで参加する意欲を盛り上げるような働きがいのある組織づくりと、問題の解決に積極的に取り組み、みんなでヒューマンエラー事故防止に努め、作業者一人ひとりが健康の重要性を認識して心とからだの健康づくりや職場環境改善に取り組んでいく、いきいきとした職場づくりがどうしても必要とされる。

つまり、会社の管理と一体に、働く人々の自主性・自発性を生かした職場自主活動

第1章　ゼロ災害全員参加運動のあらまし

を促進し、その盛り上がりによって活動を推進することが欠かせない。

　安全衛生活動は、管理監督者の呼びかけ（管理）とそれに対する働く人々の呼応、盛り上がり（参加）がピッタリと一致するような職場ではじめて効果ある活動となる。その職場の核心となるのは、トップの熱意、管理監督者（上司）と作業者（部下）との信頼関係である。上司は、日頃から部下に関心を持ち、日常の挨拶や業務の合間の声かけを行い、コミュニケーション力を発揮して、時に厳しく指導したり、時に優しく励ましねぎらい、感謝を言葉で伝えたりするとともに、普段の様子と異なる言動等があれば、話を聞いたり相談にのること。そして上司は、自分自身に厳しく、ルールやマナーを率先して遵守することが重要である。このことは、安全衛生のみでなく、作業改善・品質向上・コストダウンなど、全ての職場の問題解決に共通することである。

　かけがえのない一人ひとりの人間（ひと）を平等に大切にする人間尊重の理念に基づけば、「ゼロ災害」・「ゼロ疾病」は、職場だけでなく、通勤、家庭を含めた24時間を通じた課題である。ゼロ災運動は、事業場内だけでなく、事業場外の様々な場面にも広く浸透されるべき運動といってよい。

5　ゼロを超えて──ゼロ災運動の高みとは──

　ゼロ災運動は、単に災害や疾病を防止することにとどまらず、さらに働きがいのある明るく健康で快適な職場づくりを全員参加で進めていく取り組みである。「ゼロ災害」・「ゼロ疾病」を目指すだけでなく、仕事にやりがいを感じ、いきいきと働く「働きがい」、そして健康の維持、向上を目指す「健康づくり」は、働くことに喜びを感じ、職務満足感を得て、元気で豊かな職業生活を続けるために必要なものである。

　ゼロ災運動では、「ゼロ災害」・「ゼロ疾病」を目指し、さらに元気で豊かな職業生活を訴求していく取り組みを「ゼロを超えていく」ことを意味する英語で「ビヨンド・ゼロ」と表現している。仕事に熱意と誇りを持ち、仕事から達成感や喜び、やりがいを感じる「働きがい」を得ることは、安全衛生活動への前向きな取り組みを後押しするだけでなく、ストレスや疲労を軽減するためにも大切である。働きがいのある職場であれば、従業員はその職場に愛着を感じるだけでなく、より良い職場づくりのために職場環境の改善にも積極的に関わる。そのためには、働く人一人ひとりがその適性と能力を創造的に発揮できる環境づくりが必要である。

　ゼロ災運動は従前から、労働衛生のライン化を重視して健康KYなどを通じて健康の大切さを伝えてきた。そして近年は働く人の健康管理を経営的視点から考える企業

が増えている一方で、働く人の高年齢化が進展し、中高年齢者の労働災害が増加している。働きがいを感じながら職業生活を終えるまで元気に働くためには、健康不調を改善し、健康を維持するだけでなく、積極的に心とからだの健康づくりをすることが今まで以上に求められている。

　「ゼロ災害」・「ゼロ疾病」を目指し、さらに元気で豊かな職業生活を続けるために必要な「働きがい」の視点や「健康づくり」の取り組みも含めてゼロ災運動を通じてこれからの安全衛生のあり方を追求していく。

第1章　ゼロ災害全員参加運動のあらまし

Ⅱ　ゼロ災運動の進め方
―― ゼロ災計画作成の手引き ――

1　ゼロ災運動推進体制の基本

（1）　ゼロ災運動の目指すもの

　ゼロ災運動は、職場小集団による自主活動のみを意味するのではなく、管理監督者によるライン管理活動を基本とするとともに、働く人々の積極的な自主活動と合わせた2つの動きを、1つのいきいきとした活動として展開していこうという総合的、全社的、全事業場的な運動である。このことは真の意味での安全衛生のライン化を追求することであり、**ライン化を完成する運動**と呼ぶこともできる。

　安全衛生は本来、法的にも道義的にもトップに責任があるが、トップのみがいかに厳しい経営姿勢でゼロ災を宣言して先頭に立ったとしても、管理監督者がそれを理解して、納得した上で、作業の中に安全衛生を一体のものとして組み込んで実践していかなければ本格的に進展しない。また、管理監督者がいくら命令、強制しても、作業者に取り組む意欲がなく、安全衛生問題を自分自身の問題として自主的・自発的に取り組む姿勢がなければ成果を期待することはできない。

　職場の第一線は、意識的か否かを問わず、通常何らかの少人数の集団になっている。ゼロ災運動ではヒューマンエラー事故を防止するために、職場小集団の役割を重視し、職場小集団の危険感受性と自主的な問題解決能力を高めることを極めて重要ととらえている。

　すなわち、ゼロ災小集団活動とは、全社的に安全衛生を推進する際の重要な取り組みとして、職場単位の自主活動によってライン管理を完成し、衆知を集めて職場の問題（危険）を解決し、全員参加で安全衛生を先取りするチームの活動である。

　職場の危険予知（KY）活動などの安全衛生活動を活発化させるためには、トップ・ライン・スタッフが職場自主活動の真の意義を理解し、人間尊重の立場に立ってその活動を重視し、一人ひとりの自己成長を信じてこれを指導・援助し、職場から提起された問題に責任を持って迅速・的確に対応する姿勢が必要である。

（2）　ゼロ災運動推進3本柱

　ゼロ災運動の推進には重要な3つの柱がある。この3つの柱は相互に関連し、支え

合っていて、どれも欠くことができない。

① トップの経営姿勢

安全衛生はまずトップの「ゼロ災害」・「ゼロ疾病」への確固たる決意に始まる。「働く人一人ひとりが大事だ」、「一人もケガ人は出さない」というトップの人間尊重の決意から運動は出発する。ゼロへの発想の転換はまずトップからというべきである。

② ライン化の徹底

安全衛生を推進するには、管理監督者（ライン）が部下の安全衛生の確保に強い決意をもって、作業の中に安全衛生を一体に組み込んで、率先垂範して実践することが不可欠である。このことを安全衛生のライン化という。

部下の安全衛生の確保はラインの本質的な任務である。「自分の部下は誰一人ケガをさせない」というラインの強い決意と実践がなければ、ゼロ災運動は始まらない。部下一人ひとりをきめ細かく指導・援助するのは、ラインの職務そのものである。また、スタッフはラインを援助し、協力して、ライン管理の徹底を図ることが大切である。

③ 職場自主活動の活発化

働く人一人ひとりにとって、安全衛生は自分自身の問題であり、また仲間同士の問題である。特に安全では、お互いエラーする人間同士と理解して、職場のチームメンバーが本音で話し合い、協力して自主的にヒューマンエラー事故防止を進めていくことが重要である。一人ひとりの作業者が、「自分は決してケガをしない」、「仲間からケガ人は出さない」、そのためにみんなでこうやろうというそれぞれの自覚と実践活動が、職場のゼロ災達成に不可欠なのである。

2 ゼロ災運動の導入から発展へのプログラム例

事業場ごとに安全衛生管理の歴史・現状・問題点はさまざまである。運動理念3原則、運動推進3本柱に立脚してその問題を解決しようというゼロ災運動の導入・展開も画一的に進めるのではなく、個別の状況に応じて進める。ここでは中規模程度の事業場を念頭において、そのモデルケースを示している。

(1) 運動実施を決める

① トップの姿勢を明示

安全衛生担当者あるいは経営幹部が、ゼロ災運動を始めようと思い立ったとき

は、運動開始前に運動の実施について経営者(総括安全衛生管理者)の全面的な了解と積極的な支持を取りつけよう。ゼロ災運動を導入し、発展させるに当たり最も大切なことは、トップの「ゼロ災害」・「ゼロ疾病」への厳しい経営姿勢であり、その決意と情熱を従業員に明瞭に示すことである。自分の事業場では絶対災害は起こさない、自分の部下は誰一人傷つけない、というトップの強い決意の宣言からこの運動はスタートする。

この運動が成功するか否かは、トップの意欲、組織力、実行力、さらにそのトップへの信頼感にかかっているといっても過言ではない。

② 推進委員会の発足と組織づくり

安全衛生委員会のある事業場では、委員会でゼロ災運動の理念、趣旨、内容、運動手法を十分に審議し、必ず労働組合の賛成と協力を得てこの運動の実施を決定しよう。安全衛生は労使が同じ土俵で話し合える問題である。

この運動をスタッフだけの運動としないためには、あらゆる部門、階層の管理監督者、一般従業員の代表者、組合代表者を委員として網羅するプロジェクトチーム=「ゼロ災運動推進委員会」を安全衛生委員会の下部組織として設置し、この委員会を運動スタートまでの準備組織(発足後は企画組織)として位置づける方法もある。この委員会の委員にこの運動の理念と手法をしっかり理解させることが第一歩である。

この委員会が中心になり、自事業場の現状の問題点を討議し、ゼロ災導入推進プログラム原案をつくる。この委員会の活動がどれだけ活発に自主的に運営されるか、また全員参加の趣旨を生かせるかがこの運動導入の成否を決める1つのポイントになるといってよい。特に災害が多発している部・課をパイロットとして、まずそこから運動を導入している事業場もある。

また、この運動の組織づくりに際しては第一線の職場小集団(チーム)の編成(または見直し)が重要である。新たに小集団を編成せずに、現在の第一線の作業者集団(班)の班長をそのままリーダーとするゼロ災チームとしてもよい。

③ 管理監督者とゼロ災小集団

管理監督者全員に対し、ゼロ災運動の趣旨と実施計画案を十分に説明し、管理監督者の果たす役割を徹底させるとともに、その意見をプログラムに十分に反映させることが大切である。

ゼロ災運動は第一義的には安全衛生のライン管理の徹底であり、またそれを職場小集団の自主活動によって完成させるものである。ゼロ災運動の実質的な推進

者はラインの管理監督者なのである。仮にライン管理の不徹底な事業場で、ゼロ災運動の名で小集団活動のみを奨励しても、管理監督者が小集団活動に消極的で、その活動に関与せず、活動を現場に任せっきりでは決してうまくいかない。管理監督者の職場自主活動重視の姿勢、日常の責任ある指導・支援があって、はじめて小集団活動が活発化する。ゼロ災運動導入時は、管理監督者に対してゼロ災運動の理解を深める研修を実施し、「自分の部下は決してケガをさせない」という強い決意を持つことからスタートする。また、常に運動の発展段階に応じた管理監督者研修が必要である。ラインの部長、課長の全員が「ゼロ災運動プログラム研究会（プロ研）[1]」に参加して、その率先垂範によって運動の導入・定着に成功した事例は多い。

④ 協力会社

　協力会社・関係会社にも働きかけ、一体となって運動を推進しよう。ゼロ災運動は人間尊重を理念とする運動である。親会社のみがよければよしとすることなく、そして自社の問題点を協力会社・関係会社にしわよせすることも、差別することもなく一緒になって全員参加で解決する体制をつくろう。主だった協力会社のトップを運動推進委員会のメンバーにするのもよい。ゼロ災運動研修への参加も親会社が積極的に協力をして一体となって実施しよう。

⑤ 運動名称

　「ゼロ災運動」という名称に、こだわる必要はない。ゼロ災運動の人間尊重の基本理念を踏まえた全員参加の先取り活動であることが重要である。パーフェクト・セーフティ運動、KYT運動などどんな運動名称でも構わない。その事業場にふさわしい名称やスローガンをみんなで独自に考えるのもいい方法である（ただし、いわゆる無災害運動や無災害競争はゼロ災運動とは言えない）。

　中災防は、全国のゼロ災運動同志が、お互いに情報と体験を交流しつつ、全国的全産業的な連帯のもとに、みんなでこの運動を質的に充実させ、普及推進していくための事務局としての役割を担っている。

　また、地区の実施事業場が自主的な組織を結成し、活発に相互研さん、相互交流を図ることによりゼロ災運動の一層の盛り上がりが期待できる。ぜひ地区の組織化を推進されることをお勧めする。

1）ゼロ災運動プログラム研究会（通称：プロ研）は中災防が主催する管理監督者・安全衛生スタッフを対象としたゼロ災運動の推進・啓発のための研究会（セミナー）

（2）問題点をつかみ運動プログラムを決める

① 現状把握と全体目標

　この運動を開始する準備段階で一番大事なことは、過去の災害事例やヒヤリ・ハット情報および安全衛生活動の自己点検結果などに基づいて、事業場の安全衛生活動の現状を厳しくチェックし、その問題点を正しく把握することである。

　管理組織、点検、整理整頓、作業標準、教育、リスクアセスメントの実施状況、危険有害物管理、健康診断、健康保持増進、環境改善、保護具、災害および職業性疾病対策、安全衛生委員会などの、ありのままの現状に対する自己点検と自己反省が第一歩である。どんな問題があるのか、そのポイントは何か、それを解決するにはどうしたらよいのかについて、ゼロ災運動の「問題解決4ラウンド法」を活用し、衆知を集めて詳細に検討する。

　「ゼロ災運動推進委員会」でこれらの問題点について徹底的な話し合いを行い、特に重要と思われる問題――例えば「ウッカリ・ボンヤリ事故が多い」、「非定常作業時の災害が多い」、「運転中の機械に触れて事故が起こる」、「指差し呼称が定着しない」、「交通事故が多い」、「腰痛を訴える者が多い」など――を明確にする。

　その重要問題について具体的な解決策の概略を想定して、それに基づく達成可能な事業場の全体目標――「危険予知訓練の導入」、「非定常作業前ミーティング実施」、「修理は機械を止めてから」、「作業前に指差し呼称演練実施」、「交通KY活動の推進」、「始業時ストレッチの導入」など――を決める。

② 重点実施計画

　1年間の活動計画として、全体目標を設定した重点実施計画を作成する。

　全体目標として、単に「無災害記録を延長しよう」とか、「前年度休業災害半減」、「安全意識を高めよう」というような数値的または抽象的な目標は、ゼロ災運動の理念とは異なり、あまりよい目標とはいえない。特に人間の生命は物ではなく、数値的な目標設定にはなじまない。目標の範囲内なら何人かケガをさせても「目標を達成した」としたりすることは、人間尊重の立場からは不適切である。

　全体目標はとかく抽象的なものになりがちだが、できるだけ具体的かつ現実的で挑戦に値する内容のものが望まれる。この際、「ゼロ災運動推進委員会」が中心となって原案をつくり、特にラインの各層の意見を十分反映させて全体目標を達成するために何をやるかという重点実施計画――例えば「安全ミーティングの

定期開催」、「短時間危険予知活動の徹底」、「指差し呼称・換呼応答の励行」、「重点的な作業標準の見直し」、「相互注意運動」、「整理整頓清掃清潔の4S運動」、「職場体操・腰痛防止体操の励行」、「業務の合間のストレッチの励行」、「機械を知ろう運動」、「一声挨拶運動」、「先手挨拶運動」、「復唱復命運動」、「終業時ミーティングの励行」、「シートベルト完全着用」、「ヒヤリ・ハット・キガカリ運動」など――を決めよう。最終的には安全衛生委員会に諮って十分に審議して決定する。

　重点実施計画は毎年2、3項目にしぼり、運動の発展段階に応じて変化を持たせたほうがよい。全体目標達成に関連して部課別に独自の目標を決定するのもよいし、具体的な目標のほか、全員にアピールするスローガン（毎月、毎期、毎年）を募集して独自につくることも効果的である。

(3) 運動を展開する
① 運動導入プログラム
　ゼロ災運動はとりわけ自主活動の活発化が大切なことから、押しつけでなく自然な盛り上がりを期すための準備期間（3カ月～6カ月）と研修が必要である。

1) 導入計画
　まず「ゼロ災運動推進委員会」でこの運動をいつ開始するか、それまでにどういう日程でPRするか、あるいはどういう計画で管理監督者・チームリーダー研修を実施するか、予算をどうするかなど、導入のための実施計画を検討し、トップの了解を得よう。自分の事業場の実情を踏まえた無理のない導入プログラムとその期間を考えよう。

2) 運動趣旨の徹底
　事業場の状況によって導入計画にはいろいろな方法があるが、安全衛生についての発想の転換を強調し、ゼロ災運動を盛り上げるために、運動開始前に、管理監督者に運動趣旨を説明してしっかり理解してもらう必要がある。

　続いて全体目標と重点実施計画を決定し、職場チームを編成する。危険予知訓練や問題解決4ラウンド法に関する管理監督者やチームリーダー研修の実施、チームミーティング実施、チームメンバー自らによるチームの名前づけ、チームの行動目標の設定（1カ月～3カ月で達成可能な目標を2～3項目立てる）などの実践活動に入ろう。ポスター、壁新聞、動画、講演、社内報、社内LAN、ホームページ、SNSによる集中的なPRをしよう。本格的な導入プログラムが展開されるとき、通常このような準備期間中から、目に見えて災害が減少したりゼロになっ

第1章　ゼロ災害全員参加運動のあらまし

たりするなどの効果が出てくるものである。

3）ゼロ災運動・KYT研修

　この運動が単なる一時的な強調運動、派手な行事やお祭騒ぎではなく、基本的な安全衛生管理活動を推進するものであり、自主的な参加活動を促進する職場づくり運動であることを、管理監督者やチームリーダーが正しく理解するためのゼロ災運動・KYT研修が大切である。チーム討議を重ねる研修を通じて、ゼロ災運動とKYT手法等を理解し、部下・仲間の誰一人としてケガをさせない、と決意することから始まる。

　特に運動推進の中核となる管理監督者は中災防で開催しているプロ研（ゼロ災運動プログラム研究会）、トレ研（危険予知活動トレーナー研修会)[1] などに参加し、運動推進のための問題解決4ラウンド法と、その根底に流れる運動の理念をしっかり修得（体験学習）してほしい。そして研修修了者がトレーナーとなって事業場で研修を実施することで、社内のすみずみにゼロ災の取り組みを広げることが効果的である。

②　運動開始の日

　ゼロ災運動に取り組む目的を全従業員が認識し、この運動推進への強い意欲を持つように、特に運動開始の日を定め、準備期間中に生まれた盛り上がりに合わせて、次のような取り組みを行っているところもある。

1）トップから作業者まで

　トップは自らのゼロ災害・ゼロ疾病への決意を全員に宣言するとともに、この運動への全員参加を呼びかける挨拶をする。同時に職場ごとにミーティングを開いて職場チームの行動目標を確認し、「ゼロ災害」・「ゼロ疾病」を申し合わせる。全員が一定期間ゼロ災バッジ（ワッペン）をつけるのもよい。

2）効果的なPR

　職場チームの行動目標をチームメンバー全員の見えるところに掲示したり、運動開始の日に各課各係の目標やスローガンを互いに発表したりするのもよい。労働組合代表、チーム代表、協力会社代表の決意表明や短時間危険予知ミーティングの実演、全員の指差し呼称演練も行われている。ポスター、立看板、横断幕などを自分たちでつくって掲示している事業場もある。こういうPRは、長期間やりっぱなしにしないことが重要である。ゼロ災ニュースを発刊し、各課、各職場の

---

[1] 危険予知活動トレーナー研修会（通称：トレ研）は、中災防が主催するゼロ災運動を進める「KYTトレーナー」を養成する研修会

情報交流やチームのレベルアップに役立てているところもある。

3）24時間トータルゼロ災

　家庭内での不慮の事故を防ぐための「ホームKY」や指差し呼称の実施もPRするとよい。また、健康づくりを積極的に進めようとすれば、バランスの取れた食事、生活リズムに取り入れた適度な運動、十分な睡眠を確保した心とからだの休養が必要である。継続的計画的な健康づくりを進めるためには、24時間トータルゼロ災はごく自然な取り組みなのである。

③　安全衛生活動の活発化

　ゼロ災運動推進のための3本柱のうち、主として「トップの経営姿勢」、「ライン化の徹底」のため、会社はまず基本的な安全衛生管理の実施促進を図らなければならない。

1）安全と健康の確保

　働く人々の安全と健康を確保するための安全衛生管理活動を活発にしよう。まずトップ、管理監督者や安全衛生・技術スタッフは、機械・設備の本質安全化をはじめ作業環境や作業方法などを安全衛生面から徹底的に見直し、安全で健康かつ快適に作業できるように改善を実施しよう。同時に各層の管理監督者の安全衛生教育と健康づくり教育を計画的に実施し、特に第一線の職長教育を徹底しよう。これらを一挙に実現できないときは、複数年度にわたる計画を立てることになる。

　さらに新技術、新工法、新原材料の導入に当たっては、ライン・スタッフの専門家がリスクアセスメントを行うなど本質安全化を進めるとともに安全衛生面を十分に事前チェックし、安全を確保することが必要である。

2）労働安全衛生マネジメントシステムの構築

　安全衛生活動を組織的、継続的に実施し・向上させるために、安全衛生管理体制の整備を行い、計画・実施・評価・改善（PDCA）のサイクルを回す仕組みとして労働安全衛生マネジメントシステム（OSHMS）を構築することが効果的である。

3）業務分担等の明確化と記録

　作業の中に安全衛生を一体のものとして組み込んで推進するよう、トップ、管理監督者、スタッフ、一般作業者それぞれの役割を見直し、業務分担、責任、権限を明確にして、記録した上で、安全衛生のライン管理の徹底を図ろう。

　全員の役割をできるだけ具体的に明確にし、それぞれの立場・持場で責任を持

って切れ目なく活動するような組織にすることが全員参加の第一歩である。

4） スタッフの役割

安全衛生スタッフは法令の改正、同業種の災害事例や職業性疾病などの情報を速やかに入手してトップやラインに提供しよう。特に、ゼロ災運動・KYT・指差し呼称等の実施の必要性・有効性の周知徹底やそのための費用支出、例えば、管理者の外部研修会への参加などを企画して、まずは安全衛生スタッフがトップを説得する。またプロ研などに参加して自らの能力向上を図ったり、全国産業安全衛生大会[1]に参加して運動推進のための情報を収集するほか、チームミーティングの運営方法、問題解決手法など自らトレーナーとなって研修を行うなど、ゼロ災運動推進のため欠かせない役割をスタッフは担っている。

5） 非現業の参加

安全衛生は作業現場の従業員だけが関わるものではなく、例えば設計担当者はその設計を通してそれを製造する作業者の安全衛生やユーザーの安全衛生を十分に配慮するというように、非現業の従業員も常に自らの業務の中で現場の従業員の安全と健康のために何をしなければならないかを考え実践することが必要である。

全員参加ということは、直接部門と安全衛生スタッフだけでなく、設計、資材、工程、管理、保守部門をはじめ、事務部門を含め全部門が、自らの安全と健康に配慮するとともに、それぞれの職務を通じて、他職場、特に現業の人々の安全衛生のためにどんな役割があるかを配慮しなければならないことを意味している。さらに協力会社・重層下請を含む全社的安全衛生管理の問題としてとらえ、トータルな活動として推進することが不可欠である。

6） 災害が発生したら

この運動実施中、不幸にして災害が発生したときは、直ちに発生現場も含めて災害原因を徹底的に究明して再発を防止しよう。人的、物的、管理的要因、特に管理的要因を重点的に検討し「なぜそのようにやらせていたのか」という点を分析し、これに対する具体的で実行可能な対策を立てる。加えて、ゼロ災運動の取り組みについて検証を行った上でそのような災害を「絶対に繰り返すな」を目標に、さらに積極的にゼロを目標として再出発し運動を前進させていこう。責任追

---

[1] 1932年（昭和7年）から続く安全衛生の最大の祭典。全国から約1万人の企業の安全衛生関係者が参加し、企業の研究発表や事例報告、専門家等による講演、シンポジウムなどを行う。また、ゼロ災運動分科会においては、例年多くのゼロ災運動についての研究発表が行われ情報交換の場となっている。

Ⅱ ゼロ災運動の進め方

及よりも、その事故・災害発生の要因を把握して安全衛生を先取りしよう。

④ 職場自主活動の推進

ゼロ災運動の特長はゼロ災運動推進の３本柱のうち、「職場自主活動の活発化」にある。しかし「トップの経営姿勢」、「ライン化（管理）の徹底」の柱との関連なくしては「職場自主活動の活発化」はあり得ない。３本柱が相互に深くかかわり合い、影響し合って、相乗的な効果を上げながら展開されていくのがゼロ災運動なのである。

1） チーム編成とミーティング

「ゼロ災害」・「ゼロ疾病」の実現には、第一線で働く作業者自身が、安全と健康保持増進への強い意欲を持って、本気で実践することが必要である。そのために、まず現状の安全衛生推進組織を見直し、職場自主活動の活発化を計画しよう。

職場のチーム活動は通常、職場単位・作業単位に、同種作業者４～８人位の小集団で行われている。良い話し合いの基本は、自分の意見や気持ちを誰に対しても安心して発言したり表現したりできる状態であることをチームリーダーは理解して、話し合い中に部下の意見を一方的に否定したり、感情のままおこったりせず前向きな発言や傾聴を心がけよう。職場のメンバーが心おきなく本音で話し合い、考え合い、分かり合える人数としては、４～８人以下の小人数編成がよい。１チームの人数が多いときには、２組、３組に小分けして話し合う。短時間KYを行うときは２人、３人、４人に小分けしよう。

チームでは毎月、毎週、毎日のミーティングを実践しよう。チームメンバー全員の話し合いで、現場の危険や問題点を把握し、それに即した実践（挑戦）行動目標を自主的に申し合わせ、その実現のために協同して努力しよう。

特に毎日始業時、終業時などのごく短時間のミーティングで、その日の作業の危険やヒヤリ・ハット体験について「みんなで　早く　正しく」話し合って、実践活動につなげることはチームとして非常に重要なゼロ災活動である。

また、ミーティングに腰痛・転倒予防の簡単でごく短時間のストレッチや体操を組み込んだり、八段錦（はちだんきん）（107ページ参照）の各動きの１、２つを実施することも健康の保持増進に有効である。

2） 実践行動目標設定

毎月のミーティングでは、メンバーの率直な話し合いでチームの実践行動目標を決めよう。ゼロ災運動では、問題解決４ラウンド法を基本として、災害事例

KYT、単位作業KYTなどを開発し、事業場やチームの目標設定に活用されている。

　実践行動目標は、あくまでも押しつけではなく、問題解決4ラウンド法を活用し、職場の現状に関する共通の問題意識に立って、自主的、自発的にみんなで決めることが必要である。その目標に取り組む期間は3カ月、1カ月から1週間、3日間、1日間など、あまり型にはめずに職場や職種の実際に応じて期間を設定し、それに応じた具体的な行動目標を決めよう。例えば、会社の全体目標「4Sの励行」を受けて職場では「共同使用工具の4S」にしぼり「使った工具は点検してもとの工具棚に戻そう」を月間の実践行動目標として、1カ月間で完全励行を目指すところもある。目標をポスターに書いて職場に掲示しているところが多いのは、目標の周知だけでなく、モチベーションの向上やお互いの声かけに効果的だからである。100％達成するまで話し合い・実行・確認・改善のサイクルを回して繰り返し挑戦しよう。

　実際には目標設定の際、上司の指導・助言を受けるようにしているところが多い。自主活動といっても全く勝手な目標というわけではなく、あくまで安全衛生（よりよい職場づくりの問題も含め）に関連した目標を設定する。

　個人ごとに、チームの実践行動目標に関連した目標を立てるのも効果的である。ロッカーや保護帽に貼りつけたり、作業台の周辺やホワイトボード等に掲示したりしている例もある。

3）　チームリーダー

　チームリーダーは、通常は第一線の管理監督者である。ただし、事業場の状況によっては、テーマごとにリーダーをチームメンバーに選ばせたり、KYTの司会を輪番制にしたりして、自主活動の運営をリーダーまかせにせず、全員で役割を分担するとよい。リーダーはチーム活動の中核なので、会社は中災防のプロ研・トレ研、メンタルヘルスラインケアセミナーをはじめ、リーダーシップやコミュニケーション能力を向上させる研修の機会を積極的に与え、チーム運営についての自信と技能を与えるようにしよう。チームの人数が多すぎる場合、サブチームに小分けして話し合うことや、またチームにサブリーダーを置いてリーダーとペアとなって運営することもある。

4）　ほかの小集団活動

　一般的に、ゼロ災小集団活動は他の目的の小集団活動とは区別し、安全衛生確保に責任のある職制組織と直結して、職長、班長などをチームリーダーとしてとらえたほうがよい。

Ⅱ　ゼロ災運動の進め方

　ただし、チーム活動を進める際、すでに他の小集団活動を実施している事業場では、その既存の小集団活動をそのまま安全衛生に本格的に取り組む組織とすることもできる。どのような小集団であっても職場の問題や危険を解決するため、特に毎日の就業時間内の、短時間のミーティングで、充実した自主的な危険予知活動を行うことができればよいので、名称は何でもよい。

5）　タテ・ヨコの話し合い

　安全衛生について率直に、チームで話し合い、問題点を的確に把握した上で、行動目標を立て実行し、その結果をチームで評価するとともに、さらに改善を進めて安全衛生についての自主活動の活発化を図る。

　その際、チームリーダー同士の話し合いや前後の工程チームとの話し合いが有効である。

　この自主活動と並行してのタテの系列、具体的には課長、係長、第一線監督者とチームリーダーの3階層・4階層ミーティングを定期的に開催して徹底的に話し合い、意思疎通と同時に、迅速な問題解決を図ることも欠かせない。つまり、ゼロ災運動は安全衛生について管理監督者とチームの、タテ・ヨコの徹底的で率直、真剣な話し合いによる問題解決運動ともいえる。

6）　活動の本格化

　この職場小集団の話し合いによって、潜在危険の発掘、危険予知訓練、災害事例KYT、単位作業KYT、それらに関連して実践行動目標の設定、それに伴う単位作業の作業標準（手順）の見直しや指差し呼称の定着、腰痛・転倒予防のストレッチの導入などを目指すのは、本格的でしかも質の高いゼロ災チーム活動である。

　管理監督者はこのようなチーム活動をねぎらい、奨励し、その活動を発展させるよう支援・指導しよう。管理監督者が小集団によって提起された問題点を正しく受け止め、責任を持って迅速に処理解決することが小集団活動を活発化させる決め手である。

　小集団活動を活発に展開するためには、安全衛生スタッフによるラインを通じての指導・援助も極めて重要であり、リーダー研修を実施するとともに、常時、資料や情報、映像教材（動画等）を提供し、小集団活動を停滞させないようきめ細かい配慮をしよう。

7）　「みんなで　早く　正しく」の危険予知活動

　職場のどこに危険がひそんでいるのか、単位作業やそのステップのどこに危険があるかを積極的に話し合おう。1本の釘が落ちているとき、それを危ないと感

じて拾うかどうかは危険に対する感受性の問題といえる。安全を確保するには、危ないことを危ないと感じる感受性をチームの話し合いの中で、お互い高め合っていくことが必要なのである。ゼロ災運動で優れたヒューマンエラー事故防止策として提唱している指差し呼称を組み込んだKYTは、みんなで予知・予測した危険を、チームワークで、早く正しく解決するための体験学習である。

　この危険予知訓練を作業前の短時間のミーティングに生かし、「このやり方は危ない」、「この作業のここは危険だ」と不安全行動や不安全状態をみんなで話し合い、チームで自主的に改善できるものは直ちに改善したり、要所要所（危険のポイント）では指差し呼称で集中力を高め、作業の正確性・安全性を確認して行動したりすることが大切である。危ないことを率直に危ないと気づけば、作業者の行動が変わる。またチームから危険に関する問題提起を受けた管理監督者は、チームと一体となってその危険を確認するとともに、責任を持って適時適切に対処する。打てば響くようなタテ・ヨコの連係が大切で、それが全員参加の先取りなのである。

　ゼロ災運動は、職場自主活動の有効な手法として、指差し呼称を一体のものとして組み込んだKYT基礎4ラウンド法をベースに、「みんなで　早く　正しく」安全を先取りするための危険予知訓練活用技法（三角KYT、ワンポイントKYT、SKYT、1人KYT、自問自答カードKYT、適切指示即時KYT、作業指示STK訓練など）や短時間ミーティング訓練を開発し、全国全産業の現場で活用されている。ゼロ災運動研修会（プロ研・トレ研）では、正しい危険予知訓練とその活用技法を厳しく正しく実技体験することを通じて、ゼロ災運動理念を理解・納得することを重点にしている。

8）労働衛生のライン化

　現場第一線の作業者の安全と健康の確保は、日々作業者と直接接触しているライン（管理監督者）の仕事そのものである。ゼロ災運動では、ラインによる安全管理の徹底に併せて、ラインによる部下の健康状況の把握、相談、指導、つまり「労働衛生のライン化」を重視している。

　業務上の疾病といわれるものには、負傷に起因する疾病、重激業務による運動器疾患、高熱・ガス・光線・粉じんなどによる目の疾病、熱傷・凍傷、熱中症、酸欠症、腰痛、頸肩腕症候群、過重な業務による脳血管疾患・心臓疾患、強い心理的負荷を伴う業務による精神障害などがあり、第一次的にはラインでなければ予防・防止し得ないもので、現場の安全確保と一体のものである。また、心の健

康を維持・向上するには、ライン（管理監督者）によるメンタルヘルスケアも求められる。ラインは、日頃から職場環境等の改善を進め、部下の心身の不調への速やかな気づきと対応が必要とされる。話を聴く技法である「積極的傾聴法」の習得はラインケアを有効なものとするために必要である。

特に、第一線の監督者が、毎朝・毎夕のミーティング時に、一人ひとりの作業者に対して思いやりのある観察と問いかけをして、その健康状態に応じた作業割当、作業指示、健康指導を行うことが重要である。

病気のため勤務できない場合には、医師に委ねることになるが、何らかの疾患や症状を抱えながら勤務し、指示された業務が遂行できなかったり、時間がかかったりする。こうした作業者に対して、監督者が良い聴き手や相談相手となることが必要になる。健康についての個別危険予知活動の具体的手法としてゼロ災運動研修会では「健康KY」を行っている。

⑤ 労働組合の協力

事業場の安全衛生推進について労働組合の果たす役割は極めて重要である。安全衛生委員会だけでなく、労使協議会、経営懇談会などあらゆる機会を通じてゼロ災運動の真の趣旨を事前によく説明し、協力を求め、労働組合と一体となって推進しよう。労働組合代表をゼロ災運動推進委員会に加えたり、ゼロ災運動の研修会に参加してもらうのも一つの方法である。

（4） 運動を発展させる

① 職場風土づくり——運動内容の充実——

全員の参加意欲が高い水準で持続されるためには、トップ・ライン・スタッフの積極的姿勢とその率先垂範、特に職場風土づくりが重要である。

ゼロ災運動が期待する先取り的・参加的・創造的な職場風土づくりのためには、次のような具体策を実施すると効果的である。

1） チームミーティング

毎月、毎週、毎日のチームミーティングの場所と時間を確保しよう。そのために管理監督者の理解と協力が大切である。わずかな時間でも毎日チームで始業時、終業時などに、危険予知やヒヤリ・ハットなどについて、充実した話し合いを持つことが先取り活動の基盤である。あらかじめ作業計画の中にまとまったミーティング時間を取って実施し、チーム行動目標を設定したり、身近な職場の問題——控室の整理整頓がなぜできないのか、なぜ定刻にミーティングができない

のか、なぜ指差し呼称が定着しないのか——などについて問題解決4ラウンド法を活用して話し合おう。ホンネで話し合い、考え合い、分かり合うためのミーティングを通じたチームのコミュニケーション向上はこの運動の基盤になる。

2）　チームワーク

　小集団が優れたチームワークを発揮するためには、日常、社内・社外において親しい人間的な触れ合いを持つことが大切である。チームワークづくりは朝夕の明るい挨拶や声のかけ合い、服装・保護具の相互チェック、不安全行動等の相互注意などから出発する。リーダーを中心として、全員がそれぞれの特徴を生かし、その衆知を集めてチームの課題を一つずつ達成していく中で、本当のチームワークが築かれていく。毎日毎日の短時間危険予知活動の積み重ねは、優れたチームワークを生み出し、ヒューマンエラー事故を防止する。

3）　リーダー研修

　職場を、一体感・連帯感のある先取り的・参加的・創造的な活気ある雰囲気にするには、チームによる先取り活動、本音の話し合いによる問題解決の積み重ねが有効である。そのためチームワークの核となるチームリーダー研修には特に力を入れる必要がある。リーダーが自信を持ってチーム運営の中心となれるよう、チーム討議の進め方、KYTや問題解決4ラウンド法の正しい進め方、チームメンバーと信頼関係を築くコミュニケーション力の高め方などについて十分に研修時間を取り、最新情報を提供したり最新手法を追指導したり、問題点や悩みを聞いてその解決に努力したりして、会社はリーダーをバックアップしよう。

4）　マンネリ化

　小集団活動のマンネリ化は、まずトップ・ライン・スタッフ自らのマンネリ化として反省しよう。

　職場には無数の危険や問題がある。その問題解決行動であるゼロ災運動は本来マンネリ化などあってはならない。短時間KYも指差し呼称も、正しくて安全な作業、ムダ・ムラ・ムリのない作業の一部なのである。もし活動が停滞したらその原因を各層のレベルで徹底的に追究して解決しよう。特にチームの人数、編成、リーダー研修、管理監督者の指導・援助、スタッフの情報提供などの現状を見直してほしい。

　マンネリ化の責任をその職場の作業者に押し付けてはいけない。マンネリ化の解消には、管理監督者やスタッフの自己啓発や相互研さんが欠かせない。早く正しいKYTを自ら習得すること、職場の活動に常に関心を持ち、基本から外れた

KYTを実施していたら、正しいKYTになるように指導する。KYTの内容を確認して、未熟な点はアドバイスしたり、励ましたり、ねぎらうことが必要である。また例えば、全国産業安全衛生大会に参加して、他社の安全衛生活動を参考にするなど、トップ・ライン・スタッフは、活動の活性化のために情報の収集や工夫・改善することも欠かせない。ぜひ、実効あるゼロ災運動を展開してほしい。

5）諸　行　事

　毎年7月の全国安全週間、10月の全国労働衛生週間、年末年始無災害運動の期間あるいはゼロ災運動発足記念日などには、次の行事を行おう。

ア　トップは職場を巡回し、ラインや小集団活動を激励しよう。なお、社長が直接従業員やその家族あてにゼロ災だよりを送っている例もある。

イ　委員全員で職場パトロールを実施した後、ゼロ災運動委員会を開催し、運動の現状をつかむと同時に問題点、対策を検討しよう。

ウ　活動に関するチームの体験発表会（短時間危険予知ミーティングや指差し呼称の実演など）は、チーム間の体験交流だけでなく、リーダーの教育の場にもなる。このときトップ・ライン・スタッフが必ず出席して激励したり、質疑応答に参加して強い関心を示すことが大切である。このほか、ゼロ災運動実施事業場見学会やリーダー相互の体験交流などを行おう。

6）諸　施　策

　以上のほか、次のような施策も実施しよう。

ア　管理者の会議や安全衛生委員会には、定期的に運動の全般的な推進状況を報告し、特に管理者の役割を振り返ろう。

イ　ポスターやバッジ類は必ず定期的にタイムリーなものに取り替えよう。

ウ　社内報や掲示板、社内LAN、SNSを使って常に運動の経過を取り上げよう。ゼロ災ニュースを発行して各チームの活動状況を紹介しよう。

エ　ラインの管理監督者をゼロ災運動研修会に参加させて、その意欲とリーダーシップを高めよう。

オ　スタッフは運動の最新情報や最新手法をラインに提供しよう。

② **運動成績の自己反省と改善**

　運動成績といってもあまり表面的な数字にこだわらず、短期的な成否であせらないように心がけよう。

　問題は、どうすれば本当にこの運動が定着するか、みんながゼロ災運動の効果や意義を感じることができるかどうかにある。

第1章　ゼロ災害全員参加運動のあらまし

1）　自己反省と改善が基本

　職場で立てた実践行動目標は、少なくとも1カ月ごとにチームで自己反省し、必ずやり遂げるまで徹底する必要がある。始業時の短時間ミーティングで立てたその日のチーム行動目標は、終業時のミーティングでサッと自己反省して次に活かそう。また、事業場の全体目標や重点実施項目については、1カ月、3カ月といった一定期間の経過後、全体としての運動成績をゼロ災運動推進委員会あるいは安全衛生委員会で評価し、この評価結果を反映した目標やその実現のための具体策を新しく立てよう。結果としての数字も一つの指標となるが、事業場の問題解決のプロセス・実態を正しく把握し反省することが大切である。

　目標を達成できない場合、何よりも大切なのは職場のチームが自ら振り返り、目標に向かって改善点を考え共有し、自ら再挑戦していくことである。

　チームとして目標をやり遂げたという達成体験こそ本当のチームワークを育てる。なおチーム活動報告書（チームで解決できない問題点を含む）を上司に提出し、チームの自己評価に対してラインの立場から改善に向けた指導・助言・激励をしている事業場もある。

2）　究極目標

　「ゼロ災害」・「ゼロ疾病」の実現が難しい場合、その原因を正しくつかみ、適切な対策を立て、着実に根気よく根本から災害・疾病をゼロにする努力を続け、究極のゼロ目標に近づいていこう。その試行錯誤のプロセスがゼロ災運動なのである。結果も大事だが、どんなプロセスなのかがもっと大事なのである。「ゼロ災害」・「ゼロ疾病」を達成したら全員の協同努力でさらに持続させよう。持続させるためには、結果ばかりに目を向けるのでなく、そのプロセスを謙虚な反省の目でしっかりと見つめ、改善して活動へ反応することが大事なのである。

　「ゼロ災害」・「ゼロ疾病」を永続できるような先取り的・参加的な職場づくり、活力ある職場づくりこそゼロ災運動そのものなのであり、それには少なくとも数年の歳月が必要である。

③　ゼロ災運動の目指すもの

　この運動を準備し、発足させ、発展させ、そして日々の安全衛生活動に定着させるには、かなりの時間を必要とするだろう。ゼロ災運動を本格的に導入・展開した事業場で短期間のうちに、災害が激減したり、完全無災害が長期に継続することがあるが、一時的な効果や表面的な事象にまどわされず、より深く基本的な職場づくりを推進していくことが大切である。

1） 運動定着

　この運動は本来あるべき安全衛生を求める恒常的な問題解決活動そのものだから、期間を限って実施する場合も、二次、三次とより高次な運動内容に充実させ、質的に発展させていこう。

　しかし、この運動が事業場の活動の中に本格的に先取り的・参加的な職場風土として取り組みが進めば、運動名称の変更もあり得る、あくまでも問題は活動の中身であって、運動名称ではない。

2） 経営の基盤づくり

　安全衛生といってもとかく安全問題に偏りがちな傾向にあるが、労働衛生や健康づくりも重要な課題である。非現業の場合にも、明るく快適な職場づくりのための問題は尽きない。特に心とからだの健康づくりと職場環境の改善が大切である。ゼロ災小集団活動は個性発揮の場としても重要だが、ゼロ災運動研修会で紹介しているヒューマンエラー防止に効果的な「１分間黙想法」や中国保健体操の一種である「八段錦（はちだんきん）」、また、腰痛予防や転倒防止に効果のある「ストレッチ」は、事故防止だけでなく、メンタルヘルスにも役立つ。

　長期的に見て安全だけがすばらしいという職場はあり得ない。全てについてよりよい職場、より優れた仕事を追求していく全員参加の努力の中で、はじめて安全と健康が確保される。ゼロ災運動の総合的な組織づくり、全員参加の取り組み、いきいきとした人間尊重の職場づくりは、活力ある経営の基盤となる。

第2章　ゼロ災運動の理念

I　ゼロ災運動とは

ゼロ災運動は
- 人間尊重の基本理念に基づいて
- 人間一人ひとりを大事にし
- 厳しく一切の労働災害を許さず
- 職場の危険や問題点を全員参加で解決し
- 安全と健康をみんなで先取りしようとする運動であり

ゼロ災運動の基本理念に基づいて行われるさまざまな取り組みは
- 働く人の立場に立って
- あくまでもゼロを究極の目標に
- 全員参加の安全衛生先取りを推進することによって
- 人間中心の健康で快適な職場を実現し
- 明るくいきいきとした働きがいのある職場風土づくりを目指す実践活動である

ゼロ災運動基本理念
人間尊重

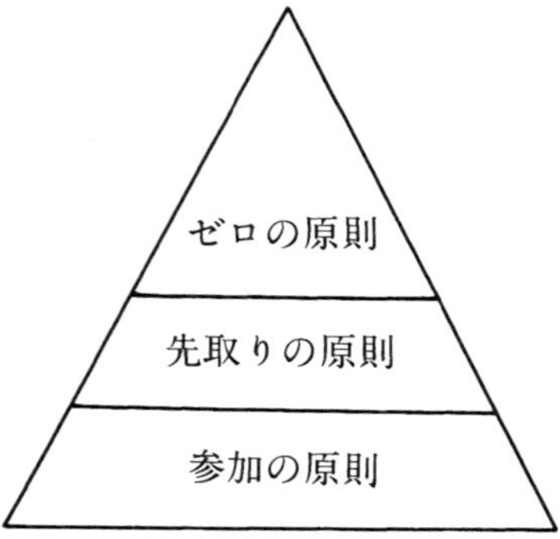

（ピラミッド図：上から「ゼロの原則」「先取りの原則」「参加の原則」）

図1

1　人間尊重の哲学

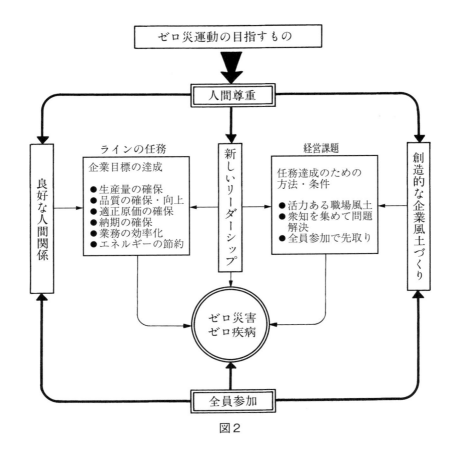

図2

　ゼロ災運動は、人間尊重の「理念（哲学）」から出発する。
　人間尊重とは何か。かけがえのない一人ひとりの人間（ひと）を平等に大切にすることである。これを安全と健康の角度からとらえれば、誰一人ケガさせず、また誰一人病気にしない、つまり「ゼロ災害」・「ゼロ疾病」ということである。
　一人ひとりの人間、とは個有名詞の一人ひとりである。職場にはいろいろな人がいる。誰一人ケガしてもよい人、死んでもしかたがない人はいない。その一人ひとりはかけがえのない人である。職場の誰一人絶対にケガさせない、そのために、全員参加で安全と健康を先取りしていこうというのがゼロ災運動の理念（こころ）であり、原点である。

第2章　ゼロ災運動の理念

> **1万人の1人**
>
> 　川崎製鐵㈱（現：JFEスチール㈱）水島工場で、ある日、28歳になる1人の社員が労災事故で亡くなった。工場の吉丸清治労働部長（当時）が早速、社員宅に弔問に訪れると、夫を突然亡くしてしまった妻が、涙で泣きはらした目を真っ赤にして首をうなだれてじっとしている。そうした重苦しい状況の中で、吉丸さんは言葉を選びながら1時間ばかりお悔やみの言葉を申し述べるのだが、妻からは何の反応も返ってこない。「今日は何を言っても駄目だな、また出直して来よう」と吉丸さんが席を立ちかけると、今までうつむいていた妻が顔をふっと上げて、「水島工場では何人の方が働いておられますか」と聞いたので、吉丸さんが「1万人です」と応えると、妻がさらに言葉を継いでこう述べた。
>
> 　「水島工場にとっては夫の死によって1万人の中の1人を失っただけです。しかし、わが家では・・・私達は・・・私は・・・人生のすべてを失ってしまいました」
>
> 　この言葉を聞いて吉丸さんは脳天を斧で叩き割られたような大変な衝撃を覚えた。吉丸さんはこれまで産業活動のあるところ、ある程度の労働災害は付き物であってやむを得ない、ただ、度数率や強度率をできるだけ低くするのが自分の担当者としての責任であるという立場で安全衛生対策全般に当たっていたが、この妻の言葉を聞いて、一人ひとりかけがえのない人なのだ、労働災害は決してあってはならないんだ、ゼロでなければならないんだと心底悟ったという。それからの水島工場は安全衛生対策に一段と力が入り、優良事業場に様変わりした。

　この「理念」は、ただ理念だけの精神運動では実効がない。理念をどうやって実現するか、具体的にどう進めるかが「手法」であり、その手法を現場で生かすのが「実践」である。「安全は理屈ではない」、「ただやればよい」というものではない。そこに「理念」（こころ）があり、そこに有効な「手法」（テクニック）があって、はじめて効果ある「実践」につながるのである。ゼロ災運動は、理念・手法・実践を完全に一体のものとして推進するものであり、どれ一つが欠けてもゼロ災運動ではない。

　問題解決4ラウンド法は、ゼロ災運動の基本手法であるが、ゼロ災運動の哲学（方法論）そのものである。危険予知訓練（KYT）も指差し呼称も、ゼロ、先取り、参加の理念を実現するための実践手法であり、その背後にある「こころ」（理念）をつかむことが必要である。ゼロ災運動は、発足以来その実践の歴史の中で、いろいろな

「やり方」を工夫してきた。効果ある実践活動を目指すには、手法だけを学ぶのではなく、手法の背景にある「こころ」も学び、手法に「こころ」を込めることが大切である。

運動の出発点は理念である。全員のゼロへの志であり、使命感である。一人ひとりの人を人間として平等に大切にしよう。そのために何がなんでも災害をゼロにしなければならないという人間尊重の決意である。

この理念は現場で、例えば「心を込めた指差し呼称」、「みんなで早く正しい短時間KY」として実践され、その実践活動の中でさらに工夫されて発展していく。

「指差し呼称」も「KYT」も、単なる管理手法として、現場に押しつけられるとき、直ちにマンネリ化し停滞して、役立たないものとなる。ゼロ災運動の手法は全て運動理念を実践するための運動手法であって、管理手法ではない。

ゼロ災コラム

「一人ひとりカケガイノナイひと」

私たちは、一人ひとりがカケガエノナイ人間（ひと）である。これを労働災害の防止の観点から捉えれば、誰一人ケガをさせない、誰一人病気にしない、つまり「ゼロ災害・ゼロ疾病」ということである。この「かけがえのなさ」を3つの概念から考えてみよう。

一つ目は「存在」の概念である。過去・現在・未来を通じて「この世に二人として同じ人間は存在しない」という事実である。私たちは、かけがえのない存在として自分自身を何よりも大事にしなければならない。

二つ目は「時間」の概念である。「一期一会」という言葉があるが、その日その時を過ごした時間を二度と再現することはできない。その一時（ひととき）の積み重ねである人生は、ただ一度限りである。私たちは、一瞬一瞬の時間を積み重ねたかけがえのない人生を大事にしなければならない。

三つ目は「関係」の概念である。人は家族・友人、職場・学校や地域社会などの中で頼り頼られ、支え合い関わり合っている。「人は一人にして一人にあらず」と考えれば、私たちの存在や人生は、その人だけでなく関わり合う人にとってもかけがえのないものなのである。

このようにかけがえのない人間（ひと）を誰一人としてケガをさせたり、心とからだを不調にさせたり、まして死亡させたりしてはいけない。ゼロ災運動の出発点は、かけがえのない一人ひとりの人間（ひと）を平等に大切にする人間尊重の理念である。この理念の実現に向けて、全員参加で安全と健康を先取りしていこう、ということがゼロ災運動の心であり原点である。

2 健康とは──身体的・精神的・社会的なもの──

WHO（世界保健機関）憲章によれば「健康とは肉体的、精神的かつ社会的に完全に良好な状態であって、単に病気でないとか、虚弱でないということではない」
「Health is a state of complete physical, mental and social well-being and not merely the absence of disease or infirmity」とある。

つまり健康は、身体的、精神的、社会的なものであって、ただ単に「からだの健康」だけを意味するものではない。

心の健康、メンタルヘルスとは、厚生労働省のHP（「こころの耳」（https://kokoro.mhlw.co.jp））によれば、「心身ともに充実した健康状態」のことである。また、メンタルヘルスをケアする「メンタルヘルスケア」とは、「全ての働く人が健やかに、いきいきと働けるような気配りと援助をすること、およびそのような活動が円滑に実践されるような仕組みをつくり、実践すること」である。「全ての働く人」には、①健やかにいきいきと働いている健康な人、②勤務はしていても過剰なストレス状態にあり、業務遂行能力や労働生産性が低下している状態の人、③ストレス関連疾患にかかったり、精神障害の症状を呈したりしている人、が含まれており、それらの全ての人にその状態にあったケアをしていくことを指している。

ゼロ災運動では、健康問題を単に「からだの健康」のみとせず、メンタルヘルス、さらには職場小集団におけるsocial well-beingの問題としてとらえている。したがって、職場での積極的な態度、創造的な仕事ぶり、適度な自由度、心の余裕、上司・同僚からのサポートなどの健康な状態に影響を与える問題を幅広く、また深くとらえる必要がある。ゼロ災運動は、明るくいきいきとした職場風土づくりの中で、身体的、精神的、社会的の三者を一体にした健康づくりも目指していく運動といってよい。

〔ゼロ災運動研修会（プロ研・トレ研）の中で紹介している「１分間黙想法」と「八段錦（はちだんきん）」は、いずれも逆腹式呼吸を用いて、リラクセーションさらにはメンタルヘルスに有効なものであり、腰痛・転倒防止に効果のあるストレッチも含め、事故防止にも役立つものとして取り上げている。〕

Ⅱ　ゼロ災運動基本理念3原則

　ゼロ災運動は、ゼロ、先取り、参加の3つの原則に立脚している。これを基本理念3原則という。

1　ゼロの原則

> ゼロ災害とは
> ・単に死亡災害・休業災害・不休災害がなければよいという考えでなく
> ・職場や作業にひそむ全ての危険を発見・把握・解決し
> ・根底から労働災害をゼロにし、
> ・さらには心とからだの健康や働きがいの向上につなげていこう
> とすることである

（1）　ゼロへの発想の転換が運動の出発点

　かつて労働災害や職業性疾病は、ある程度はやむを得ないという通念があり、そうした考えが、安全衛生の徹底や改善を阻んでいた面がある。安全衛生は、職場や作業にひそむ全ての危険を発見・把握・解決して、根底から労働災害をゼロにしていかなければならない、という確固たる人間尊重の理念に立って推進されなければならない。
　これがゼロへの発想の転換であり、「ゼロの原則」の意味するところである。全員が、とりわけトップが「誰一人ケガ人を出さない」とゼロ災の達成を強く決意し宣言することからゼロ災運動は出発する。

（2）　ゼロは一人ひとりの願い

　事業場で安全衛生計画を立てるとき、前年度休業災害半減とか何％減というような目標が立てられることがある。こと人間の生命の問題、安全衛生の問題についてはこのような数量的な目標設定はなじまない。災害件数を去年の半分にすればよいというものではない。「ゼロというのは難しい、不可能だ」というのではなく、「なんとかしてゼロにしなければならない」、「ぜひともゼロにすべきだ」と考えるのである。つまり、「ゼロ災害」・「ゼロ疾病」というのは、人間一人ひとりを個有名詞の一人ひとり

として大事にする人間尊重の理念そのものなのである。

　事実、災害をゼロにすることは非常に難しく、現に災害が起きている。しかし起こったらその時点からさらに厳しくゼロを求めていくほかないというのがゼロ災の原則である。

　誰しも傷つきたくて災害を起こしたり、かかりたくて疾病を発症しているわけではない。働く一人ひとりの願いは当然ゼロであり、それを下から積み上げていけば、必ずや「全員でゼロに挑戦していこう」という事業場全体の合意を形成することができる。

　一人ひとりの人間を平等に大切にするのであれば、災害半減や何％減などはあり得ない。働く人全員が100％安全で健康であってほしいと願う。作業者一人ひとりのことを本当に親身になって考えれば、絶対ゼロ以外あり得ないというのがゼロの原則である。

（3）　ゼロへのプロセスが大切

　「ゼロ災害」・「ゼロ疾病」を究極の目標（理念）として、全員の努力・協力を積み重ね、一歩一歩着実に地道に前進していこうという全員参加の先取りの道のりそのものがゼロ災運動なのである。ゼロ災運動を継続していくことで、さらには心とからだの健康や働きがいの向上につなげていこう。不幸にして災害が発生したら、その災害を徹底的に分析し、二度と同様・類似の災害を繰り返さないように対策を樹立し、実施する。その不屈のプロセスがゼロ災運動なのである。運動の成果をあまり短期的な視野で求めたり、結果の数字のみにこだわったりせず、長い目でこの運動を育てていく姿勢が大切である。

2　先取りの原則

> ゼロ災運動における先取りとは
> ・心とからだの健康や、自主性・自発性を生かしつつ職場の活力を高め、
> ・職場や作業にひそむ全ての危険を低減するとともに、行動する前に発見・把握・解決して、
> ・事故・災害の発生を予防したり防止したりすることである

Ⅱ　ゼロ災運動基本理念３原則

（1）　災害発生のしくみ

通常、災害発生のしくみ（危険要因と災害の関係）は**図３**のような三角形で表すことができる。つまり、頂点を死亡としてとらえると、重傷害、軽傷害（微傷害）、極微傷害と広がり、さらにその底には無傷害事故（いわゆるヒヤリ・ハット）がある。一番底辺には、常に不安全行動と不安全状態が職場の危険を形成している。それらがある日ある時、何らかのきっかけで表出し、あるいは死亡、重傷事故となり、あるいはヒヤリ・ハットとなる。物が落ちた、倒れたとしてもそこに偶然人がいなければ、ヒヤリ・ハットにも労働災害にもならない。死亡事故もヒヤリ・ハットもその根本は同じ危険要因から起こることから情報としての価値に差はない。つまり、事故・災害の発生を予防、防止するためには、三角形の一番下にある不安全行動と不安全状態という危険要因をなくす努力が不可欠なのである。

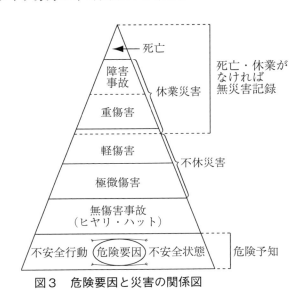

図３　危険要因と災害の関係図

（2）　**みんなで自発的に危険を発見して解決していく活力ある職場づくり**

通常、無災害というのは死亡・休業災害がないということであり、死亡・休業がなければ無災害記録が継続することになる。無災害という結果のみを重視するために、本来なら休業とすべきものを無理に出勤させて不休業にしたり、労働災害であることを隠して労災保険を健康保険にすり替えたりするようなケースもある。

ゼロ災運動では、極微傷害でもヒヤリ・ハット体験でもそれを事故・災害を防止するための貴重な情報源と考えて大切にする。そして職場や作業にひそむ全ての危険を

第2章　ゼロ災運動の理念

徐却低減し、一人ひとりの自主性・自発性を生かしつつ作業行動前に発見・把握・解決して、事故・災害の発生を予防したり防止したりする。職場の危険を解決するためにどうしたらよいかを職制ライン・スタッフやチームを通じ妥協せずに追求する。このような「安全衛生の先取り」を徹底的に進め、みんなで積極的に危険を発見し、把握して、みんなで解決する職場に変えていこうとするのが先取りの原則である。

（3）　災害防止は危険管理

事故・災害防止は一種の情報管理であり、危険管理である。正しい情報（問題や危険）を正しく把握し、正しく解決していくためには、一人ひとりが参加して問題提起するのと同時に、チームで、さらにラインとスタッフの衆知を集めて問題解決していくことが必要となる。

作業前の危険の発見は、"チームによる、チームのための、チームの運動"として展開される必要がある。災害に対して受け身でなく、全員参加のチームワークで危険や問題を解決して「攻める安全衛生」に徹することが「先取りの原則」なのである。

3　参加の原則

> ゼロ災運動における参加とは
> ・職場や作業にひそむ全ての危険を発見・把握・解決するために
> ・トップをはじめ全員が一致協力してそれぞれの立場・持場で、自主的・自発的に
> ・問題解決行動を実践することをいう

（1）　全員とは

全員参加の全員とは、
① トップをはじめとして管理監督者、スタッフから作業者まで全員
② 職場の作業者全員……職場小集団活動をする全員
③ 直接部門（現業）のみでなく間接部門・管理部門（非現業）も全員
④ 下請協力会社、関連会社も含めて全員
⑤ 従業員家族、地域社会まで含めて全員

などいろいろ多義に使われている。安全衛生推進には、これら全ての全員参加が望ま

れるが、一般には、職場小集団活動との関連で"参加"という言葉が使われている。

（2） マネジメントが職場小集団活動による参加を必要とする理由
① 第1の理由は先取り
　安全衛生は、「安全衛生先取り」でなければならないが、そのためには、まず現場第一線から正しい情報が、自発的にすばやく提起される情報システムの確立とそのシステムがしっかりと機能する職場づくりが必要である。現場には作業者でなければ発見できない危険を作業者自身が、また職場小集団が積極的に提供することによってはじめて先取りすることが可能となる。

② 第2の理由は前向きで自発的な問題解決
　ゼロ災害に進むためには、作業者が安全衛生の問題を自らの問題として前向きにとらえ、自発的に真剣に取り組む職場づくりをすることが不可欠である。自分たちの職場をみんなで見て、よく話し合って、共通の問題意識に立って、それを全員の協同努力で自主的に解決しようとすること、いわゆる職場レベルでの"参加"―職場小集団活動の活発化―がなければ自発的な問題解決は行われない。

③ 第3の理由は作業者の意識
　職場自主活動において、自発的な行動をとる人が増えれば、活動に消極的な人も次第に積極的な行動をとるようになり、その活動がより活発なものになる。人は求められ必要とされれば、その活動に参加したいという意識が高まる。さらに、その活動のメンバー間のコミュニケーションが良く、活動の効果を実感できれば、みんなで話し合って目標を設定したり、みんなの創意工夫で解決していこうという意識が高まる。職場のコミュニケーションを良くして、目標設定や目標達成の方法を創造的な方法に変え、その中で自主的"参加"を積極的に促進していくことは、問題が発生しても迅速かつ適切な判断・対応・解決ができる強い組織づくりにつながる。つまり、作業者の自主的・自発的な参加の意識を高めることは、経営として組織の発展のためのマネジメントにおいて重要課題といえる。

（3） 全員参加で問題解決
　職場の危険をなくすにはどうしたらよいか。それはトップのみの力でできるものではなく、管理監督者・スタッフから作業者まで、各層全員一人ひとりが一致協力し、職場や作業にひそむ全ての危険を発見・把握・解決するために、それぞれの立場・持場を通じて積極的に実践することによってはじめて可能となる。ラインやスタッフは

もとより、トップをはじめ全員が、一致協力してそれぞれの立場・持場で、自主的・自発的に、常に安全衛生を自分自身の問題として真剣に取り組まなければならない。上からの押しつけでなく、率先して安全衛生のルールを守り、自らの責務を果たしていこう、みんなで安全衛生を先取りしていこう、という全員参加の職場づくりをすることが必要である。

（4） 安全衛生は事業者責任

働く人々の安全と健康の確保は事業者に課せられた当然の法的責任であり、かつ道義的責任でもある。その責任を全うするため、会社がまず機械・設備をはじめ作業環境の安全衛生化を図り、安全衛生のルールや作業標準などを整え、安全衛生教育を行い、職場環境の改善や心とからだの健康づくりに取り組むなど安全衛生管理を推進することが基本的な大前提である。

本質安全化を進めたり、快適で働きやすい職場環境改善を進めるトップダウンの安全衛生管理を徹底して行い実効あるものにするためには、作業者一人ひとりが職場の問題を自分の問題としてとらえ、個々の自主性・自発性を生かしてチームで解決できるKYT等のボトムアップの職場自主活動を活発にすることが重要である。職場自主活動の活力を高め、その活力を安全衛生管理に生かして一体として進めることで、安全衛生管理・職場自主活動ともにより高い効果を目指すことができる。職場自主活動の活力を高めることは、現場力の向上にもつながり、生産や品質も含めた問題解決に必要な経営における課題である。

（5） 明るく参加的な職場風土づくり

ゼロ災運動は、職場の問題解決行動である。いろいろな問題が前向きに全体として解決されていく中で安全衛生も改善され、またそのような職場であってはじめて企業に課せられている安全衛生の責任を全うされるといえる。このような、明るく参加的・創造的な職場の雰囲気や人間関係—職場風土づくり—を目指すところに、ゼロ災運動の意義と課題がある。

実際に全員が積極的に安全衛生活動に参加し、「ゼロ災害」・「ゼロ疾病」に全員が挑戦し、みんなで前向きに安全衛生を先取りし、明るく参加的な職場づくりをしていく運動、それがゼロ災運動なのである。

Ⅲ　ゼロ災運動推進3本柱

1　ゼロ災運動推進3本柱とは

　ゼロ災運動を推進しようとするとき基本的に重要な3つの柱がある。この3つの柱は相互に関連し合い、支え合っていて、どの1本の柱が欠けてもゼロ災運動は進展しない。

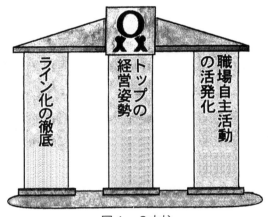

図4　3本柱

（1）　トップの経営姿勢

　安全衛生はまずトップの「ゼロ災害」・「ゼロ疾病」への確固たる決意に始まる。「働く人一人ひとりが大事だ」、「一人もケガ人は出さない」というトップの人間尊重の決意から運動は出発する。ゼロへの発想の転換はまずトップからというべきである。

①　安全第一はトップの経営姿勢

　　セーフティ・ファーストSafety First（「安全第一」）の標語は、1901年（明治34年）に設立され、当時世界第一の製鋼会社であったUSスチール（現在のUSX社）にその端を発したものである。

　　その頃のアメリカ鉄鋼業界は非常に不景気で、生産設備も荒れ果て、大災害が相ついで発生していた。USスチールのゲーリー社長は熱心なクリスチャンで、「同じ神の子である人たちが、こんな悲惨な災害を被り、不幸な目に遭っているのは見るに忍びない」と考え、業界一般の経営方針が従来「生産第一、品質第二、安全第三」であったのを、「安全第一、品質第二、生産第三」に改めた。つまり、

第2章　ゼロ災運動の理念

　ゲーリー社長は、キリスト教的ヒューマニズム（人道主義）の精神から自らのポリシー（経営姿勢）をセーフティ・ファーストに変革し、ミシガン州の荒野に今日ゲーリー・シティと呼ばれる人間中心の画期的な工場都市を建設したのである。

　ゲーリー社長のこの経営方針に工場は1914～1918年の第1次世界大戦時の労働者不足にもかかわらず生産性も高く、また災害もなく、品質も優れて、「セーフティ・ファースト」の言葉が全米を風靡(ふうび)するに至った。

　ところが、この言葉が「安全専一(せんいち)」（その後、「安全第一」に）という言葉として日本に輸入され、今日まで使われているうちに、本来の人道主義的トップ・ポリシーの言葉としてではなく、むしろ「現場の作業者の注意力に安全を求める言葉」として誤用されるようになってしまった。

　多くの工場や工事現場に「安全第一」の大看板を見かけるが、これは、多くの場合、作業者の注意力喚起のスローガンとして利用されている。しかし、その歴史をたどれば、安全第一というスローガンはトップに課せられる経営姿勢であり、作業者向けというよりも、むしろその会社の社長室や、工場長室に掲げられるべきものなのである。安全第一（ゼロ災害）を決断するのはまずトップからなのである。

② トップの姿勢の示し方

1) 優れたスタッフを選任する

　よい仕事をしようと思えば、トップはまず優れたスタッフを持つことが必要となる。トップが自分一人でやれることには当然限度がある。スタッフを通じて広く情報を集め、自分の会社、事業場の実態に合ったプログラムを立てさせることが必要である。特に安全衛生スタッフには、明るく人柄のよい、ラインから信頼される人を得たいものである。

2) 安全衛生に投資する

　トップがいくら口先で「ケガするな、安全にせよ」といっても、安全衛生が確保されるものではない。トップは、口先だけでなく、態度・行動で本気度を示さなければならない。具体的には、人に、物に、時間に、お金を投資することである。

　物とは、機械・設備・材料など、できるだけ安全衛生対策を図ることで、本質安全化への努力をするということである。

　人や時間とは、安全衛生教育や小集団活動、心とからだの健康づくりや職場環境の改善などに予算や時間を取ることで、特に人づくり、職場づくり、健康づく

りに投資することが大事である。
　近年は、従業員の健康に配慮することにより経営面においても大きな成果が期待できるという認識の下、健康を経営的視点からとらえて戦略的に実践する企業も増えつつある。安全衛生の確保、「ゼロ災害」・「ゼロ疾病」にはトップダウンの姿勢を示し、それに応じた全員参加による心とからだの健康づくりや職場環境の改善が必要となる。

3）　安全衛生に自らの時間を使う

　トップは忙しい。しかし、こと安全衛生については他人まかせでは、本気の姿勢を明示できない。具体的な決断と態度で示すことが必要である。

　　イ　安全衛生委員会には必ず出席して、トップのポリシーと期待を明確に述べ、労働組合代表を含む全員の意見を聴き、強力なリーダーシップで実行に移す。
　　ロ　できるだけ現場をパトロールし、第一線の実情を自分の目と足で確認する。現場の問題点は自ら現場に行って、所属長と話し合って解決する。
　　ハ　安全衛生に関する大会・発表会など、内外を問わず参加する。
　　ニ　スタッフが要約してきた関連の資料に目を通し、役立てる。
　　ホ　ラインの部課長には、できるだけ回数多く安全衛生の現状と問題点の報告を求め関心を示す。

（2）　ライン化の徹底

　作業は経営者の方針が具体化されて仕事として進めていく。安全衛生も同様である。安全衛生を推進するには、管理監督者（ライン）が作業の中に安全衛生を一体に組み込んで率先垂範して実践することが不可欠である。このことを「安全衛生のライン化」という。このラインによる安全衛生管理の徹底が第2の柱である。
　部下の安全衛生の確保はラインの本来的な任務である。「自分の部下は誰一人ケガをさせない」というラインの強い決意と実践がなければ、ゼロ災運動は始まらない。部下一人ひとりをきめ細く指導・援助するのは、ラインでなければ不可能だからである。スタッフはラインを援助し、協力して、ライン管理の徹底を図ろう。

①　安全と労働衛生のライン化

　「安全のライン化」という言葉はかなり普及・定着しつつある。しかし、労働衛生については、産業医や保健師などの産業保健スタッフ、衛生管理者、作業環境測定士などの専門スタッフにまかせがちであるが、ゼロ災運動では労働衛生（健康保持増進対策を含む）も、安全と全く同様に、ライン化することが基本と

第2章　ゼロ災運動の理念

考えている。つまり、現場第一線の作業者の安全と健康の確保は、日々作業者と直接接触しているライン（管理監督者）の仕事そのものだからである。

　業務上の疾病といわれるものには、負傷に起因する疾病、重激業務による運動器疾患、高熱・ガス・光線・粉じんなどによる目の疾病、熱傷・凍傷、熱中症、酸欠症、腰痛、頸肩腕症候群、過重な業務による脳血管疾患・心臓疾患、強い心理的負荷を伴う業務による精神障害があり、第一次的にはラインでなければ予防・防止し得ないもので、現場の安全確保と一体のものである。

　特に、第一線の監督者が、毎朝・毎夕のミーティング時に、一人ひとりの作業者を視診（観察KY）・問診（問いかけKY）して、その健康状態に応じた作業割当、作業指導、健康指導をすることが重要である（健康KY）。また、ミーティングだけでなく業務中の声かけ、打合せ等で、いつもと違う部下の言動、表情、態度に気づくことが大切である。

　ゼロ災運動では、ラインによる安全管理の徹底に併せて、ラインによる部下の健康状態の把握、相談、指導つまり「労働衛生のライン化」、さらに「健康のライン化」そして、メンタルヘルスにおいてもラインによるケアを重視している。

　病気のため出勤できない場合には、医師の診察を受けることが必要だが、何らかの疾患や症状を抱えながら出勤し、業務遂行能力や労働生産性が低下している状態の人もいる。こうした作業者に対して、監督者がよい聴き手や相談相手となって指導することが必要となってくる。加えて、産業保健スタッフとの密な連携と、かつ本人による日頃からの心とからだの健康づくりが必要不可欠である。そのための労働衛生に関する職長教育は、安全と同様に重視されなければならない。

② ライン化の完成

　安全衛生は本来、法的にも道義的にもトップに責任があるが、トップのみがいかに厳しい経営姿勢でゼロ災を宣言したとしても、管理監督者がその意味を理解して納得し、作業の中に安全衛生を一体のものとして組み込んで実践していくのでなければ本格的に進展しない。

　また管理監督者がいくら命令、強制しても、作業者に取り組む気持ちがなく、安全衛生問題を自分自身の問題として自主的・自発的に前向きに取り組む姿勢がなければ成果を期待することはできない。

　職場自主活動を活発化させるためには、トップ・ライン・スタッフが職場自主活動の真の意義を理解し、その活動を重視し、これを指導・援助し、職場から上がってきた問題に責任を持って迅速・的確に対応しようという姿勢を常に持つこ

とである。

　ゼロ災運動は、職場小集団による職場自主活動のみを意味するのではなく、トップや管理監督者による厳しい管理活動の徹底を求めるとともに、それに呼応する積極的な職場自主活動という2つの動きを、全く1つのいきいきとした活動として展開することによってライン化を完成する運動と呼ぶこともできる。

（3）職場自主活動の活発化

　働く人一人ひとりにとって安全衛生は自分自身の問題であり、また仲間同士の問題である。特に安全では、エラーする人間同士を出発点として、職場のチームメンバーが本音で話し合い、その協同努力で進めていくことが必要である。

　一人ひとりの作業者が、「自分は決してケガしない」、「仲間からケガ人を出さない」、そのためにみんなで「前向きに取り組もう」という実践活動がなければ、職場のゼロ災は達成できない。

　職場の第一線は、意識的に小集団として組織されているか否かを問わず、通常何らかの小人数の集団になっている。ゼロ災運動では、安全衛生自主活動活発化のために、この職場小集団活動—ゼロ災小集団—の意義と役割を重視している。

2　スタッフの役割

　スタッフは安全衛生についてのエキスパートである。

　トップを動かすのはスタッフの仕事である。そのためには、スタッフが「かけがえのない一人ひとりの人間（ひと）を平等に大切にする」という人間尊重の心を理解し、ゼロ災運動にかける熱意と情熱において誰よりも勝っていなければならない。最新の関連法令や安全衛生対策、ゼロ災運動の各種技法、組織や人を動かすノウハウなどに通じていなければならない。そして、信念を持ってトップを説得し、優れた情報や企画を提供してトップに気づかせよう。さらに、安全衛生以外の部門のスタッフとの相互調整を通じて、安全衛生を全社的に総合的な広がりとまとまりを持った形で推進していく姿勢が要求される。

　また、ラインの管理監督者が安全衛生に対する熱意と関心を日々示すように、スタッフは常に、ラインの現状と問題点を把握するとともに今日的な課題や情報を提供し、

第2章　ゼロ災運動の理念

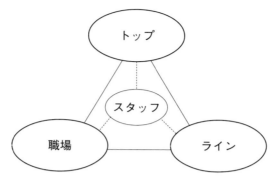

図5　ゼロ災運動推進3本柱とスタッフの関係

ラインを支援し、相互に連携を図っていくことが重要である（図5）。

3　管理監督者と小集団活動

　ゼロ災運動は安全衛生の真のライン管理の徹底を図る運動である。仮に、ライン管理の不徹底な事業場でゼロ災運動の名で小集団活動のみを奨励しても、管理監督者が小集団活動に無関心で、その活動に関与せず、活動を現場にまかせっきりにしていると、いずれ停滞して行き詰まることになる。管理監督者の職場自主活動重視の姿勢、日常の責任ある指導・支援があって、はじめて小集団活動が健全に育つといえる。

　マネジメントは、管理活動とそれに呼応する第一線作業者の職場自主活動（職場小集団活動）がピッタリとかみ合うような職場の中ではじめて本格的に進められる。

　ライン管理に自主的な職場小集団活動のエネルギーを一体に組み合わせて全事業場的に推進することは、安全衛生のみでなく、作業改善・品質向上・コストダウン・環境問題など、全ての職場の問題解決に不可欠なことである。

4　ゼロ災小集団活動の課題

　ゼロ災小集団は、全事業場的なゼロ災推進体制の一環として、その自主活動によってライン管理を完成し、職場や作業の危険を長期あるいは短時間に解決して安全衛生を先取りするための、人間尊重（ゼロ災）を理念（こころ）とするチームである。

　安全衛生において、ゼロ災小集団の果たす役割は大きく、リーダーを中心に、毎日毎日の職場でのミーティングで、短時間にその日の作業の危険（問題）を予知予測し、その解決のための実践活動をすることが重要である。

5　管理活動と職場自主活動

　本来「自主活動」という概念は、「管理」という概念と矛盾し、相反する次元にある。安全衛生を推進する上で管理の徹底は非常に重要であって、ラインの管理監督者は時には強いリーダーシップを持って命令し、指示しなければならない。また、職場や作業の安全について作業者自身が十分理解し実行できるまで教育する責任がある。

　従来、安全は、すでにでき上がったものとして上にあるものとされてきた。例えば法令であったり、社内規程であったり、作業標準であったり、まさにそれはすでに上にある。それを下に向かって徹底するのが安全管理であり、そのための手段が安全教育であった。

　しかし、人間特性としての錯覚、忘却、近道反応などによる不安全行動は、命令や指示、教育などの安全管理で完全に防ぐことは難しい。これらの不安全行動を防ぐ第一歩は働く人自身が「危ないことを危ないと感じる」（気づく）ところから始まる。決められているからやらなければならないのではなくて、それが危ないから、ウッカリして死傷したら大変だからこうしよう、というのである。それは自主的・自発的な活動であり、本心から生じた自律的な行動である。この行動を「自分の体は自分で守る」という個人レベルの自衛活動にとどめず、ゼロ災小集団という媒体を通じて、チ

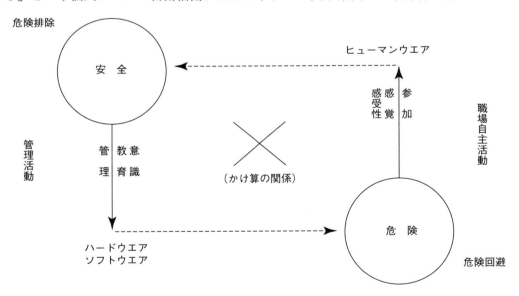

図6　管理活動と職場自主活動の関係

第2章　ゼロ災運動の理念

ームレベルの参加行動に高めようというのがKY活動であり、KY活動は職場自主活動として行われて、はじめて有効な活動となる。「この作業ではこうせよ」と教えられたり、押しつけられたりするのではなく、KY活動で危ないことを危ないと感じる感覚（感受性）を鋭くして、本人が「やっぱり危ないなぁ」、「ウッカリできないぞ」と気づいて自主的・自発的に安全行動をすることが必要なのである。

　管理活動がタテの構造だとすれば、職場自主活動は「ヨコからヨコ」、「仲間から仲間」への構造である。「みんなで発見し、みんなで解決しよう」というチームワークである。リーダーを中心に現場で行う短時間のKY活動は、「仲間の体は仲間で守ろう」、「みんなの安全はみんなで守ろう」、「エラーする人間同士だからみんなでKYをしよう、指差し呼称をしよう」というチームワーク行動である。

　安全衛生管理活動は、このような「管理」と「職場自主活動」が一体感を持ちながら連携して相互に作用するように進める「かけ算」の形で相乗的に効果を発揮するような活動としていかなければならない。それを追求していくのがゼロ災運動である（図6）。

第3章　ゼロ災小集団活動
Ⅰ　ゼロ災小集団活動のとらえ方

> ゼロ災小集団
> ・全事業場的なゼロ災推進体制の一環として
> ・その自主活動によってライン管理を完成し
> ・職場や作業の危険を長期あるいは短時間に解決して安全衛生を先取りするための
> ・人間尊重（ゼロ災）を理念（こころ）とするチームである

1　小集団は基本的な単位

> 小集団は組織の基本的な単位である。職場には必ず職場小集団がある。

　職場は普通4〜8人程度の小人数のメンバーで編成されている。その小人数のグループには通常リーダーが定められており、職長、班長などと呼ばれている。これらのリーダーを中心に、一つのチームとして仕事（チームワーク）をしている。そこにはすでに"職場小集団"がある。意識的に小集団として組織され把握されているか否かを問わず、職場単位の小集団活動をしている。小集団は、まさに組織の基本的な単位であり、組織のための問題解決集団であり、先取り集団としてなくてはならない集団である。

2　小集団活動の機能

> 　小集団が本来持っている先取りと問題解決の機能を正しくとらえ、それを生かすことが、ゼロ災小集団活動の出発点である。

小集団活動というと、何か既存の職場とは別のもの（あってもなくてもよい趣味的なもの）を組織するように考えられ、「新たに小集団活動を導入する」などといわれることが多い。これは作業のためのラインとは別のものとしてとらえられ、組織されてきた、今までの小集団活動に対する先入観があるからで、正しくない。小集団をもっとラインと密着したもの、というよりラインそのもの、つまり問題解決集団としてとらえなければならない。その場合には、すでに組織の基本的な単位としてあるのだが、正しくその役割と機能を評価していなかった点を、再認識、再評価して、その活動の活発化を図るべきである。

そこに職場があり、仕事が行われている限り、単独作業でない限り、必ず小集団活動は行われている。単独作業でも、通常、母体としての小集団はある。作業の第一線は、事実小集団組織のチームとして行われている。

「私の事業場は小集団活動を行っていません」とか「私の事業場の業種では小集団活動など到底不可能です」などといわれるのは、既成の小集団活動の考え方にとらわれているからであろう。

3　感受性と問題解決能力

> 小集団リーダーである職長などを中心として、就業時間内の短時間ミーティングの中に危険予知活動をどう生かすか、一人ひとりの感受性と問題解決能力をどう向上させるかが、ゼロ災推進の課題である。

例えば、建設業で考えてみよう。協力会社の職長を中心に、安全朝礼やツール・ボックス・ミーティング（TBM）が行われ、「今日の作業にどんな危険があるか」、「自分は安全に作業できるか」という危険予知の話し合いが行われているとしたら、これは立派な職場小集団活動である。「この現場で作業する3日間は必ずフルハーネスを着用しよう」という目標を決めて相互注意を行っているとしたら、これも立派な問題解決小集団である。ただ、作業者が日々流動的であったり、仕事に期限があったりする点が製造業と違うだけで、職長を中心に小集団チームで仕事をし、小集団で自主的に安全を確保しようとしていることについて全く同じである。

作業の第一線では、「職長→TBM→短時間危険予知活動」という小集団活動を進めることが、作業面でも、品質面でも、安全衛生面でも非常に有効である。建設業においても、小売業や社会福祉施設などを含む第三次産業のどんな作業でも、小集団の先

取り問題解決機能をどう生かすかがゼロ災推進の課題である。
　従来、朝礼にしても、TBMにしても、上からの作業指示、命令、伝達の場であって、話し合いの場ではなかった。しかし、安全衛生推進を考えるとき、TBMの中で、短時間に充実した危険予知活動を行うこと、つまり職場の危険についての話し合いを持つこと、自分で、チームで、どんな危険があるかを考え、話し合い、対策を立て、目標を立てて実践することは極めて有効であるといえる。

4　毎日ミーティング・毎日トレーニング

> 　月1回のミーティングのみで、危険に対する感受性や問題解決能力を高めることはできない。毎日毎日の始業時、終業時の短時間ミーティングの積み重ねが、小集団活動のレベルを高める。

　職場小集団活動というと、1カ月または3カ月ぐらいの単位で達成可能なグループ目標を設定し、その目標に挑戦することと思っている人が多い。実際に、品質向上や作業改善などでこのような活動を小集団活動としているところがある。しかし、職場の安全衛生推進の場合、月1、2回のミーティングでは、職場の問題（危険）解決のためには不十分である。目標設定のために十分な時間をかけて行うミーティングも大切だが、重要なことは毎日毎日のTBMであり、職場や作業の危険についての短時間ミーティングである。危険について上司から指示命令されるだけでなく、自分自身の問題としてとらえて、自分で考えるミーティングが必要なのである。
　安全を確保するには、危ないことを危ないと感じる感覚、つまり危険に対する感受性を鋭くすることが極めて重要である。そのためには、毎朝毎夕3分、5分の真剣な危険予知の話し合いの積み重ねが必要である。月1回や2回のミーティングのみでは、感受性の向上や安全の確保は難しい。定例的なミーティングに加えて「毎日ミーティング・毎日トレーニング」という考え方が大切である。

5　ゼロ災小集団活動の意義

> 　ゼロ災小集団は就業時間内に短時間にその自主性・自発性を発揮して問題（危険）を解決し、ライン管理を完成するものである。

　小集団自主活動は、自主的・自発的に行うものだから、就業時間外に行うべきだと

いう考え方が過去にはあった。事実時間外に活動しても、手当を返上する場合もある。安全衛生についてはこの考え方はあてはまらない。

　安全衛生の推進は、本来法律的にも道義的にも事業者の責任である。したがって、安全衛生活動は当然就業時間内に行うべきものである。どうしても就業時間内に行うことができず、やむを得ず時間外に行わせるときには、時間外手当を支給すべきである。というのは、トップ・ラインの管理監督のみでは不十分なところを、小集団活動によって徹底し完成していると考えるからである。指示命令だけで安全衛生を確保することはできない。もちろん、安全衛生は自分自身の身体、生命にかかわる問題であるからこそ、一人ひとりが、またチーム全体が、自分の問題として前向きな姿勢で「さあ、みんなで一緒にやろう」と、自主的・自発的に取り組むことが期待される。

6　管理監督者のリーダーシップ

　　小集団活動がマンネリ化するのではなく、これを活性化すべき職制の姿勢がマンネリ化したときゼロ災小集団のマンネリ化が起こる。小集団活動を指導し、激励し、ねぎらい、時に感謝の言葉をかけて、そのチームと一体となって安全衛生を確保していくのが管理監督者のリーダーシップである。

　小集団活動は、自主的・自発的にやっているのだから、職制はなるべくタッチするなという考え方もある。しかし、安全衛生の場合、職場小集団に期待されることは、職制が本来果たすべき安全衛生確保という仕事の遂行であり、ライン管理の徹底、さらにはその完成である。とすれば、職制は小集団活動を自らの仕事そのものとして考えなければならない。「適当にやらせておけばよい」というものではない。むしろ、小集団活動を活発化することによって、自分の仕事を完遂させるのである。

7　前向きで自発的な自主活動

　　危険予知訓練（KYT）、指差し呼称等のさまざまな安全衛生活動は、ゼロ災小集団活動の中で、みんなでゼロを目指し、話し合い、助け合うことで前向きで自発的な自主活動として職場に定着する。

　小集団活動の必要性を理解している人の中に、小集団活動を「させる」とか「させ

るようにし向ける」という考え方の人がいる。これは、あたかも人間を「機械」や「物」のようにとらえ、小集団を利用して人間を操ろうとか、コントロールしようという考え方に他ならない。感情と個性を持つ人間の心は、理論や理屈だけで動かすことができない。だからこそ、安全衛生では、ゼロ災害という運動理念が大切なのである。

全員がゼロへの思いを同じくするところに運動の出発点がある。「自分自身を大切にするとともに仲間・部下も大切にする。ゼロ災害を目指すために自分は、チームは、何が必要か、何をすべきか」そして職場の問題や危険の解決に向けて、チームで話し合い、考え合い、分かり合う取り組みが個人とチームの相互に影響を与える。自分の考えを気がねなく発言できるチームで、問題や危険を話し合い、対策のアイディアを出したり、チームで行動目標などを決め、その決めごとを守ることが、自律的に問題（危険）解決行動をとることを促す。

また、上司やリーダー、仲間は、問題（危険）解決行動をフォローし、互いに支援することで、指示・命令されなくても自ら動く自発的な行動をとれる自主活動につながるのである。

8　小集団活動のマンネリ化

> マンネリ化とは小集団が問題を解決できない、またしようともしない状態である。ゼロ災運動は小集団活動の問題解決意欲と能力を高める。

小集団活動がマンネリ化しているといわれる。ゼロ災運動の研修会でも小集団活動がマンネリ化したらどうしたらよいかという質問がよく出る。

小集団活動について現状把握の話し合いを行うと、

ア　ミーティングで特定の人のみしか発言しない

イ　チーム目標の決定が、チームの合意ではなく、リーダーまかせになっていたり、上からの押しつけの目標になっている

ウ　リーダーにもメンバーにも取り組む気がなく、自発的な問題提起がない

エ　チームで決めた目標が守られず、無視されている。いつも達成しない

オ　目標が品切れ、種切れになっている

カ　報告を目的に書類上だけの作文された活動になっている。内容が伴わない

キ　チーム間に格差がある

第3章 ゼロ災小集団活動

　ク　メンバー間に格差がある
　ケ　発表会のための活動、発表のための発表になっている
などの意見がドンドン出る。

　ゼロ災小集団は問題解決集団であり、また、安全衛生の先取り集団でなければならない。それが問題に気づかず、また問題を解決できず、安全衛生を先取りしようとしていない状態がまさにマンネリ化である。マンネリ化した小集団は、もはやゼロ災小集団ではない。

Ⅱ　いまなぜゼロ災小集団活動なのか

1　新しい小集団活動

（1）　KYTの登場

> 「みんなで　早く　正しく」のKYT、特に指差し呼称を一体化したKYTは、職場小集団活動の活動範囲を変革し、新しい小集団活動をつくり出した。

　職場や作業の安全衛生確保のための小集団活動の位置づけ、役割、その活性化などについて考えると、従来からの職場小集団活動（QCサークルなど）の活動範囲ではどうしてもとらえきれない点がある。

　危険は待っていてはくれない。毎日毎日、時々刻々、一瞬一瞬が勝負である。そのうえ、人間はついウッカリしたり、ボンヤリしたりする。錯覚し、横着して近道したり、省略したりする。これらのヒューマンエラーによって引き起こされる事故や災害を月に1回や2回の安全ミーティングのみで、防止することはできない。

　現場の流れや仕事の動きにすばやく対応して危険を解決し、人間特性に基づくエラーを克服して、安全を先取りするためには、仕事の要所要所で、ごく短時間の危険予知活動を充実して行うこと、さらに指差し呼称で仕事の正確性・安全性を確認することがどうしても必要である。職場小集団の先取りと問題（危険）解決の機能を高めなければならない。この要求に応えるのが、指差し呼称と一体化したKYTなのである。KYTが新しい小集団活動をつくり出し、生み出したのである。

（2）　感受性・集中力・意欲の向上

> ゼロ災を確保するには、知識・技能の教育に加えて危険に対する感受性、実践行動への集中力、自主的推進への意欲を高めることが不可欠である。

　始業時、現場到着時、作業中、昼休み時、午後の作業開始時、終業時など、どんな時間帯でも、ごく短時間にサッと、1分、2分、3分、5分で、これから行う作業について充実した危険予知の話し合いをすること、また作業行動のポイントポイントで、

第3章　ゼロ災小集団活動

しっかりと対象物を目視し、正しい姿勢で指差し、心を込めて呼称確認したり、連絡合図したりすることが、現場のゼロ災推進には欠かすことができない。

ところが「知っている」、「できる」ということと、実際に「自発的、前向きに心を込めて実践する」ということの間には、かなりの深い溝がある。ゼロ災運動の中で開発してきた問題解決4ラウンド法、KYT基礎4ラウンド法とその活用技法は、「みんなで　早く　正しく」を課題に、職場小集団の危険に対する感受性、実践行動への集中力、前向きな意欲を高めるための優れた教育訓練手法である。「ゼロ災でいこう　ヨシ！」の指差し唱和に始まり、指差し唱和で終わるゼロ災運動研修会は感受性・集中力・意欲向上のためのチームワークの体験学習会である。ゼロ災運動はもともとゼロ災を永続できるような、先取り的参加的な職場づくり、活力あるチームワークづくりの運動なのである。

（3）　自主的な問題（危険）解決

> 危険予知（KY）活動は、一人ひとりの自発性に基づく自主的な問題解決活動である。上司から一方的に「やれ」と押しつけられて、やらされるKYや指差し呼称は、ほとんど効果がない。一人ひとりが、自発的に行う自主的な問題（危険）解決行動が必要なのである。

KYTや指差し呼称は、一人ひとりが、自分の危険感覚や感受性から出発して、小人数で、本音で率直に話し合い、考え合い、分かり合ってこそ、集中力も意欲も生まれ、行動が変わり、心を込めた1人KYや効果のある指差し呼称となるのである。

自主的・自発的に問題（危険）解決行動を実践するチームの活動を「ゼロ災小集団活動」と呼ぶ。ゼロ災小集団活動は、就業時間内に短時間で問題解決を実践することを目指している。「短時間問題解決」という考え方は、生産・能率・品質・コストなどの小集団活動にも、求められている。職場小集団活動は全て問題解決行動であり、ゼロ災運動はこの活動の活発化とこの活動を支える土台である先取り的参加的な職場づくりを目指している。

2　ゼロ災小集団とは

「ゼロ災小集団」を次の5つの角度からとらえてみよう。

（1） ゼロ災運動推進３本柱

> ゼロ災小集団は全事業場的なゼロ災推進体制の一環である。

　ゼロ災運動は本来全社的・全事業場的なトータルな運動であって、ゼロ災小集団活動とイコールではない。しかし従来からの安全管理に新たにゼロ災小集団活動を加えるという角度から「ゼロ災運動イコール小集団活動」とされることがある。そのことから「事業者責任をあいまいにするのではないか」という誤解を受けることがあった。そこで1973年（昭和48年）の運動発足当初から、「運動推進３本柱の確立」を提唱してきた。「トップの経営姿勢」、「ライン化（管理）の徹底」、「職場自主活動の活発化」である。この３本柱は、相互に関連し合い、支え合っていて、どの１本の柱が欠けても、ゼロ災を達成することはできない。最も重要な柱は、トップのゼロ災を目指す厳しい姿勢である。トップが本気の姿勢を全従業員に明確に示せば、ライン管理も徹底する。ラインの管理監督者が率先垂範すれば、職場自主活動も活発化し、その先取りや問題解決の機能を発揮して、３本柱はしっかりと確立される。

（2） 管理×小集団活動──ライン化の完成──

> ゼロ災小集団は、その自主活動によってライン管理を完成する。

　「べきである」、「ねばならぬ」のタテマエだけで、ライン管理を徹底することはできない。上でつくった作業標準を「管理」の名において作業者に押しつけても、完全には守られないのが実情である。ライン・スタッフと職場小集団の衆知を集め、リスクアセスメントやKYTで見直して改善したり、指差し呼称の確認箇所をしぼり込んで決めたりして、はじめて現実の作業にマッチしたものとなり、おのずからみんなの活用する作業標準となる。これを「ライン化の完成」という。

　なぜ、作業標準が活用されず守られないか。作業標準が実際の作業にマッチしていないからである。なぜ、マッチしていないのか、いくつかの理由が考えられる。
　① 技術スタッフが作成し、ラインが参加していない。
　② 生産技術がどんどん変化しており、標準の作成や改正が追いつかない。
　③ 現場の人員が減少しているのに対応して整備されていない。
　④ 作業標準の数が多すぎて技術スタッフでは整備しきれない。

第3章　ゼロ災小集団活動

　作業標準が現場で使われなければ、作成しても意味がない。これを現場で活用されるものにするには、職場自主活動との組み合わせが不可欠といってよい。一部の事業場では、現在の作業標準（特に問題の多いもの）の見直し、その改訂に職場小集団の知恵と体験を生かしている。災害やヒヤリ・ハットが起こったり、トラブルの発生しやすい作業から見直しを始め、見直しが済んだものを登録する。危険予知訓練の定着が進むと、作業標準の見直しが比較的スムーズに進むようになる。

　管理監督者と作業者で話し合いやリスクアセスメントを実施して、職場の衆知を集めて見直した作業標準は、職場の現実の作業にマッチしたものがつくられ、おのずからみんなの守る作業標準となる。これこそ「ライン化の完成」といってよい。

　現場が関与せず、上長が勝手につくった作業標準を「管理」の名において職場に押しつけてもほとんど守られないのは当然といえよう。作業者が自分の職場の安全は自分たちで確保しよう、そのために自分も参加して良い作業標準をつくろうという前向きな取り組み姿勢がなければ、作成した作業標準が守られることはないのである。

　腰痛防止対策も、作業者が「腰痛にならない」と決意し、チーム全員で本音で話し合って「作業環境を改善しよう」、「正しい位置・姿勢で作業しよう」、「朝礼時に腰痛防止体操をしよう」とチーム行動目標を定めて、みんなで実践しなければ、実効は上がらない。これが職場小集団活動による「ライン化の完成」なのである。

　ライン管理と職場自主活動は、それぞれの役割は異なるが、全く別々のものととらえて、個別に取り組むのではなく、両者を一体のものとして取り組むべきである。スタッフは、それぞれの情報を共有できるように配慮し、相互に補完し合い、協調しながら進めることで、より大きな効果を生み出すことができる。特に職場自主活動を活発化させて、現場の活力が高くなるほど、互いに作用し良い効果を得られる。ゼロ災運動の目指すライン管理と職場自主活動の関係は、ライン管理に職場自主活動を足し算で積み上げるのではなく、ゼロ災という目標を達成するために、一体感を持ちながら連携して相互に作用するように進め、より高い効果を得る掛け算の関係なのである。

（3）　安全作業KYサイクルにゼロ災小集団活動を組み込もう

> ゼロ災小集団活動は日々の安全作業KYサイクルに組み込むことで効果を上げる。

　KYTや指差し呼称など職場自主活動としてのゼロ災小集団活動を効果のある活動と

するためには、作業と一体的なものとして日々実践する必要がある。すなわち安全作業KYサイクル、交通KYサイクル、安全施工サイクルといった日常の仕事のサイクル（流れ）にこれらの活動を積極的に組み込むことが必要である。例えば、作業前の安全朝礼に指差し唱和、始業時ミーティングに健康KYやストレッチ、服装チェックに指差し呼称、月間目標の唱和、そして5W1Hによる適切作業指示と作業前のKYミーティングなどである。作業中には要所要所の指差し呼称、作業長による巡視時の問いかけKY、作業後には、ヒヤリ・ハット報告、帰宅前の交通KYなどゼロ災小集団活動を積極的に回す仕掛けをつくることが必要である。短時間ミーティングによるゼロ災小集団活動が活発化してくると、明らかに職場が先取り的、参加的な良い職場に変わってくることが実感できる。

（4） 危険解決と安全先取り

> ゼロ災小集団は、職場や作業の危険を長期あるいは短時間に解決して、安全衛生を先取りする。

　職場や作業の第一線は、意識的に小集団として組織されているか否かを問わず、通常何らかの小人数の集団になっている。ゼロ災運動では、現場の安全を先取りするには、この職場小集団の危険に対する感受性と、自主的・自律的な問題解決能力を高めることが重要ととらえている。

　安全衛生はもともと自分自身の問題である。ケガをして痛い思いをしたり、病気になって苦しい思いをするのは自分自身である。安全衛生の問題は、厳しく自分自身の問題として受け止め、自分の身は自分で守ることが必要である。

　また、上長やスタッフが進める本質安全化やリスクアセスメントについても積極的に協力することが必要である。自分一人だけで自分の安全を守りきれるものではない。ゼロ災小集団活動は、安全衛生問題を個人レベルの自衛にとどめず、職場小集団を通じて、職場レベルの自主活動に高めるものである。危険について、本音で話し合い、考え合い、分かり合って、長期目標を設定して挑戦したり、現場でサッと短時間に話し合って、みんなで積極的に安全衛生を先取りしようというチームワークなのである。

（5） ゼロ災のこころ

> ゼロ災小集団は、人間尊重（ゼロ災）を理念（こころ）とするチームである。

　ゼロ災運動は「ゼロ・先取り・参加」を理念とする人間尊重運動である。「ゼロ」とは、かけがえのない一人ひとりを、誰一人ケガをさせない・病気にしない、ということである。ケガをしたくて、ケガをしているわけではない。誰しもがケガをしたくない、またさせたくないという「ゼロ」のこころを積み上げていけば、当然事業場の目標も「ゼロ」となるはずである。事業場が年間に何人かケガさせることを目標にすることは、大変おかしなことである。

　短時間KY活動にせよ、指差し呼称にせよ、この「カケガエノナイ一人ひとり」＝「ゼロ災のこころ」が出発点である。みんなが、心の中にゼロ災の旗を掲げて、安全衛生を先取りしよう、職場の一人ひとりを平等に大切にしよう、という共通の意識が根付くことで、はじめて真のチームワークが育ち、活力ある自主活動が生れる。ゼロ災の理念（こころ）の裏づけのない活動は、ゼロ災小集団活動とはいえない。チームワークにも、一人ひとりの活動にもゼロ災の理念（こころ）が必要である。

　ゼロ災小集団を「サークル」や「グループ」ではなく、「チーム」と呼ぶのは、小集団のチームワークが大事だからである。メンバーが有機的に連携して、助け合いながらチームワーク（協同作業）する小集団なのである。ゼロ災を目指す先取り小集団には「チーム」、「チームワーク」という呼称がふさわしい。

　ゼロ災運動研修会ではチーム編成、チームミーティング、チームリーダー、チーム行動目標、チーム決定など、全てチームの名を冠しているのは、まさにチームワークの体験学習会だからである。ゼロ災運動が目指す「先取り的、参加的な職場風土」「活力ある企業風土」は、ゼロ災へのチームワークの継続的な努力の中からのみ生まれる。

Ⅲ　ゼロ災小集団のチームワークづくり

> チームワークとは
> ・「みんなで協力して仕事をすること」である。
> ・チームワークにおいては、一人ひとりの個性や長所が相乗的に発揮され、チームの目標達成に向かって、集団の力が「和」でなく「積」となることが期待される。

1　チームとは

> チームとは、職場に共通する問題解決や目標達成のための複数の人々の努力を結集する体制をいう。ゼロ災小集団は単なるサークルやグループでなく、チームである。

　職場小集団は、企業活動にとって基本的な第一線の組織単位である。その小集団が十分に機能を発揮しているかどうかは、事業場にとって重要なポイントである。この場合、小集団を単に人数が少ないグループという形式のみでとらえず、機能的にチームとしてとらえる必要がある。
　チームとは職場に共通する問題解決や目標達成のための、複数の人々の努力を結集する体制である。組織の全ての小集団を、単なるサークルやグループでなく、チームにすることが課題である。
　そのような理想像としてのチームの成立要件として、次の7つの要件を挙げたい。
　ア　人数は5、6人ぐらいがよい。
　イ　リーダーが必要である。
　ウ　リーダーの作業指揮能力が重要である。
　エ　共通の目標がある。
　オ　目標達成に向けた前向きな姿勢がある。
　カ　役割を分担している。
　キ　コミュニケーションが活発であり、一体感・連帯感がある。

2　人数は５、６人で

> 　小集団の人数が多いと、それだけで活動はマンネリ化を招きやすい。短時間の話し合いに全員参加できる人数は、２人から５、６人、多くて８人程度までである。

　チームの要件として、人数の問題は極めて重要である。小集団で、メンバーが10名以上というケースもあるが、10名を超える集団は小集団とは言いにくい。小集団の機能を発揮し得ないからである。

　ミーティングで、みんなが顔を突き合わせて、本音で率直に話し合える人数は５、６人ぐらいまでであることが、ゼロ災運動の研修会を通して分かっている。チームワークには本音の話し合いや心の触れ合いが必要なため、チームの人数には、ルールを設けるとよい。

　10人を超える集団の場合は、ミーティングの際に、話し合う内容に応じて５人～６人、さらに２人～３人のサブチームに小分けにする工夫をするとよい。

　ゼロ災小集団活動の課題は、毎日短時間に、充実した危険予知訓練や問題解決の話し合いを行うかにある。そのためにも人数は５、６人ぐらいがよい。

3　リーダーが必要

> 　リーダーの真剣な熱意と行動が、活気ある高いモチベーションの小集団活動を作り動かす。リーダーのゼロ災に向けた真摯な姿勢と態度がチーム活動の成否を決める。

　チームにはリーダーが不可欠である。キャプテンのいないチームは存在しないし、リーダー不在の小集団は小集団ではない。小集団は、リーダーを核としてまとまって動いていく。小集団活動で成果を得るために、リーダーの高い意欲と熱意、行動力は不可欠な要素である。

　リーダーによってゼロ災小集団チーム活動の成否は大きく左右される。したがって、会社は優れたチームリーダー、優れた第一線の監督者を育てなければならない。リーダーを育成するために討議を中心としたリーダー研修の実施が求められる。また職制

Ⅲ　ゼロ災小集団のチームワークづくり

はリーダーを常に激励し、バックアップして、自信を持って活動できるようにしたい。リーダーは、小集団の核である。核としてのリーダーの意義を正しく理解させて、尊重し、その核に熱意を持たせ、その熱意がメンバーに伝わるようにリーダーを支援するのは職制の仕事である。

　リーダーの情熱や熱意は、メンバーに影響を与える。リーダーが部下を大切に想う気持ちや命の大切さ、安全と健康の重要性を率直に熱意を込めて伝えることも重要である。「スマートにカッコ良く」より「熱く、泥臭く」のほうが、メンバーの心に残り、その人を動かすことがある。リーダーは情熱を持って語り、その情熱をメンバーに引き継ごう。

4　リーダーの職務と必要な事項

> リーダーは、チームの目標達成に向け、作業に関する命令・指示を行い、その作業を指揮・監督する。そして職場の問題や危険の解決に努め、安全衛生の先取りを進める。さらに部下の育成もリーダーの大切な職務である。

リーダーに必要な能力、態度・姿勢として、主に次の項目を挙げる。
　ア　コミュニケーション力
　イ　目標達成や課題克服への責任感と行動力
　ウ　謙虚で公平な姿勢
　エ　ルール違反への厳しい姿勢と自ら率先垂範
　オ　上長・部下への情報伝達力や調整力
　カ　メンバーを指導支援するために必要な知識・技能を学ぶ姿勢
　キ　メンバーが安心して意見・気持ちを表現できる雰囲気づくり
　ク　メンバーの失敗を責めない寛容な姿勢
　ケ　奇抜・突飛な意見・アイデアをすぐ否定せず一旦受け入れる包容力

　ゼロ災小集団のリーダーとして、特に必要とされるものはアの「コミュニケーション力」である。リーダーは、作業に関する命令・指示を行い、さらにその作業を指揮・監督することが重要な職務である。部下がその命令・指示を受け、責任感を持ち前向きに業務にあたり、安全衛生を先取りして作業を進めるためには、日頃の部下との良い信頼関係が重要で、その信頼関係を構築し継続するにはコミュニケーション力が不可欠となる。また、作業指示・指揮や連絡事項を伝える際には、5W1Hを使い、

明解で具体的な言葉で伝えることが、部下のミスやエラーを防止し、安全を先取りすることにつながる。コミュニケーション力にはメンバーに必要な事項を的確に指示・命令・伝達できる力も含まれる。他の項目についてもリーダーに必要な能力、態度・姿勢として欠かせない事項である。なお、作業指揮能力の向上を図るために、ゼロ災運動では「作業指示STK訓練」、「適切指示即時KYT」、「個別KY」、「問いかけKY」、「健康KY」などを研修会の実技で取り入れている。

5　共通の行動目標づくり

> チーム全員が、心を燃やせるいい行動目標づくりこそ、活動活性化の決め手である。

　チームは本来職場の共通の問題解決のため、共通の目標達成にみんなが努力を結集する小集団である。そのためには、職場にとって解決すべき問題を、正確に把握し、本質を追究し、これを解決するための対策を樹立し、具体的な行動目標を設定し、全員で挑戦することが必要である。全員が心を一つにして、一致協力できるようなチーム行動目標を立てることが大切で、共通の行動目標づくりと、その行動目標に対する挑戦の実践を体験することが、一体感・連帯感を高め、さらにチームの問題解決能力やチームの質的な向上につながる。
　いいチーム行動目標は、次の条件を備えていなければならない。
　ア　方針にそった目標であること
　イ　具体的な行動内容であること
　ウ　みんなで決めた目標であること
　エ　納得のいく基準であること
　オ　チームワークで達成できること
　カ　達成することがチームにとって自分自身にとってプラスになることが分かること

6　目標達成への前向きな姿勢

> 職場の問題に向かって、「さあ、みんなで解決しよう」という、メンバー一人ひとりの前向きな姿勢こそが、チーム活動の原動力である。前向きの自発的な問題解決行動がゼロ災運動のチーム活動である。

「やれ」と上から押しつけられ、嫌々行うやらされ感のある活動ではなく、みんなが納得して、自発的に、積極的に参加し活動することがチーム活動の基本である。一人ひとりが心から率直に前向きに取り組もうという姿勢のないところに本当のチームはない。

ゼロ災小集団では、特に「私達でできることは、私達でやろう」という自発的な意識が重要である。この問題解決に向けて自律的に協働するポジティブな取り組み姿勢を生むには何が必要なのだろうか。一つは、ゼロ災・人間尊重の理念をメンバー全員が理解し、その理念を目指して活動を進めることである。職場の課題や問題、それを解決する方策は、さまざまだが、問題を個人の責任に転嫁したり、特定の個人に負担を強いる解決方法になってはならない。チームメンバー一人ひとりを平等に大切にしながら進めることが大切である。

次に、困ったことがあれば、気軽に上司・仲間に相談できて、互いに助け合えることも大切である。困ったときはお互い様と考え、常に助け合う気持ちを持つこと。そのためには、日常の挨拶を基本としてコミュニケーションが良く、自分の気持ちや感情を安心して表現できる雰囲気づくりをリーダーを中心に進めることである。

こうした職場づくりが進むと、リーダーとチームメンバー、メンバー同士の信頼感が生れる。リーダーとメンバーの信頼関係が進むと、リーダーは部下に任せる業務を増やし、メンバーの裁量が増えることで、個々のやりがいにもつながるのである。

問題解決4ラウンド法やKYTをこのような職場で行うことで、率直で前向きな発言が増え、個々の多彩なアイデアから有効な対策や解決法が生れ、より充実した話し合いになる。メンバーの「さあ、みんなで解決しよう」という、前向きの自発的な問題解決行動が生まれるのである。

7　チームメンバーの役割とチームワーク

> チームは、メンバーが役割を持ち、お互いに助け合いフォローし合う関係である。良いチームワークは一体感・連帯感を育てる。

　チームでは、メンバー一人ひとりが職場に共通する問題解決や全体目標達成のための各自の役割を自覚し、自分の役割を実行することが必要である。その役割は、明確に示さなければならない。メンバーは、その役割によって、自分は何を期待されているかを判断するため、仕事への意欲に関わってくる。また、役割を明確にすることで自律的に行動し、その役割を果たすために責任感を持つ。リーダーは、部下の行動に関心を持ち、必要に応じてアドバイスしたり、その過程の努力をねぎらい、ほめる。部下への過度な期待はプレッシャーになるが、リーダーが期待を示すことは、メンバーの熱意や意欲、知識や技能の習得など自ら成長する意識を高め、働きがいを向上させることにもつながる。

　また、メンバーの役割分担は、単なる分業ではない。個々が役割を果たす中で、互いに連携し情報を共有しながら協働し、より高いチームの目標を目指す。安全活動は、一人ひとりが勝手に行うのではなく、不安全状態があれば情報を共有して改善し、不安全行動を見つけたら相互に注意することが必要である。安全で健康な職場づくりのためには、チームで一致協力して、自分のミス、仲間のミスを互いにフォローするチームワークが不可欠なのである。チームワークの良いチームは、目標達成に向かって「みんなでやり遂げよう」という意気込みがある。統制されて、無理やりに一つにされるのではなく、自然に自主的に気持ちと行動が一つになる良いチームには、一体感、連帯感がある。

　ゼロ災運動の研修で行う問題解決4ラウンド法やKYT基礎4ラウンド法の実技では、メンバーがそれぞれ、リーダー、書記、レポート係等の役割を順番に交替する。問題や危険を解決する手法を経験する中で、自律性や責任感、チームワークの向上を体感するのである。

8 職場風土づくり

> チームワークの良い、活力のある職場風土づくりが、ゼロ災推進の決め手である。

　チームワークの良い職場では、当然のこととして危険や問題点も自主的参加的に解決され、安全衛生も先取りされる。

　職場の人間関係や、それがかもし出す雰囲気は、労働災害の発生と深いつながりがある。職場の人間関係と雰囲気を「職場風土」と呼ぶとすれば、活力ある職場風土、明るく参加的な職場風土、チームワークの良い職場風土づくりこそ、安全衛生推進の決め手であり、ゼロ災運動の目指すところである。

　そして、職場がチームの集合体として構成され、職場風土が人間同士の相互作用によって影響されつくられるとすれば、ゼロ災運動の目指す職場風土づくりに、一人ひとりのコミュニケーション力とチームワークの向上が必要である。その根底には何よりも「かけがえのない一人ひとりの人間を平等に大切にする」人間尊重の理念が求められるのである。

ゼロ災コラム

「生涯ゼロ災 ―目指せ４万日―」

　ゼロ災運動は、人間尊重を理念としている。「労働災害ゼロというのは難しい、不可能だ」というのではなく、「何とかゼロにしなければならない」「ぜひともゼロにすべきだ」と考えるのである。誰もが傷つきたくて災害を起こしたり、かかりたくて疾病になるのではない。働く人一人ひとりの願いは当然ゼロで、その願いをトップが受け止め「全員でゼロに挑戦していこう」という事業場全体の合意を形成していくのである。近年は、５年、10年「ゼロ」ということは珍しくない時代である。

　どんなに大きな目標であっても、最初は小さな努力を着実に積み重ねることから始まる。ゼロの始まりは１日（いちにち）ゼロ災、その積み重ねが、１月（ひとつき）ゼロ災、１年（いちねん）ゼロ災になる。さらに、１年の労働日を250日と想定して、定年まで約40年のゼロ災を願う１万日ゼロ災、１年365日で生まれてから80年のゼロ災を願う３万日ゼロ災、そして100歳以上長生きすることも多い現在、110歳（４万日）、それ以上のゼロ災を目標に人生を有意義に過ごしたい。人間尊重の理念に照らせば、赤ちゃんだろうと、学生、退職後の方であろうと事故、ケガのないいきいきとしたゼロ災人生を願うことがゼロ災運動といえよう。

第4章　ヒューマンエラー事故防止

Ⅰ　ヒューマンエラー
──危険の心理学入門──

1　人間の行動特性

（1）　人間はエラーする

　誤操作・誤判断・誤作業などのいわゆるヒューマンエラーが、事故や労働災害の原因とされることが多い。そしてそのエラーのほとんどは、人間の心理的な要因にかかわるものといわれる。

　心理学的には、人間はもともと欠陥だらけの動物で、見間違い、聞き間違い、言い間違い、思い違い、覚え違い、やり違いなど、エラーをするのが当然といってよい。間違うことが、むしろ「人間らしい」ことといえる。

　このような錯誤（錯覚）、不注意（ウッカリ、ボンヤリ）などの人間の行動特性を「人間特性」といい、人間特性によって引き起こされるエラーを「ヒューマンエラー」という。

　しかし、間違えるのが当然の人間である以上、エラーはいたしかたないとあきらめるのではなく、その欠陥だらけの人間の行動特性を、ハードウエア（物）の面やソフトウエア（人×物）の面でできるだけ抑えて、なんとかエラーをしないよう、危険な行動をしないようにしていこうというのが安全衛生管理の基本である。

（2）　不注意は災害原因ではない

　事故や災害が起こったときに、その原因を「本人の不注意」によると決めつけ、「だから不注意しないように注意した」とされることがよくある。

　しかし、誰も自分で進んで不注意になろうとする者はない。むしろ、不注意になるということは、不完全な人間に自然な心理的な現象であって、「どうして不注意をしたか」という原因を究明することが必要なのである。「本人の不注意」は、しばしばその背景にある本当の原因を隠し、有効な対策を立てることを不可能にする。不注意

第4章　ヒューマンエラー事故防止

は原因ではなく、結果なのである。不注意を招いた原因を究明して対策を立てることが重要なのである。

錯誤（錯覚）、不注意（ウッカリ・ボンヤリ）、近道反応、省略行為などの人間特性について考えてみよう。

2　錯誤現象

（1）　錯覚・錯誤

物理的・客観的な事実と、心理的・主観的な事実とがくい違うことを、心理学で"錯誤現象"とか"錯覚"という。

人間は、すべてのことをすべて正確に知覚し、正確に判断して行動することはできない。正確に知覚しうる範囲には限界があり、しばしば感覚にひずみを起こして錯誤することが、心理学の研究で明らかにされている。

ここでは、ごく日常的常識的な入門的な事例のいくつかを挙げよう。

（2）　遠近反転現象

図7の中央の垂線上の点を注視していると、両側の垂線上の点より遠くに見えたり、近くに見えたりする。つまり遠近の距離が反転する現象である。

信号灯の遠近が架線の支柱のために反転して錯誤し、事故につながることがある。図8も特定の面にある○印が前面に浮き出たり、背面に沈んだりする。

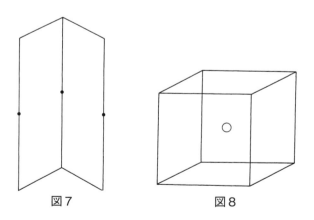

図7　　　　　図8

（3）　垂線と水平線の錯視

図9の垂直距離CDと水平距離ABは、全く等しいのに、CDのほうがABよりも長く、ABのほうがCDより短く見える。

幾何学的に見れば全く等しい長さであっても、我々の知覚においては等しく感じない。これが見間違いや判断間違いにつながってくる。

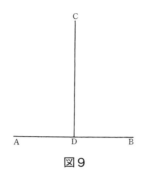

図9

（4） 進出色と後退色

同一距離であっても、色によって近くに見えたり遠くに見えたりする。

信号機の色灯の場合、一般的には赤・黄・青の順に近く見える。しかし、光の明るさが著しく弱くなると、逆に青が進出し、赤が後退する。

信号を瞬間的に判断しなければならないようなとき、この現象と遠近反転現象が重なって、遠近を見誤ることが多い。

（5） 大きさの判断錯誤

同じ長さの鉛筆を2mの距離で見るときは、1mの距離で見るときの2分の1になるはずだが、実際の感じでは同じ長さの鉛筆に見える。

日常の衣類でも体験しているように、同じ大きさ、同じ形のものでは、黒色より白色が大きく見え、黄・赤は大きく、青は小さく見える。光度の明るいものが大きく、暗いものが小さく見える。

前方向の目の高さにあるものは大きく見え、仰いで見たり、見おろしたりして見たりするものは小さく見える。

地平線に近いところにある太陽や月は、天頂にかかっているそれよりも、はるかに大きく見える。

高く立っている棒を倒して地上に置いてみると案外短く見える。

図10の正方形も菱形に立てると、菱形のほうが面積も大きく、一辺も長く見える。

第4章　ヒューマンエラー事故防止

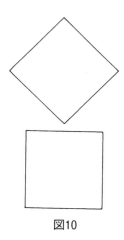

図10

(6) 錯視図

幾何学的な錯視図のいくつかを挙げてみよう。

図11では4本の平行線は平行だが平行に見えない。

図12ではAとBは等しい長さなのに、心理的にはAはBより短く感じられる。

図13ではAB＝BCなのに、そう見えない。

図14ではAとBは直径が等しい円なのに、近くにある円の大小によって、小さく見えたり大きく見えたりする。

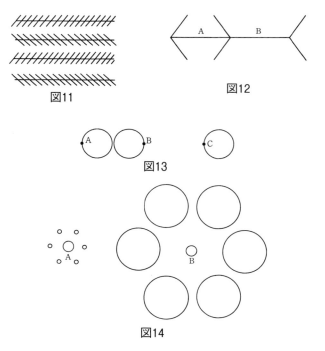

（7） 聴覚の錯誤

耳による音の方向や距離の判断の正確度も著しく低いといわれている。

特に聞く者の心構えに影響されて錯誤が起こりやすい。例えば、テレビの音声は俳優の口から出ているように聞こえるが、実際は画面からではなく、スピーカーから出ている。

（8） 触知覚も鋭い

体の部位やそのときの心身の状態によって、触覚の鋭敏さはかなり異なる。最も鋭敏なのは舌の先端で、背中や大腿部はかなり鈍感となる。

つまようじ２本を使って、先端の間隔を1mmから50mmぐらいにいろいろ変えて、体の部位を刺激してみるとよく分かる。

（9） 時間の知覚錯誤

同一時間であっても、長くあるいは短く感じられる。空虚で無意味な時間、単調だったりいやな内容の時間は実際より長く感じ、興味のある内容、充実感のあるときは逆に短く感じられる。

逆に追憶となると、充実していた時間は長く、空虚な時間は短く感じられる。

いろいろな錯誤現象を見てきたが、「人間は当然錯誤する」ということを十分に知ったうえで安全衛生を進めていく必要があることが分かった。

3　不注意物語

（1）　注意の性質――注意とは

注意とは「知覚や思考などを少数の特定のものに限定し、選択する機能」である。「特定の対象に意識を向けて明瞭に識別したり、また識別しようと努力すること」である。

私達の心の働きの範囲内にあるものが、すべて明瞭・正確にとらえることができるというわけではない。意識を向けている部分だけは明瞭でも、ほかの部分はボンヤリしている。意識の焦点から離れるにつれて、だんだん不明瞭になり、ついには意識の範囲を超えてしまう。

注意とはこのように「明瞭な意識状態を生じさせる能動的作用、あるいは現前の明瞭な意識状態」をいい、「ある情報を選択的に受容し、それと同時にほかの情報を抑

第4章　ヒューマンエラー事故防止

制させるような選択中の状態、あるいは構え」をいう。

次に、注意の性質を5つの角度からとらえてみよう。

① **注意には範囲がある**

注意の範囲は人によってかなりの差があるとともに、たえず動いたり変わったりしている。注意の範囲を瞬間露出器によって図15のように見せた場合、同時にとらえられる注意の範囲は一般成人では平均6個ぐらいという。この6個の能力の人に対し、7～8個に増やせば、4～5個しか正しく読み取ることができなくなる。同様の心理学実験は多いが、いずれも知覚範囲に限界があることを立証している。

数字の記憶でも、数字を1秒間隔で1字ずつ調子をつけずに「5・7・2・4・6・1」と聞かせて、復唱させてみると、正答の範囲は6個ぐらいまでである。正答6個の人に7～8字に増やすと、4～5字ぐらいしか正しい順序でいえなくなる。

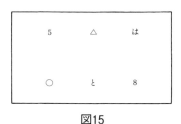

図15

② **注意は選択する**

人間は、当面の行動や動作によって、有意味な刺激は受け入れるが、無関係と思われる刺激はほとんど排除してしまう。

むしろ当面の行動に必要なものだけが選択されるので、片方に注意していると、当然他方は不注意になっている。

注意の範囲と集中との関係は逆相関で、ある対象に注意を集中すればするほどその明瞭さは増し、反応時間も速くなるが、注意の範囲は狭くなる。注意の範囲を広くすれば個々の刺激の明瞭さは減って、反応時間も遅くなる。

③ **注意には方向性がある**

注意を案内する役目の目には視線がある。視線の焦点の合っているところはよく見えるが、視線から外れた部分はとんど見えない。

人間には2つの目があるので、ほぼ200°の範囲が見える。しかし、200°の視野が全部はっきり見えているわけではない。

はっきり見えるところは目を向けたごく小さな範囲であって、視野から外れた部

I　ヒューマンエラー

分はボンヤリしたり、見えなかったりして見落とすことになる。

④　注意は変動する

1つのことに対する注意を、どのくらい続けることができるかの実験がある。図16の場合、図17の場合、いずれも図形そのものは時間的に変わらなくても、しばらく見つめていると交互に反転する。

どちらか一方に注意を固定しようと努力しても不可能である。注意は変動し波動する。

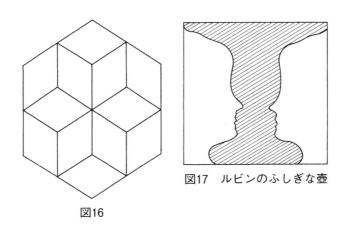

図17　ルビンのふしぎな壺

図16

⑤　注意にはリズムがある

図18のように注意と不注意、緊張と弛緩の現象は通常リズムをなしており、波動している。注意のあとには不注意を生じ、緊張の後には必ず弛緩が生まれる。これは人間一般の自然な意識の流れなのである。

このような意識の強弱の変化は避けることができない。不注意になることも、それなりに自然の法則に従った自然の現象なのである。注意していたつもりでもハッと気がついたときには、大切なことを度忘れしていたということがよくある。

一連続作業時間に関する実験で、作業能率の低下がいつごろ現れるかを調べたところ、30分前後に起こるという結果が出ており、30分前後が精神的集中の持続の限界であるといわれている。

問題は不注意の波とたまたま危険な作業や状態とが重なり合って、事故発生の原因になることである。ハッと気づいたときには注意がそれて、手をはさまれていたといったことがよくある。

安全な作業をするためには、危険な状況と不注意を統合させないようにすることが大切である。

第4章　ヒューマンエラー事故防止

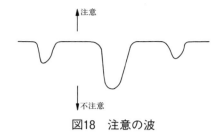

図18　注意の波

(2)　意識レベルと注意の作用

① 脳コンピューターと不注意

　故橋本邦衛教授（日本大学生産工学部）は、人間が周囲の状況に応じて目的にかなった行動を決め、実行に移すときの大脳の働き（情報処理）を、図19のような関係図で説明している。

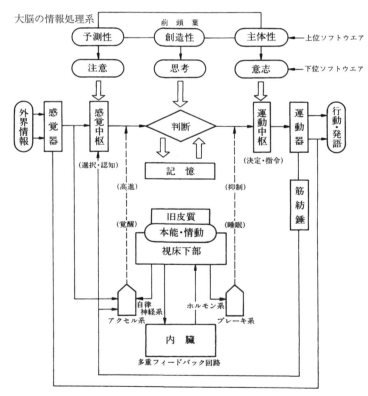

図19　大脳の情報処理のモデル（橋本邦衛「安全人間工学の提言」安全工学18（6）p306-314）

　この中で「注意」は、脳コンピューターが作業状況の変化に応じて適切な行動を生みだすための「下位のソフトウェア」の一つとされている。つまり「複雑な外界

情報群から必要情報だけを選択する作用」ということになる。

　その大脳の活動は、脳の下部にあるアクセル系（活動を活発にする作用）とブレーキ系（活動を低下させる作用）によって左右されており、意識レベルはその両系の力の兼ね合いで決まってくる。

② 　意識レベルの5段階

　意識レベルを5段階に分けて、それぞれの意識水準と注意の作用との関連を表1、図20のように説明する。

表1　意識レベルの5段階（橋本邦衛）

フェーズ	脳波パターン	意識の状態	注意の作用	生理的状態	信頼性
0	δ波	無意識、失神	ゼロ	睡眠・脳発作	ゼロ
I	θ波	subnormal 意識ぼけ	不注意	疲労、単調、眠気、酒酔い	0.9以下
II	α波	normal、relaxed	passive 心の内方へ	安静起居、休憩、定常作業時	0.99〜0.99999
III	β波	normal、clear	active 前向き	積極活動時	0.999999以上
IV	β波または てんかん波	hypernormal 過緊張	1点に固執	感情興奮時、パニック状態	0.9以下

フェーズ0……意識を失っている状況、注意の作用はゼロ、信頼性もない。

フェーズI……半ば居眠りの状態、意識はぼけ、不注意状態、信頼性は0.9以下。酒に酔っているとき、ひどく疲れたとき、単調労働のときに、穴に落ち込むようにこの状態となる。

フェーズII……家庭で暮らすときや休息時のようにリラックスしたときの状態で、注意は前向きに働かず心の内方に向かう。考えごとなどでボンヤリするときもある。信頼性は、0.99〜0.99999。

フェーズIII……積極的に行動しているときの意識、注意は広い範囲にわたり、前向きに指向され、情報処理や意志決定は状況に応じて活発に働くので、信頼性は0.999999（シックス・ナイン）以上。

フェーズIV……過緊張状態あるいは情動興奮時、注意は目前の問題に吸い込まれ、精神活動は貧弱、緊急事態で慌てたり恐怖におそわれたりすると、大脳はパニック状態に落ち込み信頼性は0.9以下となる。

第4章　ヒューマンエラー事故防止

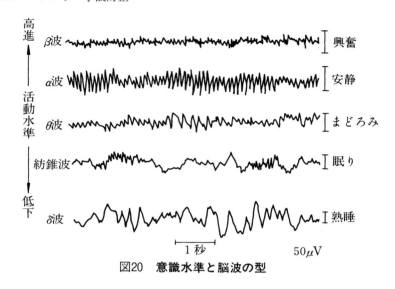

図20　意識水準と脳波の型

③　エラー・ポテンシャル

　ヒューマンエラーの起こりやすさ（エラー・ポテンシャル）は、大脳のこのような活動度（意識レベル）にかかわっており、脳がぼけているときにはエラー・ポテンシャルが高く、脳がクリアなときにはエラーが少ないということになる。またそのような脳の活動状態は脳から出ている微弱な電流の脳波によって明確に把握できる。したがって、エラー・ポテンシャルも客観的につかまえることができると主張する。

　5段階のうち、ウッカリミスはフェーズⅡやⅠのときに起こる。フェーズⅢではエラーが起きにくいが、この緊張状態は長続きせず、無理に緊張を続けさせると疲労のため、かえってフェーズⅠに落ち込むことがある。日常の定常作業はほとんどフェーズⅡで処理されるので、フェーズⅡの頭でもエラーしないような人間工学的な配慮をする必要がある。また、非定常作業のときに自分でフェーズⅢに切り替える必要があり、そのためには指差し呼称が有効であり、また仲間同士声をかけ合うのもよいとしている（以上、橋本邦衛著「安全人間工学」中央労働災害防止協会発行より）。

　橋本教授のフェーズ理論は、不注意の大脳生理学的な解明として分かりやすい。

　「指差し呼称」はフェーズⅢのクリアな意識レベルにギヤチェンジするための具体的な手法として極めて優れている。

（3） どんなときに不注意になるか

不注意は原因ではなく、結果である。不注意を招いた原因を究明することが重要なのである。ここで心理学で不注意を生じさせやすい要因として挙げているものを、人間側（内的要因）と、環境側（外的要因）とに分けて考えよう。

① **不注意を生じさせやすい人間側の状況（内的要因）**
1) 何か強い欲望があるとき……「早くあそこへ行きたい」と思うと、途中に石があっても見えず、つまずいて転ぶ。
2) 感情が高ぶっているとき……人と激しく口論しているとき、熱いコーヒーをひといきに飲んでやけどする。
3) 過去の経験から推測してしまうとき……昨日も一昨日もそうだったから、今日もそうだろうと思って、変化に気づかない。いつもかけ慣れている椅子が、何かの都合で少し低いものに代わっているとき、その椅子に腰かけようとしてびっくりする。
4) 病気、疲労、酩酊、心配、焦燥というような心身の異常状態のとき……人間の心身はいつも正常な状態を維持しているわけではない。異常のときには、自分では気をつけていても、見落としや思い違いをし、誤操作・誤作業をする。
5) 不慣れ、未経験、知識不足などのとき……初心者はベテランから見れば、ヒヤヒヤするようなことを平気でやる。
6) 何か強い関心を引くものが別にあるとき……家庭不和が原因で、そのことに気をとられて事故になることもある。
7) いい加減な判断で甘くみたとき……これくらいのことなら自分1人でやれると状況を甘く見て、勝手に作業して事故を引き起こす。

などがある。このような状況ではまさに心理学的な法則によって、不注意をおかしやすい。

② **不注意を起こしやすい環境側の条件（外的要因）**
1) 事物、事象があいまいなとき……はっきり見えないときや作業指示が不明確なときなど、恣意的な勝手な判断をしがちである。
2) 事物、事象は明確でも、似た形状のものが並んでいたり、錯誤しやすい状況にあるとき……たくさん同じものが並んでいれば、間違いが起こっても当然である。また錯視図のような設計配置であればこれも当然錯誤が起こる。
3) 作業が切迫しているとき……非常時、異常時の緊急の対応は間違いやすい。特に自分の生命にかかわるようなことが発生したとき。

4）作業が単調すぎるとき……作業の変化が少なく、同じ動作を反復継続しているようなとき、飽きたり、不快になったりしてきて、注意が持続しなくなる。

5）作業が複雑すぎるとき……本人の能力を超えて複雑すぎるとき、特にトラブルが発生したりしたときには当然エラーをおかしやすい。

6）作業場の雰囲気がルーズなとき……職場風土によって、物ごとの見方や理解の仕方が変わり、ルーズに見たり判断したり行動したりして、結果的に錯誤したり不注意になったりする。

7）邪魔が入ったとき……一定の手順を進めている途中で、電話がかかってきたり、人が来たりして手順の進行がさまたげられたとき、手順の一部が脱落する。

8）平常と環境が変わったとき……新しい条件が発生して、平常と環境が変わったとき、ないしは変わろうとしているとき、ついウッカリして見落とす。

（4） 近道や省略も人間特性

　安全通路がペンキで描かれているのに、それが遠回りになると、斜めに横切ってしまうとか、材料の上を歩いて乗り越えるなど、人間はつい近道をしたがるものである。

　また、決められている保護具をつけなかったり、正規の脚立を使わずありあわせのものを台にして作業する、つまり本来やるべきことを省略するということも多い。

　面倒なので、横着する、急ぐ、これぐらいは大丈夫とあなどる、前に大丈夫だったから今度も大丈夫と憶測するなどが、これらの近道（反応）や省略（行為）の心理的な要因だが、それがヒューマンエラーに結びつき、事故や災害の原因になることが多い。

　錯覚、不注意などと同様に、人間はとかく近道したり、省略したりしがちである。そのような人間特性を前提に、安全衛生対策を考える必要がある。

Ⅱ　ヒューマンエラー対策

1　人間特性に基づく事故防止策

　人間特性から生ずるいわゆるヒューマンエラーに対して、どのように対処したらよいか。

　人間の信頼性が低いとすれば、できればハードの面の対策で解決することが望ましいのだが、どうすればよいか。

　人間特性に基づく事故防止策を次の3つの角度でとらえてみよう。
　・物（ハードウエア）
　・人×物（ソフトウエア）
　・人×心（ヒューマンウエア）
それぞれについて考えてみよう。

2　ハードウエア対策（物の面）

　ヒューマンエラー事故を防止するには、まず物の面（設備・機械・環境・原材料など）の安全衛生対策を進めることが必要である。

（1）　刺激対象を工夫する

　我々を取り囲んでいるさまざまな刺激対象のうち、行動にとって必要でない対策への反応を抑え、必要とする刺激対象を正しく選択して、それに対する反応を容易にするような状況を整えることが必要である。

①　刺激対象の性質を利用する──無色より色彩のあるもの、色彩の中では原色、特に赤色が注意を引く。停止信号、危険信号。
②　刺激対象を大きくする──看板・ポスター、条件が同じなら大きいほうがよい。
③　刺激を強くする──強い音、強い光。
④　刺激を持続する──長く続ける。ただし続けすぎると単調になる。
⑤　刺激を反復する──アラームが断続的に鳴るのはこの利用。
⑥　刺激を変化させる──旗を振ったり、標識灯を点滅させる。
⑦　刺激の位置を工夫する──右ききの人は視野の左半分が右半分より目につきや

すい。また注視点から上より下のほうが気づきやすい。
⑧ 刺激を新規にする――ポスターや標識は、はり替え、つけ替えるほうが注意を引く。

このような工夫を設計、色彩、配置などに加えることで、ヒューマンエラーを防ぐことができる。

（2） 異常があっても大丈夫なようにする――フェール・セーフ（Fail Safe）

高圧ボイラーの内部圧力が制限を超えたら、自動的に安全弁が開いて圧力の超過を防ぐようにする。強力な電流が流れるとヒューズが自動的に焼き切れるシステム、揺れたり倒れたりすると瞬間的に消火する石油ストーブなどもこれである。異常が起こると停止する自動搬送機、ガス湯わかし器、ロボットなどの安全装置にはフェール・セーフのシステムが組み込まれている。

（3） 誰がやっても大丈夫なようにする――フール・プルーフ（Fool Proof）

最初から正しい方法以外では作業が進まないようなシステムをフール・プルーフという。プラス・マイナスをT字型につくってあるコンセントは誰がやっても間違えることはない。両手を使ってボタンを押さなければスライドが下りないプレス機械、周りの柵の扉を開くと電源が切れて停止する自動機械、全自動カメラなどがそうである。

物の面の対策には以上のような例が挙げられるが、人間を取り巻くすべての物をフェール・セーフ化し、フール・プルーフ化することはできない。物の面の対策に加えて、当然、人×物の対策（ソフトウエア）が必要となってくる。

3　ソフトウエア対策（人×物の面）

ハードウエアの対策と同時に、マン・マシン・システムの立場から、人と物とのかかわり合い、人と作業とのかかわり合いを整えることが必要である。
① 作業標準（手順）を定めて教育する
② 機械・設備を点検整備させる
③ 作業環境を整理整頓させる
④ 環境条件（温度・照明・換気・騒音など）を整備する
⑤ 労働条件（作業時間・休息など）の改善を図る

などのいわゆる安全衛生管理を行うことによって、ヒューマンエラー事故をかなりの程度防止することができる。

これに加えて

⑥ 適切に作業指示し、監督・指導する
⑦ 個人別に健康を管理する
⑧ 適正配置をする
⑨ カウンセリングを行う

などの（人×作業）の面の安全衛生対策も行われている。

しかし、ヒューマンエラー事故を防止し、職場の事故や災害をゼロにしようとすれば、これらの安全衛生対策の徹底に加えて、管理と一体のものとして、いわゆる小集団活動、職場自主活動のヒューマンウエア対策を促進していくことが必要である。

一方的な管理では、「知っている」、「できる」のに「やらない」という問題、とりわけ「やる気がないのでやらない」という問題を本質的に解決することができない。

4　ヒューマンウエア対策（人×心の面）

ハード、ソフトの安全衛生管理と一体のものとして、人×心（ヒューマンウエア）のヒューマンエラー事故防止策として、ゼロ災運動では「危険予知訓練（KYT）」、「指差し呼称」、「ヒヤリ・ハット・キガカリ活動」、「ゼロ災4S」などを推進している。

ヒューマンウエアとは、安全衛生推進における「小集団活動」、「職場自主活動」、「参加」、「やる気」、「創意工夫」、「チームワーク」など、通常の管理のシステムでは支配・強制し得ない「人の心」にかかる分野をいう。

KYTも指差し呼称も、4S（整理・整頓・清掃・清潔）やヒヤリ・ハット運動も、管理の手段として作業者に強制されるとき、それは決して職場に根づかず、「知っている、できる、のにやらない」ということになる。

人間尊重運動の本格的な展開の中ではじめて、短時間危険予知（KY）活動も、要所要所での指差し呼称も、4Sも、ヒヤリ・ハット運動も、職場小集団のグループ・ダイナミックスとして、みんなで一緒に取り組もうという前向きな姿勢で実践され、ヒューマンエラー事故防止に役立つのである。

KYTを中心とする全員参加の先取り運動が、人間尊重の職場風土として定着することによって、事故や災害が激減することはゼロ災運動推進事業場の安全衛生実績に明らかに示されている。

安全衛生では管理と職場自主活動が一体のものとして展開されることが大切である。管理と職場自主活動どちらか一方だけでは成り立たない。ハード、ソフトを中心とした管理とヒューマンウエア対策を中心とした自主活動は互いに関わり影響し合う

ことで共に活性化する「かけ算」の関係なのである。

5 ゼロ災運動の具体的な諸活動

　ゼロ災運動が、ヒューマンエラー事故防止策として、現在重点的に進めている職場自主活動としては、次のものがある。

(1) 就業時間内の毎日の活動
① 短時間ミーティングの実施——毎日、毎朝毎夕、要所要所で、短時間のキビキビとしたミーティングを行う。
② 適切作業指示——①の中で危険予知を含む適切な作業指示（5W1HプラスKYのポイント）、これに個別KY・健康KYを加えて、復唱復命させる。
③ 短時間KY——①で、また要所要所で、小人数チーム（2人～5人）によるごく短時間（1分～5分）のKY活動を行い、実践行動目標を設定して、実行する。
④ 1人KY——最終的には、一人ひとりがKYしたり、自問自答したりして安全を確認する。
⑤ 指差し呼称——行動直前・直後にはヨイカ・ヨシ、チョット待て3秒、指差し呼称で行動の正確性・安全性を確認する。
⑥ 1分間黙想法、八段錦、ストレッチ、指差し唱和、タッチ・アンド・コール——①の中で各種の潜在意識の安定、開発のために行い、無意識的にも安全行動をするのを目指すほか、八段錦、ストレッチは健康づくりにも役立てている。
⑦ 実践KY活動——4S、ヒヤリ・ハット、交通などの活動にKY・指差し呼称を生かす。

(2) 月例安全衛生ミーティング時の活動
① 職場の問題点洗い出し、重要討議テーマ決定
② 討議テーマ解決のための問題解決4ラウンド法による本音の話し合い、月間目標の設定
③ 災害事例報告、身近な事例に対する災害事例KYT、目標設定
④ ヒヤリ・ハット体験の出し合い、重要な項目についてのKYT、目標設定
⑤ ヒヤリ・ハット体験をカード化し先取りカード図解作成
⑥ 問題のある作業標準（手順）の見直し・改善、指差し呼称箇所・方法の決定（単位作業KYT）

⑦　月間チーム行動目標の設定の自己評価、反省、目標の再設定
⑧　KYTの基礎訓練
⑨　KYTシートの作成
⑩　KYT活用技法の反復訓練
⑪　ゼロ災視聴覚教材（ビデオ・DVDなど）・テキストを見ての話し合い
など。

第5章　KYTの目指すもの

I　KYTのすすめ

1　人間はエラーする

> 不注意、ウッカリ、勘違いなどのヒューマンエラーが重なって、大切な生命が奪われるという事故がなくならない。工場の爆発や火災なども、作業者のヒューマンエラーによるものが多い。

　1982年（昭和57年）に起こった虫歯予防薬剤取り違え事件は、典型的なヒューマンエラーの積み重ねによるものだった。新聞報道によると、次のとおりである。

(1)　歯科医師T（69歳）は、虫歯予防剤のフッ化ナトリウムを、妻A子さん（59歳）に注文させた。A子さんはK商会の担当者に、口頭で「フッ素をください」と注文した。

(2)　K商会の担当者は、「フッ酸」と呼ばれる歯科技工用の劇薬フッ化水素酸を注文されたものと勘違いし、500ccのびんを届けた。

(3)　毒物なので渡す際に押印を求めたが、フッ素と思い込んでいるA子さんは、「毒物を受け取った」という認識なしに書類に押印し、フッ酸のびんを診察室の戸棚にしまった（赤ラベルで毒物表示あり）。

(4)　歯科医師Tは、そのフッ酸をフッ化ナトリウムと思い込み、300ccの小びんに移し替えた。フッ化ナトリウムなら無臭だが、フッ酸はふたをとれば発煙し、強い刺激臭があったはずなのに、全く気づかなかった。

(5)　女の子（3歳）の歯に毒物を塗ったとき、「カライ」とのけぞったが、Tは塗るのをやめなかった。

　ここには伝達ミス、確認ミス、不注意、ウッカリ、思い込み、勘違いなどの、いわゆるヒューマンエラーが連結していて、ついに1人の女の子の生命を奪ってしまったわけである。

この医師は、業務上過失致死で書類送検されたが、医療ミスはいまだに社会問題として新聞紙上に取り上げられるケースが多い。

石油コンビナートや原発などの事故も、オペレーターのヒューマンエラーに基づく誤判断・誤作業・誤操作によるものが多く、ミスがミスを生んで大事故になるというケースが多い。

2　3つのレベルでヒューマンエラー事故防止

> ゼロ災運動で推進しているKYTは、具体的には「適切な作業指示・復唱復命」、「短時間危険予知」、「1人危険予知」、「指差し呼称」として「作業指示者・小人数チーム・1人」の3つのレベルで活用されている、人間特性に基づくエラーを防止して作業の正確度を高めるための手法である。

機械・設備のフール・プルーフ（誰がやっても大丈夫）、フェール・セーフ（異常があっても大丈夫）が完全にはできない現在、作業者のエラー（情報伝達ミス、確認ミス、判断ミスなど）が、事故や災害の直接原因となることが多い。そして、そのエラーのほとんどは、人間の心理的な要因にかかわるものである。

心理学的には、人間はもともと欠陥だらけの動物で、見間違い、聞き間違い、言い間違い、思い違い、覚え違い、やり間違いなど、エラーをするのが当然といってよい。間違うほうが、むしろ「人間らしい」こととすらいえる。人間の信頼性は機械に比べるとある場面では極めて低い。

しかし、間違えるのが当然の人間なのだから、エラーするのはしかたがないとあきらめるのではなく、その欠陥だらけの人間の心理的特性を、物の面や人の面で、できるだけ抑えて、なんとかエラーをしないよう、危険な行動をしないようにしていこうというのが、安全衛生管理の基本と考えてよい。

事故や災害が起こると、その原因を「本人の不注意」と決めつけ、「だからもっと注意するように注意した」とか、「不注意しないように注意した」ということがある。

しかし、誰も、自分で進んで不注意になろうとして不注意になったわけではない。不注意になるということは、不完全な人間にとって、極めて自然な心理的現象であって、「どうして不注意になったか」という原因を究明して、具体的な対策を立てることが必要なのである。

ヒューマンエラー事故防止のため、管理的対策として、従来から物（ハード）の面、

人（ソフト）の面で、いろいろな工夫をこらしてきた。しかし、いわゆる管理的な諸対策のみでは、なかなか万全にいかないことは、多くの事故・災害事例の示すところである。

ゼロ災運動の研修会の中で、ヒューマンエラー事故を防止するため、作業の正確度・安全度を高める対策として、危険予知（KY）の訓練（KYT）は、次の3つのレベルで活用することを目指している。

(1) 作業指示者レベル……危険予知を含む適切な作業指示と復唱復命（作業指示STK訓練・適切指示即時KYT・短時間ミーティングSS訓練・個別KY・健康KY・問いかけKYなど）
(2) 小人数チームレベル……ツール・ボックス・ミーティング（TBM）における小人数短時間危険予知活動（TBM役割演技訓練、三角KYT、ワンポイントKYT、SKYT、ヒヤリ・ハットKYTなど）
(3) 1人レベル……指差し呼称と1人危険予知活動（1人KYT、自問自答カードKYT）

これらのヒューマンエラー事故防止策は、作業の正確度・安全度を高めるための管理の手段として行うことも可能である。しかし、例えば上司から指差し呼称を「やれ」、KYを「やっておけ」と一方的に命令されて行う「やらされる指差し呼称」、「やらされるKY」は、しばしば徹底を欠き、その活動自体効果があがらず、表面的なものとなってマンネリ化することが多い。ゼロ災運動では、その基本理念（ゼロ・先取り・参加）を実現するための運動手法としてこれをとらえ、全員参加の実践活動として全事業場的に展開する中で、その定着を図ることを提唱している。

3　ヒューマンウエアの課題

> KY活動や指差し呼称などの自主活動は、安全衛生推進のヒューマンウエアの課題への対応である。それはハードでもソフトでもカバーできない「こころ」にかかわる課題ともいえる。

人間の信頼性に極めて低い一面がある以上、できるだけ物の面の対策で安全衛生を確保することが望ましい。機械・設備・環境・原材料など、「ハードウエア」の安全衛生化を図ることが、ヒューマンエラー事故防止の第一歩であり、前提条件である。いわゆるフール・プルーフ、フェール・セーフができれば対策は万全だが、すべてに

Ⅰ　KYTのすすめ

ついてそう理想的にはいかない。

　ハードウエアだけで安全衛生を確保できないとすれば、マン・マシン・システムの立場から、「ハードウエア」と同時に、人と物とのかかわり合い方を整える「ソフトウエア」の対策が必要となってくる。作業の正しい手順・標準を決めて教育するとか、禁止事項や作業心得を守らせるとか、管理体制整備、管理計画立案なども含めて、広く安全衛生推進のソフトウエアといえる。

　通常、安全衛生管理といわれるのは、物（ハード）の安全衛生対策を徹底し、同時にその物と人とのかかわり合い方（ソフト）を整えて、人と物との関わりをコントロールしていくシステムのことである。

　しかし、このハードでもソフトでもカバーできない分野がある。それは人の心にかかわる部分で、「ヒューマンウエア」とでもいうべきものである。意欲的に安全活動に取り組むとか、自発的に健康づくりを行おうとする姿勢など、この心にかかわることは、通常の管理システムでは支配したり、コントロールすることは難しい。KY活動や指差し呼称などは一方的な命令でやらされる活動ではなく、「これは必要な活動だからやろう」、「みんなで一緒に取り組もう」という前向きな姿勢で取り組む自主活動として行われて効果のあるものであり、ヒューマンウエアの課題としてとらえるべきものである。

　ゼロ災運動がヒューマンエラー事故防止策として推進している３つのレベル訓練も、単なる管理手法としてではなく、全員参加の先取り手法として、はじめて前向きな姿勢で取り組み展開されるもので、まさにヒューマンウエアの課題なのである。

　業種業態によって、ハード、ソフト、ヒューマンの必要性の度合いは異なる。また、安全衛生の発展段階によって、３つの分野の比率も変化する。これを図示すると**図21**のようになる。縦軸は参加度の発展段階（どれだけ参加型になっていくか）を表し、横軸は３つのウエアの占める割合を示している。

第5章　KYTの目指すもの

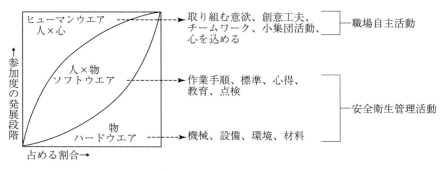

図21　ハード・ソフト・ヒューマンウェアの関係

4　なぜやらないのか、3つのケース

> 「知っている」、「できる」のに、なぜ「やらない」のか。いくら知っていても、できても、やらなくては全く意味がない。

　知識教育をした。技能教育もした。当然知っているし、できるはずである。それなのに、やらなかった。そのために事故が起こったといわれる。
　知っているのに、できるのに、なぜやらなかったか。これについては通常次の3つのケースが考えられる。

ケース1　感受性が低くて、問題（危険）に気づかず、ついついやらなかった。

　知識があり、技能があるということは、その作業の問題点を発見したり、把握したりするために不可欠な前提条件である。しかし、いくら一方通行で教育しても、いっこうに問題発見の感受性が高まらず、「問題（危険）に気づかなかった」ということがある。問題というのは、通常基準から外れていることだが、そういう状況になったとき、「なんとなく変だな」とか、「どうもおかしいぞ」とピンと気づく、この感覚が感受性である。鈍ったり、錆ついたりしている我々の感受性を、研ぎ直して鋭くすることは、危険解決の第一歩である。

ケース2　やる気はあったが、ついウッカリして、ボンヤリしていて、やらなかった。

　これは人間特性に基づくヒューマンエラーだから、それを事故・災害につなげないための防止策が必要となる。短時間KYを行ったり、作業の要所要所で指差し呼称することは、作業者の意識レベルをクリアにして、ウッカリやボンヤリを防ぐ。

I KYTのすすめ

ケース3　はじめから、「やる気がない」ので、やらない。

　ルールがあって、それを知っているし、やればできるのに、はじめから守る気がないので守らない。そういうケースがかなりある。ルールは全くのタテマエで、「タテマエどおりにはやれない」というのが本音になっている。

　こういう場合、どうすればやる気になるか。取り組む意欲が出てくるか。これに対しては、KYTのベースとなる"ホンネの話し合い"が必要である。「タテマエどおりにはやれない」という本音を出し合い、「それではどこに問題（危険）があるか」を本音で話し合い、心から「問題だ」、「危ないぞ」と気づき合うことが、その問題（危険）の解決へのやる気につながる。これもゼロ災運動の重要な課題の一つである。

5　KYTの正しい位置づけ

> 　ゼロ災運動オリジナルの問題（危険）解決4ラウンド法は、問題解決に向けて一人ひとりが自発的に取り組み、みんなで実践につなげようという手法である。KYTは知識や技能を教えるものではなく、意欲的にみんなで取り組む現場の短時間で行う問題解決訓練である。

　ゼロ災運動はその歴史の中で「みんなが、本音で、話し合って、考え合って、分かり合う」問題解決4ラウンド法を創出した。1時間かけて、災害事例やヒヤリ・ハットをテーマに話し合うことも問題解決といえるし、身近なテーマ（例えばヘルメットのあごひもをきちんとしめない者がいる。1人になるとシートベルトをしないなど）について、ワイワイ話し合うのも問題解決である。現場で2分、3分で行う短時間のワンポイントKYも危険という問題の解決である。

　いずれの問題解決も
　　第1ラウンド　現状把握　　量
　　第2ラウンド　本質追究　　質・合意
　　第3ラウンド　対策樹立　　量
　　第4ラウンド　目標設定　　質・合意
の4段階で、本音の話し合いを進めていく。

　第2、第4ラウンドで、量の中のキラリと光る質の高いポイントを、しぼり込んで合意して、みんなが意欲的に取り組む現場の実践活動につなげるのが、ゼロ災運動の

問題解決法の特色である。ゼロ災運動は問題解決運動であり、この4ラウンド法は、ゼロ災運動理念を具体化するための基本手法である。

KYTはこの問題（危険）解決4ラウンド法をベースに、第2ラウンド◎印項目、第4ラウンドの行動目標を、全員起立して指差し唱和し、さらに指差し呼称項目を決めて、指差し唱和する。

KY活動も指差し呼称も、命令されて「やらされる」活動ではなく、自ら、みんなで、必要だからやろうという実践行動となって本物の活動になる。自ら自発的に動き問題解決行動をとろうとする意気込みは、ゼロ災運動理念を背景にした本音の話し合いと「みんなで　早く　正しく」行う危険予知のチームワークの問題解決の中からのみ生まれてくる。職場の問題に向き合い、それを自発的に解決しようとする意志や気持ちは、まさにヒューマンウエアの課題なのである。

KYTは、知識や技能を教える訓練ではない。「知らなかった」、「できなかった」はKYT以前の問題である。時間と手間をかけて知識や技能を教えても、「知っているのに、できるのに、やらない」ことがある。その解決に有効なのがKYTなのである。意識レベルをギアチェンジしてクリアにして、感受性を高め、やる気を生み出すのがKYTで、これは人の心や意欲にかかわるヒューマンウエアの課題なのである。

6　瞬時KYへの展開

> KYTは、現場の実践体験の中で、「みんなで　早く　正しく」を課題に、大きく発展し、1人KY、ワンポイントKYと、短時間KYの活用技法を生み出している。目指すのは、その時その場の危険を瞬間的にとらえ、判断・決断して適切な行動をとれるようになることである。

危険予知訓練とその活用技法は、現場の実践体験の中で大きく変貌し、発展している。KY活動発展のプロセスを図式化すると、次のようになる。

```
長時間KY→短時間KY→瞬時KY
チームKY→2人・3人KY→1人KY
全ポイントKY→2、3ポイントKY→ワンポイントKY
```

初期のKY活動は、かなりの時間をかけて、チームメンバー全員で、特定の問題ある作業の全ての危険を洗い出し、そのすべての危険について対策を考えるという方式であった。しかし、この長時間KYは時間がかかるので、せいぜい毎月１回が限度とされた。網羅的なのでチーム行動目標のしぼり込みに欠けていた。こういうKY活動を月に１回だけ、かなりの時間をかけて実施したとしても、果たして危険に対する感受性が向上し、問題解決能力が向上し、日々の実践につながるだろうか。

　ゼロ災運動では、早くからKYTをTBM－KY（216ページ参照）のためのもの、毎日短時間で実践するものとしてとらえていた。

　現場のKY活動をヒューマンエラー事故防止に役立つものにしてそれを維持し、さらにより鋭いものにしようとすれば、毎日毎日トレーニングすることが必要である。毎日やるということになれば、あまり時間をかけるわけにはいかない。せいぜい５分、できれば２分～３分でできないか。

　事業場の取り組みを参考にしながら、「早く」行うためには、書かずに口頭だけで行うこと、そのためにはKYの対象とする作業を細分化して限定し、KYTシートにひそむ危険の項目数がせいぜい５項目程度のものがよいこと、また人数が少ないほうが実践的であることなどに気づいていった。人数が２人、３人なら「みんなで」という条件も満たしやすい。５項目程度だと、ポイントもしぼり込みやすく、合意しやすい。１～２つにポイントをしぼり込むのは、「やっぱりこれだ」と納得して、行動につなげるためである。

　さらに進めば、一人ひとりが、その時その場に即して、ごく短時間でまさに瞬時に、サッと行うKY活動が求められる。短時間KYの手法は試行を重ねて、１人KY、ワンポイントKYが生れた。ごく短時間にKYを行い、危険をとらえ、判断・決断して、安全な行動をとれるようになることである。

　ごく短時間にKYを行えるようになるには、月に１、２回のKY活動では全く足りない。日々反復訓練を重ねて、危険の主なパターンをすぐに思い返せるようにしておくことである。今日の作業だけでなく、自社や業界団体等から得た災害事例、ヒヤリ・ハット情報を題材として繰り返し短時間ＫＹを行うことで、とっさの時に瞬間的に正しい行動をとることを可能にするのである。

７　KYTの進め方の特徴

　KYTに、指差し唱和・指差し呼称を組み込むことによって、動きのあるダイナ

第5章　KYTの目指すもの

> ミックなものとなり、話し合いの意識が高まる手法となっている。KYTは、職場レベルの、即時即場的な先取り手法として最も適したものといえる。

KYTの進め方の特徴は次のとおりである。

(1) 最初から短時間のTBM－KYを役割演技させる。整列・番号、挨拶、健康確認、そしてリーダーは今日の作業に関連するシート（ないしテーマ）でKYをすることを告げる。

(2) 4ラウンドで問題（危険）解決を進めていくことは基本どおりだが、第2ラウンドでしぼり込んだ◎印項目（98ページ参照）を、全員で姿勢を正し、「危険のポイント　～なので～になる　ヨシ！」と声をそろえて指差し唱和して確認する。

(3) 第4ラウンドでチーム行動目標をまとめたら、全員で姿勢を正し、「チーム行動目標　～を～して～しよう　ヨシ！」と声をそろえて指差し唱和して確認する。

(4) 現場でこれだけは必ず指差し呼称確認しよう、という指差し呼称項目を決め、鋭く切り込む指差し呼称演練を3回繰り返す。例えば「はしごの角度75度　ヨシ！」（3回）、「酸素濃度21％　ヨシ！」（3回）など。

(5) ミーティングのしめくくりには、チームメンバー全員が左手を重ね合わせ、例えば「ゼロ災でいこう　ヨシ！」、「今日も一日　ご安全に　ヨシ！」などと、リーダーがリードしてタッチ・アンド・コールや円陣を組み指差し唱和を行う。

(6) 短時間KY活用技法の訓練は、全てはじめから立ったままで、現場の雰囲気で行う。円陣もできるだけ小さくする。3人、4人にチームを小分けし、役割演技と金魚鉢コメントを組み合わせ、役割を替えながら訓練していく。

(7) 全ての短時間KY活用技法に組み込んだ指差し唱和、指差し呼称演練、タッチ・アンド・コールは、チームの一体感、連帯感を深めるのに、すばらしい効果がある。

指差し呼称とKYTは、歴史的には全く別個のものである。また、全く別のものとして実施している事業場も多い。いずれも、日本オリジナルの優れた安全先取り手法であり、ヒューマンエラー事故防止策である。この2つの手法が、ヒューマンウエアの課題として、全員参加の安全の先取り運動の中で、結びつき、ダイナミックで話し合いの意識を高める実践手法となっている。KYTは、職場レベルの安全先取り手法として最も適したものといえる。

8　24時間トータルゼロ災活動の提唱

> 　工場でケガをしても、家庭でケガをしてもケガの痛みは同じである。労働災害で亡くなっても、交通事故で命を失っても、かけがえのない尊い命が奪われた点では同じである。また24時間トータルゼロ災としてとらえて、はじめて職場ゼロ災も可能となる。

　職場内ゼロ災を達成するためには、職場内外を問わず、24時間トータルの中でゼロ災運動、KY活動を推進することが必要である。

　マイカーでゼロ災運転をしている人が、会社への通勤時や、社用車に乗ったとたんに乱暴な運転に変わるということは考えられない。

　職場で心を込めて指差し呼称を実践している人なら、自宅で「戸締りカギ閉め　ヨシ！」、「ガスの器具栓閉め　ヨシ！」と指差し呼称で安全を確認することに何ら抵抗はない。

　職場と私生活、内外両面のKY活動は、お互いに影響し合い、関連し合って、一体のものとして相乗効果を上げて完成される。

　人間は、一人ひとりかけがえない存在である。職場でも、職場以外の私生活でも、事故や災害で死傷することがあってはならない。

　職場で実践されている「短時間KYと指差し呼称」のノウハウを、運転時や職場以外のヒューマンエラー事故防止に、そっくりそのまま生かそうということである。また、健康づくりを積極的に進めようとすれば、バランスの取れた食事、生活リズムに取り入れた適度な運動、十分な睡眠を確保した心とからだの休養が必要である。継続的計画的な健康づくりを進めるためには、24時間トータルゼロ災はごく自然な取り組みなのである。

第5章　KYTの目指すもの

Ⅱ　メンタルヘルスと
　　ヒューマンエラー事故防止

1　精神健康と5つの具体策

　令和5年の「労働安全衛生調査」(有効回答数　事業所：7,842事業所、労働者：8,431人)によると、仕事や職業生活に関することで、強い不安、悩み、ストレスを感じている者は82.7％で全体の約8割を占めている。「職場の人間関係」、「仕事の失敗、責任の発生等」、「対人関係」などが不安や悩みの原因である。

　ゼロ災運動では発足当初から「健康」を「身体的、精神的、社会的なものの統合」と理解し、特に「職場での良好な人間関係の形成」が重要ととらえてきた。

　メンタルヘルスについては、現在職場レベルで実行する5つの具体策をヒューマンエラー事故防止対策と一体の活動として提唱し、ゼロ災運動研修会の中でも紹介している。

　　ア　労働衛生(健康)のライン化……管理監督者による健康KY(個別KY)
　　イ　職場小集団活動における人間尊重
　　ウ　1分間黙想法(朝礼、終礼時に実施)
　　エ　八段錦(中国保健体操の一種、ストレッチ)
　　オ　積極的な聴き方の訓練

2　1分間黙想法

(1)　朝礼・終礼時の実行

　ゼロ災運動研修会では朝礼・終礼時に1分間黙想法を行っている。この黙想法はゼロ災運動の中で独自に開発したごく短時間で行う潜在意識開発のための精神安定法で、瞑想法(調心)、呼吸法(調息)、弛緩法(調身)などを、現場で誰でも実践できるように組み合わせた簡便法である。近年、心とからだの健康に配慮して、就業中に瞑想を取り入れる企業が増えているが、ゼロ災運動では昭和50年代から一分間黙想法を取り入れている。作業前、作業後などに、ざわついた心を落ち着かせ、心を整えることで、職場の安全と健康の確保に必ず役立つものである。

(2) 大脳旧皮質（潜在意識）の開発

人間はついウッカリしたり、ボンヤリしたりして、不安全なことをしがちである。（不注意、意識の迂回・低下、ストレス、感情不安定、イライラ、クヨクヨ、不安、怒り、悲しみなど……意識下の意識、潜在意識に支配される。）

これは大脳の新皮質（理性・顕在意識）によらずに、古い（旧）皮質（大脳辺縁系・本能・潜在意識）によるものである。人間の行動の90％は潜在意識に支配されるという。

(3) からだの安定⇆こころの安定

不安全行動を防ぐためには、大脳の新皮質（理性）からKYT、指差し呼称などによって旧皮質をコントロールするほか、大脳の旧皮質に直接アプローチして、そのストレスを解消し、リラックスさせ、潜在意識を開発して精神的に安定した状態をつくり出す必要がある。このため、古来から行われているヨガや禅にヒントを得た「瞑想法（調心）」、「呼吸法（調息）」と、心身医学を背景とするリラクセーション法、自己コントロール法、自己催眠法、自律訓練法などにヒントを得た「弛緩法（調身）」を組み合わせたものがゼロ災運動方式の「1分間黙想法」である。

1分間黙想法は瞑想法・呼吸法・弛緩法によって筋感覚を減少させて筋肉の緊張（ストレス）を解き、大脳の旧皮質の興奮を引き下げ、心身をリラックスさせ、呼吸に意識を集中させて、ごく短時間に精神的に安定した状態にしようというものである。これを継続的に実施することによって自律神経のバランスはよくなり、内臓の働きも活発になるほかいろいろな効果がある。また訓練を重ねて習熟すれば、脳波をベータ波（活動）からアルファ波（安定・安静）にすることが期待できる。

(4) ウッカリ・ボンヤリをなくそう

心身をリラックスさせる（脳波をアルファ波にする）ことによって
① 心身がすっきりする
② カン、ヒラメキがさえる
③ 判断力、企画力が増大する
④ 集中力、記憶力、意志力が向上する
⑤ 意識の迂回が減少し、ウッカリ・ボンヤリが激減する
⑥ 情緒が安定し、健康が増進する

など安全衛生推進上に優れた効果がある。

第5章　KYTの目指すもの

　1分間では不十分で、できれば5分間～20分間行うことが望ましいが、就業時間中には不可能なので、あくまでも入門的な意味で1分間とした。朝礼に組み込んで行うときは30秒間でもよい。自宅で朝晩、また通勤途中などで自主的に行ってほしい。

（5）　1分間黙想法の進め方

（姿勢）　立ったまま背すじをのばす。両手はダラリと下におろし、頭はややうつむきかげんにする。目は半眼か軽く閉じる。

▷瞑　想
・軽く目を閉じ、まずゆっくり静かに2呼吸繰り返し、心を落ち着ける。
・次に息を吸いながら、両腕を折り曲げ、肩の位置で両こぶしを強くにぎって全身に力を入れ緊張状態にする。この状態を3～5秒位維持する。

▷調　身
・息をゆっくり吐きながら、両腕をだらんとおろすとともに、全身の力を抜いてリラックスする。

▷弛　緩
・そのまま、静かにゆっくり呼吸を続ける。全く力を抜いた何もしない状態で、頭の中をからっぽにして自分を投げ出すようにする。リラックス

図22　1分間黙想法の進め方

できないときははじめからやりなおす。
▷調　息　・楽に自然にゆっくり呼吸を繰り返す。（意識を集中させる。心の中で「ひとーつ」とつぶやいたり「ゼロ災でいこう」というようなスローガンを繰り返すのもよい）
▷調　心　・頭の先から足の先まで、すべての筋肉をリラックスさせるとともに、心をリラックスさせる。

「瞑想」から「調心」までを60秒間行ったら、静かに目をあけ、首・肩を回して体（心身）を調整し完了する。

（6）　逆腹式呼吸法

　1分間黙想法の呼吸は、慣れてくれば逆腹式呼吸法で行う。この呼吸法は、血流をよくし、精神を鎮静させ、生気を回復する保健術として伝えられている。禅やヨガ、太極拳などでも行われている。

　逆腹式呼吸法のやり方は次のとおり。
・息を吸う時　・口・歯……口と歯は軽く閉じる。
　　　　　　　・舌……舌は上アゴに軽く触れるようにする。
　　　　　　　・下腹……吸いながら下腹をゆっくりへこませる。
　　　　　　　　口・歯、舌、下腹を以上のようにしながら、ゆっくり鼻から息を吸い込む。
・息を吐く時　・口・歯……歯をゆるめ、口を少し開ける。
　　　　　　　・舌……舌をゆるめ上アゴから離す。
　　　　　　　・下腹……吐きながら下腹をゆっくりふくらませる。
　　　　　　　　口・歯、舌、下腹を以上のようにしながら、ゆっくり口あるいは、口と鼻から、静かに細く長く息を吐き出す。
・意　識　　　・呼吸の間、意識は常に丹田（ヘソ下3cmぐらいのところ）におく。

3　八段錦

（1）　八段錦とは

　八段錦baduanjinは、中国の民間に古くから伝わっている体力増強のための保健体操の一種で、「体を丈夫にする8種の動き」である。8百余年の歴史を持つといわれ、精緻で美しい絹織物の錦になぞらえ、八段錦（はちだんにしき）とも呼ばれている。長い歳月にわたって発展してきたので多くの流派が形成されているが、いずれも大差

第5章　KYTの目指すもの

なく8種の動作の名称も大同小異で、長年、実践の試練に耐えてきたものである。

(2)　心と動きと呼吸

八段錦の動きは

① 全身の筋肉と神経をすべて緩め、ゆるやかにリラックスして行う。
② かすかに気持ちを丹田に集中する。
③ 穏やかに、自然に、深く長い呼吸と一致させる。

など、「動き」と「気（心）」と「呼吸」を一体のものとして、文字どおり「錦」のごとく重層的に織りなす点が特色である。「リラクセーション」、「自律訓練法」、「ヨガ」、「太極拳」、「座禅」、さらにゼロ災運動研修会で実施している「1分間黙想法」（瞑想・呼吸・弛緩の簡便法）などと同様に、メンタルヘルスに極めて有効なプログラムの1つである。

(3)　職場体操として最高——今なぜ八段錦か——

八段錦は全体で8種のごく簡単な動作からできていて覚えやすく、また、ほとんどスペースを必要とせず、$1m^2$あれば十分という点も、職場の業間体操に最適な1つの理由である。

また全体を通して、比較的緩やかな速度でやると約7分、どこで区切ってもよいから、「今日は1段から4段まで」と2〜3分でもやれるし、また「第7段だけ」と1分以内でやることもできる。自由に職場の短時間ミーティングに組み込むことができる点が便利だ。

さらに動きが緩やかで、高年齢化が進展する中で、まさに中高年向きであり、一挙手一投足に「心」を込めて、深く長い呼吸で行うとき、自然とのつながりを深め心身一如の感動さえある。

(4)　八段錦（はちだんきん）と太極拳

八段錦は一般には太極拳練習の前後に準備運動、整理運動として行われることが多いので、太極拳と全く同じもの（一種）と誤解されることがあるが、太極拳がもともと、「武術」、「拳法」であるのに対し、八段錦はあくまでも「保健体操」であって動きに異質な点がある。

例えば八段錦では体を反らせたり、前へ曲げたりするが、これは武術ではあり得ない。しかし同じ中国のものなので姿勢や動きに共通する点も多く、現に太極拳の補助

Ⅱ　メンタルヘルスとヒューマンエラー事故防止

運動として広く活用されている。この八段錦を単なる補助運動とせず、ぜひとも独立完成した優れた心身一如の体操として普及させたいものである。

（5）　各段の名称と効用

各段の名称と効用を概説する。
第1段　双手托天理三焦（ソウシュタクテンリサンショウ）——両手（双手）を上に上げ、てのひらを上向きにすれば三焦（内臓）を整えることができる
第2段　左右開弓似射雕（サユウカイキュウジシャチョウ）——左右に弓を引き、的（雕）を射るような動作で筋肉を鍛える
第3段　調理脾胃須単挙（チョウリヒイスタンキョ）——片腕を上げることにより脾臓と胃を整える
第4段　五労七傷往後瞧（ゴロウシチショウオウコウショウ）——後ろを見ることにより五労（内臓の疲れ）七傷（精力減退）を防ぐ
第5段　揺頭擺尾去心火（ヨウトウハイビキョシンカ）——頭をゆり動かし尾をふって動かせば心火（ストレス）を去ることができる
第6段　両手攀足固腎腰（リョウシュハンソクコジンヨウ）——両手で爪先をつかめば、腎臓と腰を丈夫にすることができる
第7段　攢拳怒目増気力（サンケンドモクゾウキリョク）——こぶしを握り目を怒らせば気力が増す

図23　第二段錦

第5章　KYTの目指すもの

第8段　背後七顛百病消──背中を7回震動させれば百病が消失する
　なお各段の動作および効用の詳細の解説はゼロ災運動研修会用パンフレットで紹介している。

（6）呼吸と動作
　八段錦の呼吸法は1分間黙想法と同様に、柔らかく、細く、長く、深く呼吸する。動作は、風や水の流れのように滞ることなく、なめらかに動き続ける。慣れてくれば逆腹式呼吸で行う。動作と呼吸は、原則として
　①　手を下から上に持ち上げるとき吸い、手を下げるときに吐く
　②　伸ばした手を体に寄せるときに吸い、体から手を伸ばすときに吐く
　③　体を伸ばすときに吸い、曲げるときに吐く
　意識的に呼吸し、その深呼吸に動作を合わせていく。

4　ストレッチ

　ストレッチ（stretch）は「伸ばす」、「引っ張る」という意味があり、筋肉や腱を伸展させる運動をストレッチング（stretching）と言い、一般的にはストレッチと呼ばれる。ストレッチは、スポーツの準備運動として行われるほか、職場の体操やリラクセーションの方法としても活用されている。ストレッチを継続して行うことで、筋肉の柔軟性が維持・向上して、突発的な動作を行っても、からだがスムーズに動き、転倒・腰痛などけがの予防につながる。
　八段錦と同様に朝礼や終礼、作業前の短時間ミーティングなどに取り入れることで、作業前に体をほぐすとともに作業後の疲労を回復し、継続することで筋力の柔軟性の維持・向上にも役立つ。イラストのストレッチは数十秒から1分以内でできる。必要なストレッチを30秒～3分位でできるように組み合わせ、短時間ミーティングに取り入れよう。
　また、紹介しているイラストはストレッチの一例であり、ほかにも多くの種類がある。作業や事業場に合ったストレッチを選ぶには、書籍やインターネットの情報を参考にしたり、中災防の健康づくり研修を受講したりすると良い。

（1）実施方法
　静かに息を吐きながらゆっくりと筋肉を伸ばしたところで動作を止め、息は止めずに姿勢をしばらく保持する。

（2）ストレッチの効果

ストレッチには、①運動による筋肉障害の予防、②血液の循環を促進させ代謝が向上、③筋肉の疲労回復を早める、④精神的ストレスによる緊張を和らげ、リラックスする、⑤からだの柔軟性が向上する、⑥肩こり、腰痛の予防や軽減という効果がある。

（3）実施のポイント

① はずみをつけずにゆっくりじわじわ伸ばす（20秒〜30秒）
② 痛みを感じるところまで伸ばさない
③ 筋肉は息を吐き出すときに弛緩する傾向があるので、姿勢を保持している間も呼吸を止めず、自然な呼吸を行う
④ 伸ばしている部位に意識を向け、筋肉が気持ちよく伸びていくのを感じる
⑤ 苦痛の表情は顔だけでなく反射的に伸ばす筋肉まで縮めるので、笑顔で行う

（4）状況に応じたストレッチの選択

ストレッチは、短時間ミーティングで行うことはもちろん、いつでもどこでも1人でできる。ただし、臥位で行う場合、環境、条件等により実施できるストレッチは限られること、体を動かしても安全な場所で周囲の状況に応じて選択する。イラストでは、立位のストレッチを中心に紹介する。

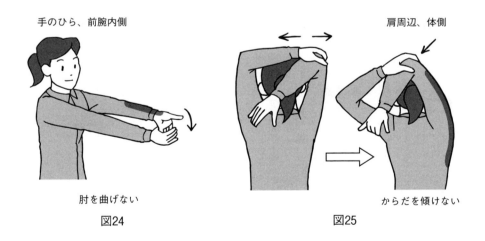

図24　図25

第5章　KYTの目指すもの

伸ばしている方の肩は下げるように意識をする
図26

体側、肩周辺

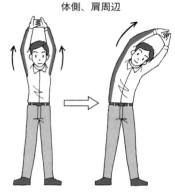

からだを倒しすぎない
図27

背中、体側、腰部

膝を軽く曲げる
図28

つま先を持って、かかとをお尻の方へ引きつける
図29

腰部、臀部、下肢の裏側

足を交差して、上体を前に倒す。足を入れ替えて行う
図30

股関節、臀部、腰部を伸ばす

肩幅より広く足を開き、つま先と膝をやや外に向け、腰を落とす

膝を押さえながらからだを斜めにひねる

図31

股関節、股関節筋、大腿部裏側、アキレス腱、ふくらはぎ

曲げている脚のつま先と膝は同じ方向に向ける
図32

5 メンタルヘルスケア

　管理監督者は、部下一人ひとりを人間として尊重して、部下を育成し、組織の目標達成を目指す。必要に応じて、激励したり、指導・支援を行い、ときにはほめて共に喜び、信頼関係を築いていく。管理監督者が、部下一人ひとりの安全と心とからだの健康に関心を持ち、配慮する姿勢は人間尊重そのものである。人間誰しも悩みや不安、ストレスを抱えることがあり、それが原因となってメンタルヘルス不調になったり、仕事中に悩み等が気になり、ウッカリ、ボンヤリして、事故や災害につながることもある。

　管理監督者による部下のメンタルヘルスケアには「ラインによるケア」があり、そのケアには「働きやすい職場環境づくり」、「「いつもと違う」部下への気づきと対応」、「部下の話をよく聴く」、「部下の職場復帰を支える」の４つの役割がある。

(1) 働きやすい職場環境づくり

　管理監督者は、ストレスの主な原因となる作業環境、作業方法、仕事の質と量、職場の人間関係を把握して、改善することが求められる。管理監督者は、常に部下に関心を持って接して、孤立化を防ぎ支援すること、また部下の相談に気兼ねなく応じる姿勢や日頃からコミュニケーションをとること、部下が自分の意見や気持ちを安心して言える雰囲気をつくることが重要である。管理監督者はもちろん、仲間同士でも困ったことがあったらお互いに一声かけて助け合う職場づくりがゼロ災運動の目指す職場でもある。

　ストレスの要因の把握には、部下から話を聴き取ったり、産業保健スタッフ等による職場環境の調査票の評価結果等の活用がある。

　改善に向けて問題提起ミーティングや問題解決４ラウンド法を使い働きやすい職場づくりについて話し合うことも一案である。

　自身の権限では改善に限界がある場合は、上司等に報告や提案を行うこと。作業者の意見だけでなく作業者のプライバシーに十分配慮することが必要である。

(2)「いつもと違う」部下への気づきと対応

　メンタルヘルス不調の予防やその悪化を防ぐには、早期に気づきすぐに対応すること、そのためには、日頃から部下に関心を持って接し、普段の行動様式や人間関係の持ち方について把握しておくことが必要である。例えば表２のような「いつもと違う」

第5章　KYTの目指すもの

部下の様子の背後には、病気が隠れていることもあり、その場合は産業医等と連携して病気の有無を確認し、有病なら治療を優先する。朝終礼の健康ＫＹやミーティング等で変化に気づいたら、一声かけて、話を聴いて、健康不調があれば支援につなげる。管理監督者は「いつもと違う」部下に気づいたら、見て見ぬふりをせず、自分で解決できないときは、一人で抱え込まず上司や産業保健スタッフに相談することが重要である。

表2　「いつもと違う」部下の様子（例）

- ●遅刻、早退、欠勤が増える。
- ●休みの連絡がない（無断欠勤がある。）
- ●残業、休日出勤がこれまで以上に増える。
- ●仕事の能率が悪くなる。思考力・判断力が低下する。
- ●業務の結果がなかなか出てこない。
- ●報告や相談、職場での会話がなくなる（あるいはその逆）。
- ●表情に活気がなく、動作にも元気がない（あるいはその逆）。
- ●不自然な言動が目立つ。
- ●ミスや事故が目立つ。
- ●衣服が乱れたり、不潔であったりする。

Ⅱ　メンタルヘルスとヒューマンエラー事故防止

メンタルヘルスケアは、毎日のコミュニケーションから

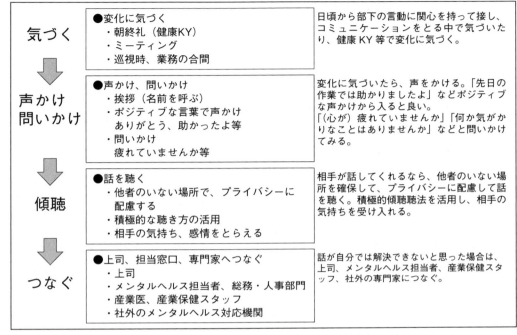

図33　「「いつもと違う」部下への気づきと対応」の流れ

（3）部下の話をよく聴く　―積極的な聴き方の訓練―

　管理監督者は、日常的に、部下からの相談に対応するよう努めなければならない。そのためには、相談しやすい雰囲気を整えることが必要である。管理監督者が部下の話を積極的に聴くことは、職場の人間関係を知ることや心の健康問題の早期発見につながり、職場のゼロ災確保のためにも重要である。部下の話をよく聴く手法として、積極的傾聴法がある。積極的傾聴法は、メンタルヘルスケアのためだけでなく、上司と部下が良い状態を維持し、信頼関係を築くために必要なコミュニケーションスキルともいえる。管理監督者がＫＹをはじめとする職場自主活動を指導・支援する場合や健康KY、適切指示作業指示者レベルのKYTの実践にあたり、それらをより有効な活動にするための手法である。

　① 手法の由来

　　ゼロ災運動では、発足当初から、職場での良好な人間関係の形成が重要ととらえている。そして、1988年（昭和63年）からゼロ災運動の研修会で、「よい聴き方の訓練」をゼロ災運動プログラム研究会（プロ研）のカリキュラムに組み込んで実施してきた。しかし、「聴き方」の良い・悪いはそれぞれの状況により異な

113

るものである。そこで、2005年度（平成17年度）より手法の名称を「よい聴き方の訓練」から「積極的な聴き方の訓練」とした。

「積極的な聴き方の訓練」は、心理学や医学に関する特別な教育・実務経験がない人でも、個別の相談対応に必要な最小限の技術を身につけ、日常的に部下に接し（目配り・気配り・心配り）ながら、職場の人間関係を豊かにし、明るくいきいきとした職場風土づくりと維持を目指すものである。

② メンタルヘルスケアとしての対応の注意点

臨床心理士や産業カウンセラーなどのいわゆる専門家が行うメンタルヘルスケアとしての面談においては、倫理上あるいは法令上、来談者の相談内容を他に漏らしてはならないこととされている。積極的な聴き方の訓練は、明るくいきいきとした職場風土づくりのために、上司が日常的に部下に対する接し方を訓練し、実践を促すものであるが、職場のメンタルヘルス対策としての側面も有している。したがって、面談の専門家ではない上司が部下との面談において知り得た内容は、例えば管理部門に通知する必要があると考えられ、本人の了解を得た場合などを除き、他に漏らさないことが原則である。

また、面談を含め部下とのコミュニケーションの中で、部下の強く複雑な悩みに自分では対応できないと判断した際は、労務・人事管理部署、あるいは産業医・保健師などの産業保健スタッフにつなぐことも必要である。

③ 積極的傾聴法

積極的傾聴法とは、人の話を聴く基本となる技法の一つである。管理監督者は、職場環境の重要な要素である職場の人間関係の把握や「いつもと違う」部下の把握が欠かせない。また、部下の良い点を伸ばし、その能力を発揮できるようにするには、部下の物の見方や考え方、性格的な特性や特徴の把握が必要である。日常の部下との会話や相談など部下の話を聴くことは、部下との信頼関係を築く礎になる。

Ⅱ　メンタルヘルスとヒューマンエラー事故防止

④　積極的な聴き方の訓練の進め方

準備・１チーム３人とし、そのうち２人が役割演技を行い、１人が観察者となる。
　　　（テーブルを使わず３者向き合って座る）
　　・役割分担＜・話し手・聴き手・観察者＞

テーマ
「最近の自分の仕事・生活の中で、気がかりなことや行き詰まっていること(不満など)」
聴き手は、表３「積極的な聴き方の要領（ポイント）」に留意して聴く。

	役割	話し手	聴き手	観察者
5分	テーマ	テーマを聴き手に告げる	「よろしくお願いします」と言う	
	会話①	テーマについて話す（1〜2分間）（自分の考えを、本音で） きりのよいところで話を切る（聴き手がよく分かってくれていて切らずに話を続けたほうがよいときは、そのまま話を続けてもよい）	話し手の話を聴く（うなずきながら話をさえぎらないで） 話し手の話に相づちを打ち、内容を要約し、話を続けることをうながす。（キーワードを使って気持ちを聴いていく）	チェック・シートを参考に2人の会話を聴き、聴き手の聴き方をチェックする。（3分間たったら合図）
	会話②	話を続ける（1〜2分間）（自分の考えを、本音で） きりのよいところで話を切る（観察者から合図があったら途中でも話を打ち切る）	話し手の話を聴く（うなずきながら話をさえぎらないで） 話し手の話に相づちを打ち、内容を要約する。「ありがとう」といってしめくくる	チェック・シートを参考に2人の会話を聴き、聴き手の聴き方をチェックする。（2分間たったら合図）
4分	反省		聴き方のポイントに忠実だったか	聴き手の感想を聴く
		話すことによって、何か自分で気づいたか		話し手の感想を聴く
		3者でコメントし合う 　・チェック・シートを参考に、聴き方について率直に話し合う 　・部下の話をしっかり聴くことの必要性、本音を引き出すことの重要性について話し合う		

※話し手、聴き手、観察者の役割を交代して行う。

第5章　KYTの目指すもの

積極的な聴き方の訓練　観察コメント・チェック・シート

1．一緒に考えようという姿勢が伝わってきたか。
2．相手の話を邪魔せずに聴くことができたか。
3．話したポイントを要約して問い返すことができたか。
4．話し手の気持ちにそった応答ができたか。
5．聴き手は話し手の感じていることを引き出すことができたか。

聴き手	おはようございます。
話し手	おはようございます。
聴き手	様子がいつもと違っているように見えたので声をかけさせてもらいました。からだの具合が悪いの？　それとも何かあったのかな？　よかったら話してもらえる？
話し手	実は乱暴な仕事のしかたをする○君のことで困っているんです。
聴き手	○君のことですか、詳しく聴かせてもらっていいですか。
話し手	私の所属する製造課の○君ですが、入社3年目で、もう仕事は一人前にできますが、仕事のやり方が乱暴で、そばで見ているとハラハラするんです。
聴き手	……（うなずく）そうなんですね。
話し手	最近の若い人は物を粗末に扱いますね……。製品の入った段ボールを、平気で放り投げるように置くんですよ。中の製品が傷つくかもしれないし、積み上げ方が乱雑になって危ないんです。そこで私が注意すると、いやな顔をします。
聴き手	そうなんですか。
話し手	実は、前にも何回か注意したことがあるんですが、はじめのうちは「ハイ、ハイ」と言っていましたが、今は「ハイ」とも言わず逃げるようにします。
聴き手	……（うなずいて）そうですか……。**最近は注意しても逃げるような感じがしたのですね。**
話し手	そうなんですよ。私を無視しようとするのです。それに服装もだらしないし、作業服も2〜3カ月洗わないで着ているし…。前に、手拭いを腰にさげていたので危ないと注意したら、それだけはやめていますが、私の見ていないところでは分かりません。
聴き手	……（うなずいて）そうなんですね……。

Ⅱ　メンタルヘルスとヒューマンエラー事故防止

話し手	服装のことを厳しく言うと、仕事はちゃんとやっているんだからそうガタガタ言うなという態度になります。そして、なんでオレにばかりうるさく言うのかと逆らうような素振りを見せます。
聴き手	そうですか……。逆らうような素振りを見せるんですね。
話し手	私は、ゼロ災を徹底してやろうと思ったら、まずしつけ、まず服装と思っています。服装をちゃんとすることは安全の基本でしょう……。 作業服のボタンをかけないでいて、機械に巻き込まれなんてこともあったし……。
聴き手	…………以前ありましたからね。
話し手	前に課長から、○君の面倒をみてください、と言われたこともあって、私は○君を<u>何とかしてあげたい</u>と思っているんです。 　　　　　（キーワード）
聴き手	何とかしてあげたいと思っているんですね……。前に私が○君の面倒を●さんにお願いしたのは、私が現場にいる●さんの指導ぶりを見た時に適任だと考えたからなんですよ。
話し手	……（うなずく）確かに私も自分が教育係だと思っているんですが、そのへんハッキリ言ってなかったかな……。
聴き手	……（うなずく）……。○君は●さんが教育係だということを知らなかったかもしれませんね。
話し手	だけど、私が教育係だと思っていても、○君にしてみればただの口うるさい先輩にしか見えないのかもしれません……。あっそうか。一度、チームのミーティングで○君と話し合ってみたほうがいいかもしれませんね。
聴き手	そうですね。○君と話し合ってみたらどうでしょう。また状況を聴かせてください。 今日は時間をとってくれてありがとうございました。
話し手	はい、こちらこそありがとうございました。

第5章　KYTの目指すもの

表3　積極的な聴き方の要領（ポイント）

傾聴の基本的姿勢	
	① 肯定的関心を持って聴く。言葉や行動よりも相手の気持ちを受け止める。
	② 自分が相手と同じ状況に置かれたら、相手と同じような感情や思考になるだろうな、と考えながら聴く。
	③ 聴き手は構えることなく、ありのままの自分で、素直に聴く態度をとる。
(1)	**柔和な表情で聴く**
	① 態度とは身体全体でつくり出すもの（まずゆっくり大きくひと呼吸しよう）。
	② ゆったりした気持ちになって聴くことも大切。
(2)	**話し相手の目（鼻）を見る**
	① キョロキョロしない
	② 目を見つめられると話しにくいという人のときには鼻のあたりを見る。
(3)	**自分の意見は置いておき、話をよく聴く**
	① 話し手の発言を批判したり評価したりしないで、ひたすら聴く。助言しない。
	② 助言は傾聴の後に行う。
(4)	**相手の話を終わりまで聴く**
	話を途中でさえぎらない。邪魔しない。
(5)	**相づちを打つ**
	① うなずいたり、「なるほど」、「そうですね」と発言を受けとめ、了解したことを示す。
	② 「だめ」とか「よくない」など否定する言葉を決して使わない。
	③ 「なぜか」など相手を考え込ませたり、詰問するようないい方をしない。
(6)	**話の内容だけでなく気持ちや感情も理解するよう努力する**
(7)	**分からないところや理由を聴き直す**
	① 「ここまではよく分かりましたが、このところをもう一度お願いします」と聴き直す。
	② 「何か～の感じがしたのですね」、「どういうふうに～ですか」という聴き方をして、理解を深めたり、気づきを援助する際にたずねる。
(8)	**相手の言葉（キーワード）を使って問い返したり、理解したことを告げる**
	相手の話のキーワードをつかんで「～なのですね」とよく分かったことを告げる。
(9)	**話を聴く際は、他者から気づかれない場所を確保する**

（４）部下の職場復帰を支える

　メンタルヘルス不調で休んでいた部下(復職者)に対して、管理監督者は産業保健スタッフと協力して部下を支える。部下を支えるために必要な事項（表４）を事前に心得ておくことは大切である。管理監督者は部下の「職場で自分はどう思われているだろうか」、「職場にうまく馴染めるだろうか」、「再発するかもしれない」等の不安な気持ちを受け止め、対応することが望まれる。「上司は自分を分かってくれている」と感じることができれば、部下の緊張は大幅に軽減されると同時に、上司と部下との関係が、同じ職場の他の部下の緊張を和らげる効果もあることを管理監督者は心得ておく必要がある。

表４　メンタルヘルス不調の部下が職場復帰する前に管理監督者が心得ておくこと

①　特別な理由がない限り元の職場への復帰が基本
②　順調に回復しているようにみえても、３～６カ月後に再発することがある
③　復職者の心理状態には波がある
④　長期間にわたる定期的な通院が必要な者が多い
⑤　復職者は仕事がうまくいかないことも多い

（５）セルフケア

　管理監督者に限らず、働く人全員が自分のストレスに気づき、これに対応するセルフケアは不可欠である。セルフケアの内容は、ストレスへの気づきとストレスへの対応がある。

　①　ストレスへの気づき

　　　ストレスに対処するには、ストレス要因に対するストレス反応に気づくことが必要である。表５のようないつもと違う体調の不良、不眠、食欲低下、気力の欠如などに自ら気づくことである。

表５　「いつもと違う」自分に気づくチェックリスト

・よく眠れない。朝、早く目が覚めてしまう。なかなか起きられない。
・食欲がない。
・疲れやすく、身体の調子がなんとなく悪い。
・気力、集中力、根気がない。
・何をしても楽しくない。テレビを見てもいつものように面白いとは思えない。

- 考えがまとまらない。判断がてきぱきとできない。
- 些細なことに優柔不断になり、仕事がたまる。
- 電車に乗ると心臓が苦しくなり、電車に乗れない。
- 他人が自分を監視している。あるいは、追いかけられているように感じる。

② ストレスへの対応

　自らのストレスに対処するには、日常生活の運動、休養、睡眠の確保、趣味などの活動が有効である。

　また、ストレス要因がはっきりしている場合は、それを取り除いたり回避したりする行動を優先する。個人で対処できない場合は、自分だけで抱え込まず、上司や同僚、友人、さらには産業保健スタッフや事業場外資源を活用して、相談することが大切である。

第6章　KYTの導入から定着まで

I　KYT導入のポイント

> 　危険予知訓練（KYT）を事業場に本格的に導入し、定着させることは、ヒューマンエラー事故防止に役立つということだけでなく、企業体質、職場風土を先取り的参加的に変革するというすばらしいメリットを生む。したがって、その導入に当たってはトップの正しい理解のもとに、全事業場的な全員参加運動として計画的に展開することが必要で、安全衛生スタッフまかせにしてはならない。意欲のあるトレーナーを養成し、熱意が高まるリーダー研修を行い、「みんなで　早く　正しく」を課題に、日々トレーニングすることが大切である。こうした観点から、導入のポイントをまとめた。

1　導入プランをしっかり立てよう

（1）　短時間KY活動にしぼる

　ゼロ災運動・KYTを導入し、展開しようという場合、できれば事業場にプロジェクトチームを組織したい。そのチームで、安全衛生問題の現状をしっかり把握し、問題点を十分に検討したうえで、それを解決するために「KYTでいこう」と取り上げるのが本格的な進め方である。

　プロジェクトのメンバーは、ゼロ災運動の研修会（プロ研・トレ研など）に参加し、ゼロ災運動の理念と問題解決手法を学習し、KYT導入の必要性・有効性について確信を持ち、これでいこうという強い意欲を持つことが大切である。

　KYT導入に成功したケースをみると、ラインのリーダーシップのある管理者が、数名トレーナーになっているというケースが多い。1人か2人のスタッフで手法だけを教えても、ラインは簡単には動かない。ライン管理者に「KYTをゼロ災のために職場で生かそう」と、心から思ってもらえるかどうかが定着への第一歩なのである。そのためには、ライン管理者全員をトレーナーにすることができれば、効果的である。こ

うして成功した会社も多い。

　プロジェクトチームで、何のために、誰を対象に、どのように、どの手法を重点的に導入するのか、そのねらいと計画を明確にしたい。職場レベルの日々の短時間KY活動の導入定着に当面の焦点をしぼったほうがよい。

（2）　短期・長期の計画を立てる

　プロジェクトチームでは、KYT導入の1年計画、その定着のための3年計画を立てよう。トレーナーやリーダーを養成したり、従業員全般にPRしたり、教育したりするための導入期間に半年から1年は確保したい。職場や作業への定着、さらに職場風土の変革には、3年から5年さらに7年はかかる。問題はチームの、あるいは一人ひとりの作業者の危険に対する感受性が向上し、発見した危険を自主的に解決する能力が向上するかどうか、つまり職場風土が先取り的、参加的、問題解決的になるかどうか、にある。このような職場の体質改善はあせらず時間をかけて行う必要がある。

　工場、事業場の計画に併せて、それぞれの職場でも、短期、長期の自主的な計画を立て、その目標に挑戦し、ねばり強く努力を継続すれば、チームのレベルは必ず向上する。そのレベルアップのための日々のトレーニングが、KYTなのである。そして3年、5年、7年の実践活動の中で、ふと気づいたら、職場風土が全く変わって見違えるものになっていたということになるに違いない。

（3）　職場の体質改善を目指す

　ゼロ災運動の目指すところは、企業（職場）体質を先取りと問題解決に強いものにするところにある。長い目で見れば、安全だけがよくて、品質や作業効率などのほかの問題解決はダメということはあり得ない。安全（危険）の問題を解決し、安全を先取りする感受性やチームワークは、当然すべての自主的な問題解決に及ぶからである。むしろ定量的に把握しやすく、目につきやすいものからよくなっていって、気がついたら安全もよくなっていたというケースである。

　KYTが安全衛生運動にとって画期的なのは、とかく暗い話題になりがちな事故や労働災害を、イラストシートを使って、みんなでワイワイガヤガヤと明るく前向きに、しかも「これは危ない」という本音の話ができる点にある。本音の話し合いによる問題解決の中で、職場の雰囲気も次第に明るくなってくる。職場のチームワークもよくなり、職場風土（体質）が改善されていく。そのためには、毎日のねばり強い正しい危険予知（KY）のトレーニングが一番大事である。

2 トップ、管理者の理解と協力を得よう

(1) ゼロ災マインドが出発点

　人間尊重(ゼロ災害・ゼロ疾病)が、経営の足かせではなく、経営がよって立つところの基盤であることを、トップや管理者に理解してもらうことが、KYTの出発点である。働く人、一人ひとりを平等に大切にするというトップの姿勢と、仲間から誰一人ケガ人を出さないというゼロ災マインドを背景にして、はじめてKYTが職場で熱意と意欲を持って、「さあ、みんなで一緒にやろう」というKY活動になる。「ゼロ」にしようとすれば、安全衛生を「先取り」するよりなく、先取りしようとすれば「参加」が不可欠なのである。

　KYTは、単なる安全衛生管理手法としてではなく、ゼロ災運動の理念(ゼロ・先取り・参加)に裏づけられた実践手法として展開されて、はじめて職場に定着する。「無理強いさせられ、嫌々行う」KYTや指差し呼称では、ヒューマンエラー事故防止に役立たない。

(2) 管理者の率先垂範

　トップが本気でゼロ災を目指せば、管理者がトップの意向を受けて行動することで、安全衛生管理は意味のある本物の活動となっていく。特に全員参加運動では、管理者のリーダーシップとその率先垂範が決め手で、指差し呼称にしても、管理者が率先して実践して、はじめて作業者も自発的に取り組むようになる。指差し呼称は、作業者だけにやらせるものという感覚では、到底職場には定着しない。管理者自らKYTを体験学習し、トレーナーとなって部下をきめ細かく指導し、激励し、一緒になって問題点を克服しようという姿勢が大切である。指差し呼称も危険予知も、正確で安全な作業手順そのものだから、自ら率先垂範してこれを定着させることは、管理者の本来業務といえる。

(3) 時間と投資が必要

　人間尊重を基本とした安全で健康・快適な職場づくりを進めるには、当然時間もかかるし、投資も必要になる。問題は事業場にとってそれだけのメリットがあるかどうかである。KYTを本格的に導入し、定着させることのメリットは極めて大きい。KYTの本格的な推進は、職場の一体感・連帯感を促進してチームをいきいきさせ、職場風土を先取り的、参加的、問題解決的に変革する。このことをトップは先頭に立ち

従業員に伝え説得する。トップがこれを理解して実行するように促すのはスタッフの重要な仕事である。

　トレーナー養成、管理者教育、リーダー研修、社内キャンペーン、フォロー研修など、全て時間がかかり投資が必要になる。トレーナーも多ければ多いほどよい。中途半端にやるくらいなら、むしろやらないほうがよい。時間と予算が無駄になるだけである。安全衛生が大事だ、安全第一だといわないトップはいない。どれだけ本気なのか、どれだけ安全衛生に時間を費やし投資を行うかがトップの姿勢であり、トップの決断なのである。

3　トレーナーを養成し、リーダー研修をしよう

（1）　スタッフ主導の導入を避ける

　KYTを本格的に導入するには、意欲と熱意のあるトレーナーが必要である。事業場の規模にもよるが、できれば数名のリーダーシップのあるライン管理者をトレーナーとしたい。リーダーから信頼されている人、実行力のある人が望ましい。その数名のトレーナーがKYT導入プロジェクトチームをつくり、スタッフが事務局となって、事業場にマッチしたリーダー研修カリキュラムをつくり、シートを選定したり作成したり、講師や指導員の役割を分担し合ったりしながら進めるとよい。スタッフ主導の導入は避けたほうがよい。いろいろな問題点も、そのプロジェクトチームでガッチリ話し合って、励まし合いながら解決することができる。プロジェクトチームのチームワークが、KYT導入の成否を決めるとさえいえる。導入に成功しようと思えば、トップはまずトレーナーの人選に心を配ってほしい。

（2）　熱意ある体験学習会

　リーダー研修は、リーダーが「職場ですぐやってみよう」とゼロ災への強い志を立てる研修会にしたい。そのためには講義は最小限度にとどめ、視聴覚教材（動画など）を活用した実技主体のカリキュラムを組んだ体験学習会にするとよい。一方通行の講義で、人を本気にさせることはできない。KYTがすばらしいのは、みんなが前向きに明るく、しかも本音で「話し合って、考え合って、分かり合う」実技だからなのである。

　研修会では、必ずトップが挨拶し、トップのKYリーダーへの期待を述べてもらおう。イラストシートは、自社手づくりのものを準備する。実技結果は発表させ、相互コメントさせる。役割演技や金魚鉢方式も活用しよう。指差し呼称演練、指差し唱和（タ

ッチ・アンド・コール）は、チームの一体感、連帯感を深め、研修会の雰囲気をグッと盛り上げる。このような研修会を、中災防のゼロ災運動研修会（プロ研・トレ研）の運営方法で、そっくり事業場で行えば、受講生の反響も大きく、より効果的な研修になる。

（3） ゼロ災へのチームワーク

　KYTの研修会で大切なことは、個々の手法の定型的習得ではなく、KYTの背後にある「人間尊重の想い」、ゼロ災への志を体験学習することである。手法を覚えたというだけで、参加者の一人ひとりの心に、ゼロ災の旗を立てることができなかったとしたら、その研修会はほとんど無意味である。ゼロ災への強い決意を生むためには、ハードスケジュールで、かなりの枚数のシートをこなし、「みんなで　早く　正しく」の問題解決のチームワーク体験を積み重ねることが効果的である。みんなで本音で話し合って「解決できた」、「やった」という達成体験が、チームの一体感、連帯感を一層促進する。役割を交替しながら、みんなが長所を発揮し合っていくチームワーク体験、その中で体得される一人ひとりを平等に大切にする、互いに相手を思いやるゼロ災のこころこそ、KYTの出発点なのである。

4 「みんなで　早く　正しく」を課題にしよう

（1） 基本は4ラウンド法

　ゼロ災運動方式では、KYTも、災害事例KYTも、問題解決法も、すべて独自の本音の話し合い方4ラウンド法である。4ラウンド法はゼロ災運動理念を職場や作業に実現するための基本手法である。リーダー研修会では、この基本となる4ラウンド法をしっかり叩き込むことが大事で、これをいいかげんにすると、全ての手法が上すべりになる。特に第1ラウンド現状把握の情報共有から入って、第2ラウンド本質追究のしぼり込みで合意するという、量から質へ発想を転換していくプロセスを正しく踏むことが大事である。

　この基本の4ラウンド法は、本音の話し合い方の手法であるが、同時にゼロ災運動の哲学そのものである。この4ラウンド（第1ラウンド現状把握→第2ラウンド本質追究→第3ラウンド対策樹立→第4ラウンド目標設定→実践・反省）で問題を解決していくことは、いわゆる問題解決「ゼロサイクル」を回すことである。ゼロ災害の究極目標に向かって、このゼロサイクルを回しながら進んでいくプロセスが、ゼロ災運動なのである。

（2） 短時間KY手法を選ぶ

　ゼロ災運動の中で創出された、いろいろな短時間KY手法がある。基本をマスターするとともに、その業種、職種、作業態様などにマッチした手法を選んで、それを反復訓練することが、KYT定着への道筋である。例えば建設業の第一線現場だったら、三角KYTかワンポイントKYT、化学工場だったら1人KYTか自問自答カード1人KYT、非定常作業の指示者なら作業指示STK訓練と適切指示即時KYT、というように使い分けたほうがよい。またゼロ災チームミーティングシナリオ役割演技訓練なら、自事業場向きの始業時の3分間程度のシナリオを開発するような工夫も大切である。要は一番有効なメニューに限定して、それを重点的にできるだけ回数多く訓練し、またそれをフォローすることである。

5　全員参加運動を展開しよう

（1）　非現業部門のKY活動

　KY活動は、どうしても危険度の高い作業をしている現業（直接）部門が主体になる。しかしKYは現業だけのものではない。非現業（間接）部門のKYで一番大事なことは、自分の仕事と現業の安全衛生とのかかわり合いを考え、「現業のために」KYをすることである。設計部門、工程管理部門などは、自分の仕事が現業の作業者の危険と直結している。設計図をシートにして、それを組み立てる作業者、それを使用する作業者の危険を予知しようという設計者のKYTもある。KY活動も指差し呼称も現業だけでなく全部門の参加が必要である。

　もちろん非現業の者自身のKYもある。廊下で滑った、転んだ、ぶつかった、階段から落ちた、火傷をしたなど、非現業でも労働災害は発生する。「交通KY」、「ホームKY」は誰にでも共通のテーマである。安全だけでなく、健康問題や職場の人間関係をテーマにしてKYをしてもよいし、また仕事のミス防止やエネルギー節約などのテーマもある。非現業でも幅広くKY手法を活用して、自分の仕事の問題発見の感受性を高め、解決能力を向上することができる。KYTは全ての仕事に役立つ。

（2）　協力会社も一体に

　親会社だけが安全であればよいというものではない。人間尊重のKY活動に、差別はあり得ない。当然協力会社や臨時、パートの作業者も一体とした、全事業場的な推進が必要である。KYTのすばらしいところは、下請や臨時の作業者でも、明るく気軽に本音で話し合うことができる点である。KYTをやって、はじめて混在下請の作業者と、

ざっくばらんな話し合いができるようになったという事例も多い。定修時に大量に入構してくる作業者に、朝礼時に毎日三角KYTを実施したところ、職場の雰囲気も明るくなり、完全ゼロ災害で完了できたという報告もあった。

協力会社のトレーナーの養成を援助したり、管理者やリーダー研修も一緒にやるなど、親会社はきめ細かい配慮がほしい。この面でも全員参加が必要なのである。

（3） 就業時間外の取り組み

「ゼロ災害」・「ゼロ疾病」の実現のためには、家庭の協力があると心強い。

「戸締りカギ閉め　ヨシ！」、「ガスの器具栓閉め　ヨシ！」、「水道漏れなし　ヨシ！」などと、家庭安全も、KYTや指差し呼称を生かすことができる。全員参加運動は職場と家庭が一体となって進めたい。

第6章　KYTの導入から定着まで

Ⅱ　KYT定着のポイント

> KYTが職場や作業に定着するということは、KY活動や指差し呼称が、正しく安全な作業手順そのものになる、ということである。そのためには毎日毎日のトレーニングの積み重ねが大切で、特にライン管理者のきめ細かい指導・援助・激励と創意工夫が必要である。管理者は、いわゆる安全衛生管理を作業と一体のものとして組み込み、厳しく推進するとともに自主活動としてのKYTを正しく位置づけ、強い関心を持ってその定着化を図ってほしい。こういう観点から、定着のためのポイントをまとめた。

1　毎日毎日トレーニングしよう

（1）　月1回のKYTは、KY活動ではない

　KYTをやっているといっても、月1回のトレーニングだけでは、KY活動が職場に定着しているとはいえない。ただ知っている、できるというだけである。月1回かなりのハードトレーニングをしたとしても、危険に対する感受性を1カ月間高いレベルで維持することはできない。スポーツと同様に、毎日毎日トレーニングをして、はじめて現場のKY活動のレベルも向上する。

　毎日やるとなれば、いかに「みんなで　早く　正しく」KYするかが課題となる。始業時、現場到着時、作業中、昼食時、午後の作業開始時、終業時など、ごく短時間で、サッと充実したKYの話し合いをするチームワークが、KY活動の定着の姿である。KYTを知っています、できます、というだけでは意味はなく、朝夕みんなで、声を出して指差し呼称を演練し、作業の要所要所で、一人ひとりの作業者が、キビキビと指差し呼称確認する姿が、KYTの仕上がりなのである。

（2）　毎日毎日の演練から生まれる熱意

　指差し呼称の定着を図るための第一歩は、毎日朝夕の演練である。重点呼称項目を3～5項目にしぼって決め、声を出して演練しよう。また服装の相互チェックや、防具、工具、保護具、車両、器材の指差し呼称による点検・確認から始めるのもよい。全員で、声を出して、キビキビとした動作で、鋭く切り込む指差し呼称を演練し、恥

ずかしさや照れくささを吹きとばそう。管理監督者も職場のメンバーと一緒に、率先して演練しよう。

(3) テーマは無限

毎日KYしたのでは、すぐテーマが種切れになるという声もあるが、決してそんなことはない。通常の職場なら、話し合うに値するテーマはいくらでもある。まして短時間KYのテーマは、範囲が限定され、細分化されているので、種が尽きることはない。

よいテーマ（シート）を選択し準備するのは、現場のリーダーの力量である。管理監督者やスタッフは、リーダーにイラストシートを、できるだけ大量に提供して援助しよう。過去の災害事例、ヒヤリ事例を10年遡って材料にし、シートをつくろう。大事なテーマなら、何度繰り返してもよい。シートがなくても、リーダーが現場で現物で、適時適切なテーマを選んで、サッとKYをやれるようになれば、KYTは完全に定着したといえるだろう。

2 仕事そのものにしよう

(1) 仕事はマンネリ化しない

指差し呼称も危険予知も、ムダ・ムラ・ムリのない「よい仕事」の中に組み込まれた、作業手順そのものなのである。仕事がマンネリ化したという話はあまり聞いたことがない。「仕事ではない」、「仕事以外のことをヤラサレテイル」と思う心から、マンネリ化が始まる。作業の要所要所で1人KYをしたり、指差し呼称をして意識レベルをギアチェンジしてクリアにすることは、作業の正確性・安全性を確保するために不可欠な作業手順といってよい。仕事以外の余分なことをするのではなく、仕事そのものにしてしまうことが、KYTが職場に定着したということなのである。

(2) マンネリ化はトップ・ラインから起こる

KY活動が不活発になったとき、その原因のほとんどは、トップ・ライン・スタッフの姿勢に問題があると見てよい。トップ・ライン・スタッフに創意工夫がなくなり、KYTの指導・援助に対する情熱がなくなったとき、KYTは直ちにマンネリ化する。指差し呼称も、トップ・ライン・スタッフの率先垂範がなければ、職場に定着しない。

(3) ゼロ災小集団活動

KYTや指差し呼称は「就業時間内に」、「ごく短時間で、即時即場的に」自発的に取

り組む自主活動なのである。「短時間の自主的な問題解決」とか「毎日トレーニング」という考え方は、それ以前の小集団活動にはなかった。そういう意味では、KYTは小集団活動に、TBM-KYとか1人KYとか、全く新しい局面を切り開いたといえる。

またこの小集団自主活動は、やってもやらなくてもいいというものではない。正しい作業、安全な作業、合理的な作業そのものなのである。したがって、この活動を指導し援助し、強い関心を示すのは、管理者の本来業務なのである。

3　管理者は指導し援助しよう

（1）　管理者のリーダーシップ

KYTの推進者は、作業者というより、ラインの管理者である。ライン管理者の強いリーダーシップが、KYTを職場に定着させるといえる。管理者が部下のKY活動にそっぽを向いていたり、まかせきりで無関心な状態では、KYTは決して職場に生かされない。

もしマンネリ化することがあれば、管理者自身がそれを自己の責任として、厳しく受け止める姿勢が、管理者のKYT指導・援助の基本である。また自らゼロ災運動手法（問題解決4ラウンド法、KYT基礎4ラウンド法、KYT各種活用技法など）を学び、習得して自ら研修を実施し、部下のKY活動を厳しく正しく指導しよう。

（2）　クイック・レスポンス

管理者は、第一線のKY活動の結果、現場から上がってきた問題については、すぐ現場に行って、部下と一緒になって、できるだけ早く正しく解決しよう。管理者にこのクイック・レスポンスの姿勢がないと、KY活動はただ単に作業者だけの不安全行動防止策となり、部下の熱意を失わせたり、反感を買ったりすることになる。全員参加というのは、作業者のみに危険の解決を押しつけることではない。特に現場から上がってきた物（不安全状態）の問題提起は、率直に受け止め、よく話し合って迅速な解決を図るように努力しよう。またKY活動のレポートには、必ずコメントをつけて戻そう。管理者がKY活動に強い関心を示し、さらに部下からの相談や課題に対して素早く対応する姿勢が、先取り・参加に強い職場をつくっていく。

（3）　個別指導

KYTを定着させるには、ライン管理者が一人ひとりの固有名詞の作業者に対し、監督者・リーダーと協力して、マン・ツー・マンのきめ細かい指導・援助・激励を行う

ことが不可欠である。チームKYに個別KYを加えて「○○君は○○するように」と追加して指示しよう。部下の不安全行動は決して見逃さず、自他ともに厳しい姿勢で臨もう。部下の生命にかかわる問題については、最も強く厳しいリーダーシップを発揮できる。

4 積極的創造的な活動をしよう

(1) KYTに入学はあるが卒業はない

　KYT定着という課題も、いろいろな問題にぶつかり、行き詰まることも多いだろう。そういうときには、職場のメンバーで問題解決ゼロサイクルを回しながら、進んでいくよりない。その試行錯誤のプロセスが、ゼロ災運動なのである。KYTの定着にしても、これで卒業したということはない。KYTについて知識を得たとか、手法を知ったということだけでは、ほとんど無意味である。KYTは現場で実践されてはじめて意味がある。しかも入学はあっても、これで卒業ということはない。事故や災害が完全になくならない以上、毎日毎日トレーニングの精神で進めていく、エンドレスの運動なのである。

(2) トレーナーの勉強不足

　KY活動停滞の原因が、トレーナーの勉強不足にあるケースがかなりある。実践手法は日進月歩である。スタッフやトレーナーは、ゼロ災運動研修会などで常に新しい情報をキャッチし、リーダーを追指導していこう。

　発表会、研究会、見学会などを企画して、リーダーと一緒に自己啓発しよう。また事業場の実態にマッチした独自の新手法を創意工夫しよう。もともとゼロ災運動手法は全て現場の手づくり手法に発している。

(3) 他手法の活用

　KYTだけでなく、ゼロ災運動の中で創出された先取りの諸手法を活用しよう。ヒヤリ・ハットミーティング、災害事例KYT、単位作業KYT（ステップKYT）、プロセスKYT、問題解決4ラウンド8ステップ法、問題解決4ラウンド法など、小集団の成長のペースを見ながら、職場の実態に合ったゼロ災運動手法を、タイムリーに導入していくとよい。また、安全衛生問題だけでなく、作業効率、品質、コスト、エネルギー節約などのテーマで、幅広くKY手法や問題解決4ラウンド法を生かそう。

第6章 KYTの導入から定着まで

5　安全作業KYサイクルを回そう

　KYTを年数回の研修でやるとか月1回実施するペースでは、ウッカリ・ボンヤリ、勘違い、近道反応、省略行為などから起こるヒューマン・エラー事故は防ぐことはできない。毎日の仕事の中にKYTなどの安全先取り手法を組み込んで実践していくことが必要となる。その取り組みが安全作業KYサイクルである。

　1日は、作業前、作業中、作業後に分かれるが、ミーティングやKYTや指差し唱和、指差し呼称などをその流れの中にできるだけ組み込んで毎日活動を続けるということである。このサイクルを、管理者、監督者、作業者が一体となって回していく。

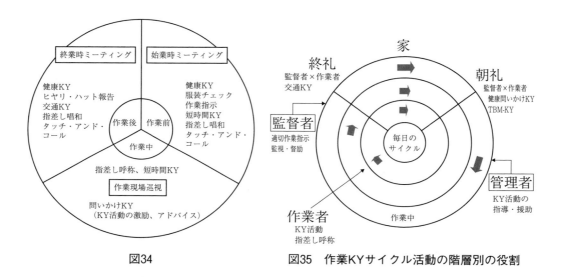

図34　　　　　　　図35　作業KYサイクル活動の階層別の役割

（1）　管理者

　　作業前：監督者との打合せ
　　始業時ミーティング：健康KY、作業指示、KY等の実施状況の観察
　　作業中：現場でのKY等の活動の激励、アドバイス、問題点の把握、作業状況の
　　　　　　確認
　　作業後：終業時ミーティングの観察、ヒヤリ・ハットへの対応、非定常作業の結
　　　　　　果確認

（2）　監督者

　　作業前：管理者との打合せ

始業時ミーティング：健康KY、服装等のチェック、指差し唱和、作業指示、短時間KY、指差し唱和、タッチ・アンド・コール
作業中：指差し呼称、連絡・合図、現地現物KY
作業後：終業時ミーティングでヒヤリ・ハット報告、交通KY、指差し唱和

(3) 作業者
それぞれの活動を通して安全作業

ポイントは次のとおりである。
・ミーティングは始業時、終業時に限らず必要なときに行う（作業の状況が変わったとき、ヒヤリがあったときなど）。
・適切作業指示は5W1Hで指示し、復唱させて自分の指示が作業者に伝わったかを確認し、加えてKYを行う。
・最終的には作業する一人ひとりがKYと指差し呼称を実践し安全に作業を行う。
・ヒヤリ・ハットが報告されたら、そのまま放置せず対策を講じる。
・交通KYを組み込む。無事に家へ帰り、明日の作業につなげる。

このサイクルの毎日の積み重ねによって、安全な人、安全を先取りする職場風土がつくられる。

6　運動を本格的に推進しよう

(1)　KYTの正しい位置づけ
KYTは、その仕事についての知識や技能を教える手段ではない。「知識教育もした、技能教育もした、しかし知っているのに、できるのにやらない」というケースに有効な、ヒューマンエラー事故防止策である。ついウッカリしてやらなかったとか、感受性が低くて気づかずやらなかったとか、やろうという意思がなくてやらなかったというような場合には、このKYTが生きてくる。KYTはウッカリ・ボンヤリによるエラーを防ぎ、感受性を鋭くして問題（危険）に気づかせ、意欲的に取り組むようにする運動手法なのである。安全衛生管理の内容がKYTだけというのでは、あまりにお粗末な話で、これではKYTも決して定着しない。KYTを正しく全体の施策の中に位置づけて展開してほしい。

（2） 管理と運動

　安全衛生を確保するには、まず物の面（設備・機械・環境・原材料など）の対策を進めることが必要である。と同時に、マン・マシン・システムの立場から、人と物とのかかわり合い方を整えることが必要となる。例えば、作業手順を定めて教育するとか、機械を点検整備させるとか、作業環境を整理整頓させるというようなことである。いわゆる安全衛生管理は、物を整え、人と物とのかかわり合いを整えて、ヒューマンエラーが事故災害に結びつかないようにすることといえる。

　この管理の分野では、当然強制が必要とされる。しかし強制だけで災害をゼロにすることは困難である。人の心、特に自発的に取り組む姿勢とか意欲などについては、強制がかえってマイナスになることがある。

　KYTや指差し呼称は、管理の道具としてのみ行われると、決して職場に根づかない。人間尊重運動の本格的展開の中で、はじめてKYTや指差し呼称が職場にヤロウ、ヤルゾで定着する。安全衛生推進には、管理と運動の一体的推進が必要なのである。

（3） 職場風土づくり

　KYTは、職場風土（雰囲気・人間関係・価値観）を先取り的、参加的、問題解決的にする。職場風土がそうなって、はじめてKYTが定着したといえる。職場の全員が、ゼロ災を目指して積極的にKYTに取り組み、これを完全に作業そのものとして実践する運動、そのような明るく参加的な、いきいきとした職場風土づくりをしていく運動、それがゼロ災運動なのである。KYTや指差し呼称はゼロ災運動理念を職場で具体化し実践するための運動手法なのである。ゼロ災運動はあくまでも運動であって、管理手法の目先を変えるための小手先の細工ではない。

7　ゼロ災運動・KYT研修トレーナー心得7カ条

　ゼロ災運動の研修を担当する者は、その心得として以下の7項目にも留意し、厳しく自戒していきたい。

| 1 | ともに学ぶ姿勢で研修しよう | ・まず自分が準備・勉強して研修に臨もう
・次に教えることで勉強しよう。さらに教え方を勉強しよう
・「教えてやる」という姿勢は絶対禁物
・ゼロ災の心を理屈で教えることはできない。体験学習の中でともに学ぼう。その中の「気づき」を大切に伸ばそう |

2	持てるものを引き出そう	・外から与えようとしたり、押しつけない ・本人が持てるものを引き出そう ・本人が生みだすのを手助けしよう ・必ず長所を見つけよう。欠点指摘からやる気は生まれない
3	素直に率直にほめよう	・自分が感心したこと、なるほどと思ったことのみを率直にほめよう（お世辞は不要） ・ともに喜び、ともに苦しむ姿勢でなければ何も伝わらない ・本物と偽物を鋭く見分けよう ・必ずキラリと光るものがある
4	基本は厳しく指導しよう	・ホンネの話し合い方－基礎4ラウンド法の指導は厳格に ・現状把握、チーム行動目標は具体的に、指差し呼称は鋭く切り込もう ・討議時間を厳守させよう。ルール遵守はまず時間から ・講師、トレーナーとの事前打合せは十分に行おう
5	まず率先垂範しよう	・声を出して明るく挨拶しよう ・自ら指差し呼称しよう ・立つときは椅子を机に入れよう（討議室、食堂など） ・個有名詞で呼ぼう ・服装を整えよう ・動作をきびきびとしよう。ポケットに手を入れるのはやめよう ・綿密に準備しよう ・クイック・レスポンスしよう
6	使命感に燃えよう	・必ず見送りしよう。その人が運動を実践してくれるのだ ・自らゼロ災運動の理念に燃えよう ・燃える志があってはじめて同志を得ることができる
7	優れた情報を提供しよう	・正しい使命感を育てよう ・現場の立場で考えよう。一人ひとりの人とのつながりを大切にしよう ・常にアンテナを立て優れた情報をキャッチしよう ・ニーズを開発しよう

第7章　指差し呼称

I　指差し呼称の実践方法

1　指差し呼称とは

　作業を安全に、誤りなく進めていくために、作業行動の要所要所で、自分の確認すべきことを「○○○○　ヨシ！」と、対象を腕を伸ばしてしっかり指差し、はっきりした声で呼称して確認することを「指差し呼称」という。もともと日本国有鉄道（現JR）で創始された日本オリジナルの安全確認法である。

　共同作業者との連絡合図のための動作や呼称も含めて、「指差し呼称」と総称されることが多いが、本来の指差し呼称は単独で行う確認行動をいう。

　「ゼロ災でいこう　ヨシ！」などのスローガンやチーム行動目標を全員で唱えるのは「指差し唱和」であって、指差し呼称とは形が似ているがねらいが異なる。

2　指差し呼称の理念

　ゼロ災運動では、その基本理念3原則（ゼロ・先取り・参加）を実現するためのヒューマンエラー事故防止の具体的な手法の1つとして、指差し呼称を提案している。

　指差し呼称は、意識レベルをギアチェンジして正常でクリアな状態にし、作業の正確性と安全性を高めるための手段であるが、人間尊重理念に裏づけられた安全確保のための全員参加の実践活動として、事業場全体で展開されてはじめて定着する。

3　指差し呼称の名称

　事業場によって、いろいろな名称で呼ばれている。
（1）　指差し呼称、指差呼称（ユビサシコショウ、シサコショウ）
（2）　指差し称呼、指差称呼（ユビサシショウコ、シサショウコ）
（3）　指差し唱呼、指差唱呼（ユビサシショウコ、シサショウコ）
（4）　指差喚呼（シサカンコ）
（5）　喚呼応答（カンコオウトウ）

Ⅰ 指差し呼称の実践方法

などがある。「コショウ」は"故障"に通じるとして、「ショウコ」と呼んでいる事業場もある。名称は、それぞれの事業場で決めればよいが、ねらいが異なる指差し唱和と混同しないようにしてほしい。ゼロ災運動の研修会では、通常「ユビサシコショウ」と呼んでいるが、それを明確にするために、1996年（平成8年）から「指差呼称」を「指差し呼称」と表記を改めることとした。

4 指差し呼称のやり方

指差し呼称の基本型は次のとおり。
(1) 目は……確認すべき対象を、しっかりと見る。
(2) 腕・指は……利き腕で行う。利き腕と逆の手は親指がうしろになるようにして手のひらを腰にあてる。利き腕を伸ばし、人差し指で対象を差す。「○○」のあとで、いったん耳元まで振り上げて、「ヨシ！」で振り下ろす。利き腕で行う。利き手は、縦拳（親指を中指の上にかける）から人差し指を伸ばす形をとる。
(3) 口は……はっきりした声で「○○　ヨシ！」、「スイッチ・オン　ヨシ！」、「バルブ開　ヨシ！」などと唱える。

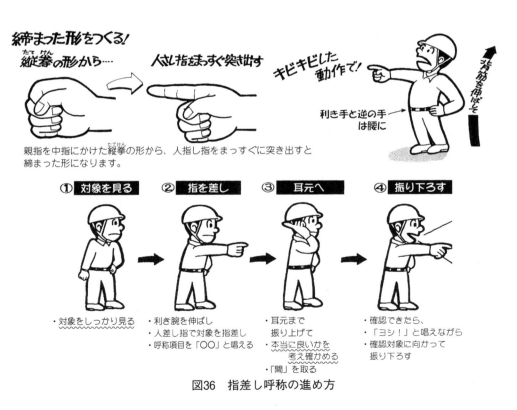

図36　指差し呼称の進め方

(4) 耳は……自分の声を聞く。

　目、腕、指、口、耳などを総動員して、自分の作業行動や対象物の状態を確認する手段である。

5　指差し呼称の型

　単独作業時の1人で行う指差し呼称が基本だが、共同作業時の連絡合図法を含め指差し呼称としていることがある。

　現場の実践活動の中で、指差し呼称を行うとき、一歩前に出て対象物に直接手で触れて行う方法や、逆に一歩さがって行うなど、手づくりの優れた「指差し呼称」が生まれている。

　連絡合図法は、これでなければならないという決まり（定型）があるわけでなく、業種、業態に合わせて、「手旗信号」の型などをまねて、独自の、分かりやすい型を工夫すればよい。

6　注意すべきこと

(1) 動作には適度の緊張が必要で、背筋を伸ばし、節度をつけ、きびきびと行うことが期待される。
(2) 声を出すのをいやがって「指差し確認」だけにとどめたり、声は出しても、腕、指の指差し動作を怠ったりすると、正確度が落ちる。できるだけ「指差し」て「呼称」することが肝心（どうしても「指差し」できない場合には「呼称」のみとなるケースもある）。
(3) 「呼称」する内容は、注意力をできるだけ集中させるために「温度　ヨシ！」ではなく「温度　〇度　ヨシ！」、「酸素濃度　ヨシ！」ではなく「酸素濃度　〇％　ヨシ！」というように、鋭く切り込む呼称項目にするほうがよい。職場で工夫して、できるだけ具体的に鋭角的な内容にするように工夫したい。
(4) 必要以上に大声を出す必要はないが、訓練では「恥ずかしさ」、「照れくささ」などをふっきるために、みんなで大声で行うようにしたい。
(5) 特に重要な指差し呼称箇所では「〇〇〇〇　ヨイカ？」、「〇〇〇〇　ヨシ！」と自問自答してしっかり確認するとよい。
(6) 共同作業者が、1人の指差し呼称に合わせて、全く同じことを「喚呼応答」することが、よい効果をもたらすケースもある（旧国鉄では機関士が信号、踏切、通過駅などを指差喚呼すると機関助士は喚呼応答した）。

7 確認の項目（対象）

確認の項目は、危険のポイントに対して、それが「ないこと」や「解消されたこと」を人の行動、物の状態でとらえるものである。

（1） 人の行動
  ① 自分自身
    1） 位置（対象物との距離はよいか、周囲はよいか）
    2） 姿勢（頭・腕・足・腰などの位置はよいか）
    3） 服装（作業帽・作業服・ボタン・そで口など）
  ② 共同作業者
    相手の位置、姿勢、服装、保護具、合図など

（2） 物の状態
  ① 計器類
    温度計、流量計などの指示計器や警報設備
  ② 操作機器
    ハンドル（右回りか左回りか）、バルブ（開か閉か）、レバースイッチ（オンかオフか）、電源（オンかオフか）、操作パネル（自動か手動か）、インターロックなど確認項目は多種多様
  ③ 治工具
    ナイフ、スパナ、ハンマーなど（決められたものか、状態はよいか）
  ④ 資材・製品などの置き方
    積み方（高さ）、位置、方向、角度
  ⑤ 標識
    危険物・有害物、立入禁止、停止線、火気厳禁、表示ランプ
  ⑥ 保護具
    保護帽、保護メガネ、耳栓、マスク、手袋、安全靴、墜落制止用器具、シートベルトなど（装着の仕方は、性能はよいか）
  ⑦ その他
    業種業態によって確認すべきポイント・項目内容はさまざまである

（3） 項目数と回数

　何を対象として、どう呼称するかは、現場の監督者と作業者がよく話し合って、自主的に限定的に決めたほうがよい。導入時には、3項目から5項目程度にしぼり、1日の呼称回数を平均30回～50回程度にするのがよい。呼称対象や回数があまり少なすぎると、1日に何回もやらないので、定着しにくく、また、あまり回数が多すぎても惰性に流れる危険がある。

Ⅱ　なぜいま指差し呼称か

1　指差し呼称の必要性

　心理学的には、人間はもともと欠陥だらけの動物で、いろいろなエラーをするのは、むしろあたりまえといってよい。その不完全な人間の心の特性を、できるだけ正しくとらえて、物の面や人の面で、なんとかエラーをしないように、またエラーしても事故にならないようにしていくことが必要である。ここでは、人間の心の働きのうち、不注意、錯覚、省略行為・近道反応の3つの人間特性（第4章のⅠ　ヒューマンエラー参照75ページ）から指差し呼称の必要性を考えてみよう。

(1)　不　注　意

　事故や災害が発生すると、その原因を「本人の不注意だ」と決めつけることがよくある。しかし、誰も好き好んで不注意になろうとして、不注意になっているわけではない。むしろ不注意になるということは、人間にとってごくあたりまえの現象といえる。

　心理学では、"注意"とは「特定の対象を限定・選択して意識を集中すること」をいう。その場合、"注意"にはいくつかの固有の性質（限界）がある。"注意"が、"不注意"に変動したとき、それが危険な作業や状態と重なり合えば事故発生の原因になる。

　そこで、危険と"不注意"を結合させないようにするため、作業の要所要所で、指を差し呼称することによって、意識レベルを正常でクリアな状態にギアチェンジして確認し、ウッカリ・ボンヤリ・不注意を防ぐことが不可欠になってくる。

(2)　錯　　覚

　人間は全てのことを正確に知覚し、正確に判断して行動することはできない。正確に知覚しうる範囲には限界があり、しばしば感覚にひずみを起こして錯覚（錯誤）することが、心理学の研究で明らかにされている。

　「人間は当然錯誤する」ということを十分に知った上で、安全な作業を進めていく必要がある。類似したバルブやスイッチなどを、勘違いしないように、物の面の対策を進めるのと同時に、指差し呼称で意識レベルをギアチェンジして正常でクリアな状

態にし、はっきりと対象を確認することが不可欠である。

（3） 省略行為・近道反応

人間はしばしばやらなければいけない手順を省略したり、禁止されている近道を選んだりしがちである。また、大丈夫だろうという憶測判断から、つい不安全な行動をしたり、不安全な状態を放置したりする。例えば、決められた保護具を着用しなかったり（省略行為）、材料の上をまたいだり（近道反応）して、それが事故や災害の原因となることが多い。

指差し呼称は、これらの省略や近道をしたがる心に歯止めをかけるための1つの有効な手段である。

自分勝手な、主観的な、希望的観測による行動を防ぐには、正しい作業行動を習慣化する必要がある。そのためには、作業の要所要所で、指を差し声を出して、本当によいか安全かを確かめる指差し呼称が不可欠なのである。

2　指差し呼称の有効性

指差し呼称は、人間の心理的な欠陥に基づく誤判断、誤操作、誤作業を防ぎ、事故災害を未然に防止するのに役立つ。対象を見つめ、腕を伸ばして指を差し、声を出すことで、意識レベルをギアチェンジして正常でクリアな状態にする。故橋本邦衛教授（日本大学生産工学部）は意識レベル（フェーズ）には5段階（第4章のⅠ　ヒューマンエラー参照83ページ）あり、日常の定常作業はほとんどフェーズⅡ（正常でくつろいだ状態）で処理されるので、フェーズⅡの状態でもエラーしないような人間工学的な配慮をする必要があるのと同時に、非定常作業のときには、自分でフェーズⅢ（正常で明快な状態）に切り替える必要があり、そのためには指差し呼称が有効であるといっている。

また、ゼロ災運動の実践事例の中で、フェーズⅣ（過緊張、パニック状態）をフェーズⅢに切り替えるためにも指差し呼称が有効であることが実証されている。

つまり、意識レベルを引き上げるとき（フェーズⅠ、ⅡからフェーズⅢへ）のみでなく、意識レベルを引き下げるとき（フェーズⅣからフェーズⅢへ）にも有効なのである。

大脳生理学でも、次のような事実が明らかにされている。

ア　末梢の筋肉知覚のうち、口のまわりの咬筋の運動の伝える刺激は、脳を的確に処理できる状態にするのに大きな役割を果たす。

イ　腕の筋肉の中の筋紡錘（きんぼうすい）への刺激は、大脳の働きを活発にする。

ウ　視知覚だけでなく、「指差し」による運動知覚、「呼称」による筋肉知覚や聴覚などの諸領域の参加によって、意識に強く印象づけられ、対象認知の正確度は高まる。

㈶鉄道総合技術研究所（当時）が公表した「指差し呼称」の効果検定実験結果（図37）によると、なにもしない場合に比べて、"呼称"して反応する場合、"指差し"して反応する場合、"指差し呼称"して反応する場合の順序で作業の正確度が高くなり、しかも指差し呼称することによる時間的な遅れは統計的に意味のある差が見られないことが明らかにされている。

また同実験によるとその効果は、"なにもしない場合"に比べ、"指差し呼称する場合"には誤りの発生率が約6分の1以下になるということが示されている。

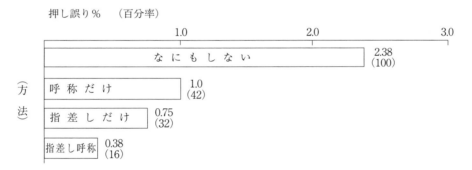

図37　指差し呼称の効果検定実験結果[※]（1996年　㈶鉄道総合技術研究所）
※芳賀繁・赤塚肇・白戸宏明「指差呼称」のエラー防止効果の室内実験による検証
　産業・組織心理学研究Vol.9, No.2, 107～114, 1996

Ⅲ　指差し呼称の実践

1　指差し呼称実施上の問題点

　指差し呼称は危険予知と全く同様に、一人ひとりの自主活動であるが、職場のみんなが自発的に現場で実践しようという意気込みに支えられてはじめて定着する。

　はじめのうちは、「恥ずかしい」、「照れくさい」、「めんどうくさい」、「必要性が分からない」、「やり方が分からない」、「上司がやっていない」、「みんなやらない」などいろいろ実施上の問題点が出る。これらに対しては、

　ア　トップが自ら指差し呼称し、率先して実行する。

　イ　管理監督者が率先して大声でやる。

　ウ　ゼロ災運動・KYTを全事業場的に本格的に推進する中で、重点として取り上げる。KYTとの一体的推進が不可欠である。

　エ　視聴覚教材やテキストで指差し呼称の必要性・有効性を教育する。

　オ　事務所、間接部門もいっせいに全員で実施する。

　カ　毎日の朝礼時、終礼時に大声で訓練する。正門前の横断歩道など全員実行の指差し呼称実施箇所をつくるのもよい。

　キ　マン・ツー・マンの服装・保護具の相互点検からはじめ、職場の身近な必要事項に重点をしぼって指差し呼称項目として登録して指示し、ステッカーをはり、実施する。

　ク　毎日輪番で指差し呼称訓練のリーダーをする。指差し呼称推進者を決める。

　ケ　指差し呼称の相互注意運動を行う。

　コ　過去の災害事例、ヒヤリ・ハット事故事例や誤操作・ミス事例を分析し、指差し呼称の必要性、重要性を全員に納得させる。

　サ　職場で「なぜできないか」、「どうして声が小さいか」などについて問題解決4ラウンド法でよく話し合って克服する。

　シ　模範職場、他事業場を見学し、交流する。

　ス　ゼロ災キャンペーンを行い、職場外（マイカー運転、ホームKY）での実践をPRする。

などの対策を辛抱強く計画的に実施していくことが必要である。特に、対策のうちのア、イのように、トップや管理者の姿勢とその率先垂範が肝心である。

2　指差し呼称とゼロ災運動

　指差し呼称をいくら強制しても、強制によって徹底させることはできない。自主的な全員参加の先取り活動の中で、管理監督者や仲間と一緒になってやるとき、はじめて自発的に現場で実践しようという意気込みも生まれてくる。
　ゼロ災運動は、トップの姿勢に始まる。工場長自らが、道路横断時に率先して「右、車なし　ヨシ！　左、車なし　ヨシ！」とやっている工場では、職場も「気合いを込めて指差し呼称しよう」、「心を込めた指差し呼称」、「指先に魂を込める」という雰囲気になる。KYTと一体のものとして指差し呼称に取り組むことで、ゼロ災運動を本格的に全事業場的な取り組みとして推進することができる。

3　指差し呼称を組み込んだKY手法

　ゼロ災運動の研修会では研修会全体の中に、あるいはKYTの中に指差し呼称や指差し唱和を何重にも組み込んで一体のものとして実施している。

　ア　研修会の朝礼・終礼時に全員で「ゼロ災でいこう　ヨシ！」、「一人ひとりカケガエノナイひと　ヨシ！」、「今日もゼロ災言い訳なし　ヨシ！」などと、いっせいにゼロ災旗やタレ幕を指差して唱和する。

　イ　研修会の朝礼・終礼時の3分間チームミーティング時に、声出しの訓練として「今日も1日ガンバロウ　ヨシ！」、「ゼロ災でいこう　ヨシ！」などと指差し唱和（タッチ・アンド・コール）を行う。

　ウ　KYTの第2ラウンドで、◎印の危険のポイントを決定したあとに、「危険のポイント　〜なので〜して〜になる　ヨシ！」と模造紙の◎印項目を指差しながら、大声で指差し唱和し、危険のポイントをしっかりと確認し合う。

　エ　KYTの第4ラウンドでチーム行動目標を設定したときに「チーム行動目標　〜する時は〜を〜して〜しよう　ヨシ！」と、唱和してその実行を誓い合う。

　オ　KYT基礎4ラウンド法の「確認」の段階で、重点実施項目に関連して、現場で実際に指差し呼称で確認すべき項目を決め、唱和（3回）して、潜在意識に叩き込み現場での実践につなげる。

　カ　作業指示STK訓練ほか、全てのKYT活用技法の中に指差し唱和、指差し呼称が何回も組み込まれている。

　指差し呼称を職場に定着させるためには、みんなで姿勢を正し、腕をしっかり伸ばして指差し、訓練することが重要である。上司の率先垂範が決め手で、管理監督者も

第7章　指差し呼称

一緒になって、朝礼・終礼時に繰り返し繰り返し訓練しよう。そのうちに次第に恥ずかしい、照れくさいという気持ちがふっ切れてくる。ゼロ災運動の研修会でも最初はなかなか大きな声が出ないが、繰り返すうちにびっくりするほど大きな声で唱和できるようになる。「やる気」を生むゼロ災研修の中で徹底的に指差し呼称や指差し唱和を行い、現場の実践に結びつけてほしい。

第8章　指差し唱和、タッチ・アンド・コール

I　意識下の意識への挑戦

> 　危険予知（KY）活動も、ヒューマンエラーをパーフェクトに防止することはできない。災害をゼロにするためには、1分間黙想法やタッチ・アンド・コールなど、よいと思われることは何でもやろう。

　人間はついウッカリしたり、ボンヤリしたりしてエラーする。これは大脳生理学によれば、人間の行動のほとんどが、大脳の新皮質（理性の座・顕在意識）によらずに、古い皮質（大脳辺縁系・本能の座・潜在意識・意識下の意識）に支配されることによるものである。人間の行動の90％は潜在意識に支配されるとなると、潜在意識に依存し、大脳の新皮質から旧皮質をコントロールしようとするKY活動や指差し呼称には、当然の限界があることを知らなければならない。
　そこで大脳の旧皮質に直接アプローチして、そのストレスを解消し、潜在意識を開発して、精神的に安定した状態をつくり出すことが必要とされるが、そのための手法としては、古来、禅やヨガなどの瞑想法、呼吸法とか、心身医学のリラクセーション法、自律訓練法、自己催眠法などがある。
　ゼロ災運動の研修会では、朝礼時、終礼時に、1分間黙想法を行っている。この黙想法は、ごく短時間で行う精神安定法で、瞑想（調心）、呼吸法（調息＝逆腹式呼吸）、弛緩（リラクセーション・調身）を組み合わせ、現場の誰でも、すぐ実践できるように簡便化したものである。
　また指差し唱和（タッチ・アンド・コール）は、チーム全員がチーム行動目標や「ゼロ災でいこう　ヨシ！」などを指差し唱和するもので、一体感・連帯感・チームワークづくりに役立つのと同時に、大脳の旧皮質に良いイメージを叩き込み、無意識的にも安全な行動をするように、ウッカリしたりボンヤリしたりしないように、というねらいである。

第8章　指差し唱和、タッチ・アンド・コール

Ⅱ　指差し唱和

1　指差し唱和とは

　指差し唱和は、全員で対象を指差し、唱和して確認することにより、その目標について気合いを一致させ、チームの一体感・連帯感を高めることをねらいとした手法である。

　一般に、朝礼・終礼時に「一人ひとりカケガエノナイひと　ヨシ！」などのスローガンや、KYTの確認項目（第2ラウンド：危険のポイント、第4ラウンド：チーム行動目標など）を確認し合ったり、ミーティングの開始時・終了時に「ゼロ災」の実行を誓い合ったりするときなどに用いられる。

2　やり方

・リーダーの「構えて」を合図に指差し呼称と同様、利き手で対象を指差し、反対の手を腰にあて「ヨシ！」とこたえる。
・リーダーの「〜ヨシ！」の「ヨシ！」を合図に全員で（リーダーも一緒に）「〜ヨシ！」と唱和する。
・ポイントは、指先に心を込めること。具体的には、文字を一文字一文字指先でなぞるように指す。

図38　指差し唱和

Ⅲ　タッチ・アンド・コール（T＆C）

1　タッチ・アンド・コールとは

　タッチ・アンド・コールは、指差し唱和の一種といえる。その特徴は、チーム全員が手を重ね合わせたり、組み合わせたりして触れ合いながら行う点である。KYTや、短時間KYミーティングの開始時・終了時などに用いられる。

　全員でスキンシップをとるこのタッチ・アンド・コールはチームの一体感・連帯感をさらに高め、チームワークづくりに役立つ。同時に、大脳の旧皮質によいイメージを叩き込み、無意識的にも安全な行動をするように、ウッカリしたりボンヤリしたりしないように、というのがねらいである。活用する上では、タッチ・アンド・コールの目的をメンバーにしっかりと伝え、理解を得ることが必要である。

2　やり方

　リーダー「○○型でいきます」とメンバーに伝えたあと、指差し唱和と同様に、リーダーの「構えて」を合図にメンバーは中央を指して「ヨシ！」とこたえ、リーダーの「～ヨシ！」に続いて、全員で「～ヨシ！」と指差し唱和する。

　ゼロ災運動の研修会で紹介しているタッチ・アンド・コールの型は、次の3種である。

第8章　指差し唱和、タッチ・アンド・コール

① タッチ型（7〜8人以上）

・円陣をつくる
・左隣りの人の右肩に左手を置く
・右手人差し指で円陣の中央を指す

② リング型（5〜6人）

・円陣をつくる
・左手で左隣りの人の親指をにぎり合い
・リングをつくる
・右手人差し指でリングの中央を指す

③ 手重ね型（4〜5人以下）

・円陣をつくる
・リーダーは、手のひらを上向きにして、左手を出す
・メンバーはその上に左手のひらを下向きにして重ね合わせる
・右手人差し指で重ね合わせた左手を指す

図39

第9章　健康KY

I　職場レベルの個別健康KY

1　目　　的

「健康KY」は、監督者が部下の作業者一人ひとりの安全と健康を、毎日、時々刻々、確保するために、主として始業時のミーティングの際に、作業者自らに健康状況を自己チェック（1人KY）させて申告させたり、監督者が部下の作業者一人ひとりの健康状況をよく「観察」（KY）し、「問いかけ」（KY）たりして把握し、適切な生活指導および必要な措置を行うためのものである。健康に関する「個別KY」である。

部下一人ひとりの健康に強い関心を持ち、その健康を願うことは、監督者の基本姿勢だが、職場の安全・健康確保のためにも大切なことである。部下一人ひとりの健康を想う目と心で実践しよう。

2　監督者による観察と問いかけ項目

部下の作業者の健康状態は、それぞれ個別で日々、時々刻々変化している。そしてその乱れが不安全行動につながることがある。これを防ぐには、始業時の短時間ミーティングでの監督者の部下一人ひとりに対する個別的な健康KY能力を訓練によって向上することが必要である。そのため監督者が部下の作業者に対して行う具体的な「観察（KY）項目」と「問いかけ（KY）項目」を設定した。各種KY手法の導入時の健康確認に際し、ただ「健康状態はどうか」、「ヨシ！」などの紋切型の問答をするのでなく、より親身な、より思いやりのある観察と具体的に切り込む問いかけを行って、部下の健康状況を的確に把握し対処するようにするためである。なお、この健康KYは、住友金属工業㈱（現：日本製鐵㈱）和歌山製鐵所の「健康問視要領」にヒントを得たものである。

3　訓練方法

ゼロ災運動研修会では、健康KY全般についての説明と実技を行ったあと、各種KY

第9章　健康KY

手法導入時の健康確認の際に「観察KY」と「問いかけKY」を役割演技して、金魚鉢方式で全員コメントしながら、その能力向上を図っている。「問いかけ（KY）」のポイントは、"個有名詞"で"具体的"に問いかけることである。

4　健康KYシステム図

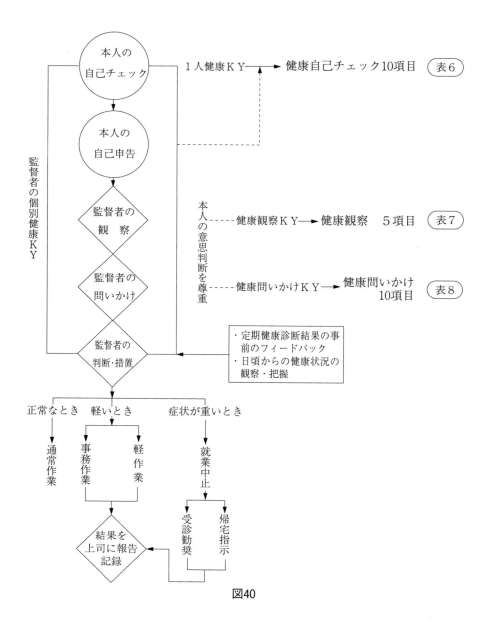

図40

I 職場レベルの個別健康KY

表6　健康自己チェック10項目

```
1．頭痛がする
2．めまいがする　ふらつく　耳なりがする
3．手足にしびれ・けいれん・筋肉痛がある　腰が痛い
4．腹が痛い　下痢している　便秘している
5．胃の具合が悪い　胃痛・はきけがある
6．熱がある
7．心臓の具合が悪い　どうき・不整脈がある
8．出血している
9．咳　くしゃみ　鼻水がでる
10．だるい　ねむい
その他（自覚症状）
```

（作業者自身にチェックさせ異常を感じる項目を自己申告させる）

表7　健康観察（監督者→作業者）5項目

```
1．姿勢　シャンとしているか　うなだれていないか
2．動作　キビキビしているか　ダラダラしていないか
3．顔・表情　イキイキとしているか　明るいか　むくんでいないか
4．目　キリッと澄んでいるか　血走っていないか
5．会話　ハキハキとしているか　大きさは　声のハリは
その他　必要があれば体温・脈拍・呼吸数を検査（体操前、体操後など）
```

（作業者一人ひとりをよく観察して異常をつかむ）

表8　健康問いかけ10項目

1. よく寝たか？　よく眠れたか？　すっきり起きたか？
2. どこか痛いか？　どこかだるいか？
3. 食欲はあるか？　食事はおいしいか？
4. 熱があるか？　脈拍は早すぎないか？
5. 医者にみてもらったか？　医者にみてもらっているか？
6. 薬をのんでいるか？
7. お腹の調子はどうか？
8. 夜ふかししたか？　疲れはとれたか？　めまいはしないか？
9. 飲んだか？　飲みすぎてないか？
10. どんな具合か？　症状は？

（必ず、本人の自覚症状を各項目のように具体的に問いかけ、チェックすること。）

5　適切な指導と措置

　監督者は、日頃から作業者一人ひとりの健康状況（特に肥満、腰痛、高血圧、糖尿病などの生活習慣病）をあらかじめ正しく把握し、医師への受診も含めて事業場内の産業保健スタッフと連携して、適切な生活指導を行い、本人の意志・判断を十分に尊重して作業上の必要な措置をとる。また、メンタルヘルス不調への対応については、早期に気づきすぐに対処することが重要である。そのため、普段の行動様式や人間関係の持ち方について把握して「いつもと違う」様子に気づいたら、監督者は部下の話を親身になってよく聴き、良い相談相手になることが大切である。問いかけ方としては
　「疲れているように見えますが、体調が悪いのでは？」
　「気がかりなことがあれば、話してくれませんか？」
など「積極的な聴き方の要領（ポイント）」（118ページ参照）を活用するとよい。
　いずれの場合も、個人のプライバシーに関わる機微な情報のため、職場の仲間の前ではなく、安心して相談できる環境を用意し、本人の同意を得た上で必要に応じて産業医等産業保健スタッフと連携して対応することが望ましい。
　監督者は、始・終業時のみでなく、作業中も引き続き、作業者の健康状況にきめ細かく目配り・気配り・心配りをすることが必要である。特に、高所作業など危険な作業に従事させるときには、強い関心を持ってフォローし、適切な措置をすることが大

切である。

健康問いかけKYTの進め方

1. 健康問いかけKYシナリオ役割演技訓練
   KYT基礎4ラウンド法の前に訓練を行う（シナリオ参照）。
2. 各実技での応用
   ① 全ての実技における導入時に、リーダーはメンバーの1人を対象に「健康問いかけKY」を行う。問いかけ内容およびメンバーの応答は自由とする。
   ② 朝礼・終礼時のチームミーティングの際にリーダーがメンバーの1人を対象に「健康問いかけKY」を行う。

健康問いかけＫＹ役割演技シナリオ

（シナリオ役割演技訓練）

○チーム編成　ＡＢＣＤＥＦ　　○訓練　シナリオ役割確認・本番1回
　　　　　（Aは監督者役、　　　　　　セリフ中の「（　）さん」は個有名詞で
　　　　　ほかのメンバーは部下役）

	監督者	部下	セリフ
健康観察	A		「整列。番号」
		全員	「1、2、3、4、5」
	A		「6、おはようございます」
		全員	「おはようございます」
健康問いかけ	A		「（　）[1]さん、目が赤いが、ゆうべはよく眠れなかったんですか？」
		（　）[1]	「テレビを見ていて12時過ぎに寝たので、ちょっと寝不足気味です」
	A		「作業はしっかりやれますか？」
		（　）[1]	「さしつかえありません」
	A		「（　）[2]さん、少し顔色が悪いようですけど、どこかだるいんですか？」

第9章　健康KY

健康問いかけ			
	A	（　）2	「いいえ、だいじょうぶです。でも子供が熱を出して気がかりなものですから」
	A		「それは心配ですね。今日は仕事が終わったら、すぐに帰ってあげて下さい」
		（　）2	「はい」
	A		「（　）3さん、先日、ギックリ腰になったそうだけど、今日の具合はどうですか？」
		（　）3	「だいぶよくなりました。もう作業にはさしつかえありません」
	A		「それはよかった。でも油断しないで、荷物を持ち上げるときは、しっかり腰を下ろすようにして下さい」
		（　）3	「はい、分かりました」
	A		「（　）4さん、ゆうべ同期の送別会があったそうですが…」
		（　）4	「すこし飲み過ぎて、ちょっと頭痛がします」
	A		「それはつらいね。二日酔いは水を飲んで汗を流すと早く良くなりますよ。もし調子が悪ければいつでも言って下さい」
		（　）4	「はい、分かりました」
	A		「（　）5さん、いつもより声がかすれているようですが、カゼでもひいたんですか？」
		（　）5	「きのう野球の応援で声を出しすぎて、ノドを痛めてしまったんです」
	A		「そうですか。今日は大声を出すのをひかえて、早く治して下さい」
		（　）5	「はい」
指差し唱和（T&C）	A		「それでは、いつもの配置で作業願います。 　みんなで指差し唱和をして作業にとりかかろう。私がリードをします。かまえて。」
	全員		「ヨシ！」
	A		「一人ひとりカケガエノナイひと　ヨシ！」
	全員		「一人ひとりカケガエノナイひと　ヨシ！」

第10章　ホンネの話し合い方

Ⅰ　ゼロ災チームミーティングの進め方

1　ゼロ災チームミーティングとは

　職場で行う話し合いのための会合を「ミーティング」と呼んでいる。同じ職場の小人数の作業者が、作業開始時に、職長や監督者を中心に、作業現場の近くで短時間で話し合うことをツール・ボックス・ミーティング（Tool Box Meeting 道具箱集会：略称TBM）という。

　TBMという用語は、もともとアメリカの建設業で使われていた言葉を輸入したものだが、職長が作業前に作業者にその日の仕事を割り当て、その手順や心構えを教え、指示事項や連絡事項を伝達するなど、一方的な流れで行われるのが通常である。しかし、一方的な流れのみでは「話し合い」とはいえず「ミーティング」とはいえない。

（1）　ゼロ災チームミーティングは会議ではない

　職場で安全衛生を進めていく上で、TBMで「話し合う」ということ、つまり「ミーティング」が非常に重要である。

　ゼロ災チームミーティングは、あくまでも現場や作業の現状の問題（危険）を「本音で話し合い、考え合い、分かり合って行動する」ための小人数の会合であり、問題（危険）に気づき、チームの合意（コンセンサス）で解決するための「話し合い」である。

（2）　何を話し合うのか

　話し合いのテーマはさまざまである。
　①　職場の過去の災害事例、ヒヤリ・ハット事例（災害事例KYT、ヒヤリ・ハットKYT）
　②　職場にどんな災害が起こっているか、どんなヒヤリ・ハットがあるか、それはどうして発生しているのか、職場にどんな危険があるか
　③　チームの行動目標を何にするか

第10章 ホンネの話し合い方

④ 何が職場の問題か、何をテーマに討議するか（問題提起ミーティング）
⑤ 職場の具体的な問題点（例えば、保護具を完全着用するには、共同使用工具の整理整頓を徹底するには、相互注意を活発化するには、ヒヤリ体験を出させるには……など）
⑥ このシートの中にどんな危険がひそんでいるか（危険予知訓練（KYT））
⑦ この単位作業（このステップ）にはどんな危険がひそんでいるか（単位作業KYT（ステップKYT））

「何をテーマに討議するか」、「何がチームの問題点か」を明確にすることは極めて重要なことである。これを明確にすることが問題解決の出発点である。

（3） 役割を分担する

話し合いをするときには、まずメンバーの中から話し合いのためのリーダー（司会者）と書記を決める。TBMの場合には、職長（組長・班長・リーダー）が2つの役割を兼務することもあるが、テーマによって役割を輪番で分担し、全メンバーが交替で行うのもチームの全体的なレベルアップやチームワークづくりのためによい。

充実した内容のよい話し合いをするためには、リーダーと書記の役割は極めて重要である。職長にはミーティングのよきリーダー、よき書記となれるよう徹底的な訓練を実施し、自信をつけてもらう必要がある。

次に、ゼロ災チームミーティングを行う際にリーダーと書記が身につけることが必要な心得をまとめてみる。

（4） リーダーの心得10項目

① みんなを起立させ、小さな円陣をつくらせる。ワイワイガヤガヤという感じで話し合うように、メンバーの雰囲気を和らげる（リーダーの明るい人柄とユーモアが大事）。
② 話し合いのテーマを明確にし、メンバーに誤解がないように確認し、テーマからそれないように話し合いを導く。
③ 意見、アイデアのある人には、全員漏れなく発言させる。
④ もし発言のない人がいたら指名して意見を出してもらう。指名しなくても、全員がドンドン発言するような雰囲気をつくる。
⑤ 他人の意見を批判させず、議論させず、短時間にできるだけ多くの意見を引き出す（ただし安全衛生の知識・技能に関することで明らかな誤りがあったときは

I　ゼロ災チームミーティングの進め方

直ちに是正する）。
⑥　同じ意見や似ているアイデアが出ても、話し合いの流れを止めないよう受け入れて進める。
⑦　うまく交通整理をして全体をスムーズに流す。流れが行き詰まったら自分のアイデアを出す。
⑧　不明確な抽象的な発言内容は、「例えばどういうことか」と問いかけて、分かりやすい具体的な表現にする。
⑨　要所要所で、合意した「問題（危険）のポイント」や「行動目標」を指差し唱和で確認して、気合いの一致を図る。
⑩　話し合いの時間と目標項目数をあらかじめ決めておき、時間内にその数に達するようメンバーの発言を促す。

（5）　書記の心得5項目
①　テーブルの中心に位置して立って書く。メンバーから出た意見を模造紙（ホワイトボード）に上から番号（No.）をつけて、ドンドン横書きしていく。
②　話すそばから、メモ的に、手早く、記入していく。文字の上手下手は問わない。多少の誤字はあとで直せばよい。略字・略号・象形文字を工夫しよう。とにかく話し合いの流れをとぎれさせないことが大切である。
③　リーダーとのコンビが大事。発言のエッセンス、発言のキーワードを明確にとらえて具体的に書く。書記の頭の回転、その手早さに比例して項目数が増え話し合いの内容が深まる。
④　全ての意見、アイデアを漏れなく書く。特に、まれにしか発言しない人の発言を大切にする。
⑤　格好よく文章にまとめてから書こうとしない。ホワイトボードを使用する場合でも一度書いた字（発言発想）は拭き消さず、抹消線で消す。発言を残しておくことで話し合いの経過が分かる。

2　ゼロ災チームミーティングにおけるホンネの話し合い方

（1）　ホンネの話し合い方4原則
　何がチームの問題か、何をテーマに話し合うか、何を討議するかが明確に決まったら、そのテーマについてメンバーができるだけ自由に発言できることが望ましい。こ

第10章　ホンネの話し合い方

のため、ゼロ災チームミーティングではブレーン・ストーミング法をヒントにした「ホンネの話し合い方4原則」によって行っている。

　ブレーン Brain（頭脳）＋ストームStorm（嵐）＋ingはもともと精神病理学上の用語で、1939年、アメリカの広告代理店副社長A・オズボーン氏が開発した、自由奔放に発想するアイデア創出法である。

　何人かのメンバーが、リラックスした雰囲気の中で、空想・連想の連鎖反応を起こしながら、自由奔放なアイデアを大量に出し合っていく方法で、そのため通常の「会議」とは全く逆の次の4つの原則を活用する。

　① 批判禁止　よい悪いの批判をしない
　② 自由奔放　自由奔放に
　③ 大量生産　何でもよいからドンドン出す
　④ 便乗加工　他人のアイデアに便乗加工してよい

　このブレーン・ストーミング4原則をヒントにして、ゼロ災チームミーティングでは次の4原則を徹底的に活用する。

ホンネの話し合い方4原則
　① **リラックス**してワイワイ話し合う　⎫
　② **短時間**でドンドン話し合う　　　　⎬ 量を出す
　③ **率直**に今の考え、状況をグングン話そう ⎭
　④ なるほどソウダコレダと**合意**しよう——質の高いものをしぼり込む

　このように気楽な雰囲気で話し合う。全員ドンドン発言する。議論はしない、させない。実践向きにするため、常に全員立ったまま実技（話し合い）を行う。

（2）ホンネの話し合い方の活用

　ゼロ災チームミーティングでは次のような職場の問題（テーマ）についてチームで本音で話し合うことをお勧めしている。

　① どんな危険がひそんでいるか
　　　KYTにおける危険要因の話し合い
　② どんな事実があるか
　　　災害事例KYTにおける災害やヒヤリ・ハットに関する事実確認（現状把握）の話し合い
　③ どんな現状か、どんな状況なのか
　　　問題解決におけるテーマに関連する現状（情報）把握の話し合い

④　どうしてそうなっているのか、原因は何か
　　　問題解決におけるテーマに関する原因追究的な現状把握の話し合い
　⑤　どんな具体的対策があるか、どうしたらよいか
　　　KYT・問題解決・災害事例KYTにおける具体的対策樹立の話し合い
　ゼロ災チームミーティングでは、これらの話し合いの中で、現状把握・事実確認・具体的対策樹立について、お互いのデータや意見を交流し、アリアリと「情報を共有する」ことがチームワークのために不可欠の条件と考えている。

（3）　ホンネの話し合い方の初歩的トレーニング
　　　　──現状把握が重要──

　ホンネの話し合い方に習熟するためには、かなりの訓練が必要である。
　初歩的なトレーニングのテーマとしては
　①　朝の挨拶が元気よくかわされないのはなぜか？
　②　ミーティングをなぜ定刻に始められないのか（ミーティングを定刻に始めるには）。
　③　電話の応対が感じ悪いといわれるのはなぜか（電話の応対を感じよくするには）。
など、比較的分かりやすい、共通に関心のある身近なテーマで話し合いを行うとよい。KYTの「どんな危険がひそんでいるか」も本音の話し合いそのものである。
　このようなテーマで話し合いのトレーニングを行う場合、いきなり「具体策」に入るのではなく、現状はどうなっているのか、事実はどうか、なぜそうなっているのかという「現状把握」が極めて重要であり、問題解決の正しい手順である。初歩的なトレーニングの段階から「現状把握」、「情報の共有」が重要であることを身につける必要がある。KYTでいえば第1ラウンドの「～なので～して～になる」をしっかり発言し合うことである。

（4）　話し合い方の神髄
　　　　──量から質へ──

　話し合いはまず量を出す。あるテーマについてチームで話し合いを行う場合、そのテーマに関連ある情報、テーマの背景となっている事実、泥臭い情報などをドンドン出していく。量を出すためにリラックスして、短時間で、率直にというような話し合い方の原則があるといってよい。

第10章　ホンネの話し合い方

　しかし、ただ単に量を出したというのみではほとんど無意味である。量を出すのは何のためか、それは、もともと量の中の質を求めるためなのである。多くのデータ、いっぱいの情報の中で、キラリと光る質の高いものを発見し、把握してその質に「なるほどこれだ」、「そうだこれだ」と「しぼり込んで」合意するのがゼロ災運動方式のホンネの話し合い方なのである。ゼロ災運動の問題解決法は、第１ラウンド（量）、第２ラウンド（質）、第３ラウンド（量）、第４ラウンド（質）と、集団の考えを量→質→量→質と弁証法的に転換させながら発展させ、合意を形成していく方法である。チームワークでは、できるだけ「やっぱりこれだ」、「なるほどこれだ」と分かり合う合意が大切で、それが第２、第４ラウンドの「しぼり込み」なのである。

（5）　ワイワイガヤガヤのすすめ

　話し合い時間はテーマによってケース・バイ・ケースである。なるべく短い時間に集中して充実した話し合いをするようにしたい。

　話し合いはダラダラとではなく、ワイワイガヤガヤ・ドンドン・グングンという感じで盛り上げたい。はじめから時間制限を設け、目標項目数を決めておいてから、全員の発言を促すほうが意見が出やすい。時間内に目標を達成すればチームとしての達成感もあり、チームワークが味わえる。

　ゼロ災チームミーティングは"会議"ではなく、"ミーティング"であること、あくまで現場で活用できる方法とすることから、ゼロ災運動の研修会においてもできるだけ１室に集めていっせいに話し合う"バズ討議"の話し合いを行っている。

　「隣の声がやかましい」、「会場がせまい」、「チームごとに別室で討議させよ」などの声もあるが、「隣がやかましければもっと近寄りなさい」、「せまければ立ち上がって輪を小さくしてください」というのがゼロ災運動方式の考え方である。バズ方式は周りがやかましいので、チーム全員の輪を小さくする効用があり、何回か話し合いを重ねるうちには周りの声が聞こえなくなり、自然に立ち上がってワイワイガヤガヤ話し合うようになる。

> バズ討議──Buzz Session──と呼ばれる方法である。数多くの小人数チームがいっせいに話し合うと、Buzz（ハチのブンブンという音）Buzz Buzz という音に似るので名づけられたという（創始者はアメリカの J. D. フィリップスで６人の小グループに分け６分間討議させたのでフィリップス６×６ともいわれる）。

第11章　問題解決4ラウンド法

I　問題解決4ラウンド法の考え方

1　問題解決ゼロ・サイクルとは

　我々は職場の中で、生産、品質、作業、原価、環境、安全などについて、さまざまな多くの解決すべき問題に直面している。職場の問題はまさに無限であるといってよい。これらの問題を解決することを総称して「問題解決」という。職場レベルで職場の問題をチームのホンネで「話し合って、考え合って、分かり合って」解決しようというのがゼロ災運動の問題解決である。職場での危険の解決も問題解決の一つである。

　問題解決のプロセスはおよそ次のステップと実践によって行われる（表9）。

表9　問題解決4ラウンド法とゼロサイクル

問題解決4ラウンド法		ゼロ・サイクル
1．問題提起（解決すべき課題の発見とテーマ設定） 2．現状把握（テーマに関する現状把握・事実確認）	量	視　る　　現状把握
3．問題点発見（現状、事実の中の問題点把握） 4．重要問題決定（最も重要かつ本質的な原因の決定）	質	考える　　本質追究
5．解決策構想（解決方針の策定） 6．具体策樹立（実行可能な対策のアイデア樹立）	量	計画する　対策樹立
7．重点実施項目決定（重点的に実施する対策の決定） 8．実施計画策定（実施計画のチェックと行動目標決定）	質	決断する　目標設定
9．実践		実践する　実　践
10．反省・自己評価		反省する

第11章　問題解決4ラウンド法

　この8つのステップは、2つずつステップを統合して、第1ラウンド（現状把握）→第2ラウンド（本質追究）→第3ラウンド（対策樹立）→第4ラウンド（目標設定）→（実践）→（反省評価）の4つのラウンドと実践と反省のプロセスに集約できる。実践の結果を反省して問題があれば再び現状把握に戻る。このプロセスを問題解決ゼロ・サイクルという。

　このゼロ・サイクルは、大脳の情報処理のパターン、つまり知覚→選択→判断→決断のプロセスそのものである（表10）。また個人の思考、行動のプロセスであると同時に、集団の組織的な思考や行動のプロセスでもある。ゼロ災運動は職場の問題解決行動であり、このサイクルを職場あるいは個人で、長期的あるいは短時間に回しながら、問題（危険）を解決していく実践行動である。

　職場に何らかの問題（テーマ）があって、その問題をチームとして解決しようとする場合、この問題解決4ラウンド法は本音の話し合いで問題解決のゼロ・サイクルを回しながら、職場の衆知を集めて自主的自発的に解決するためのもので、また安全ミーティングなどで、「60分以内で話し合う場合の話し合い方」の手順でもある。

　また、問題解決4ラウンド法は安全のみに限らず職場のすべての問題解決（生産性、品質、競争力、営業力など）に共通する手法である。職場の安全（危険）問題解決能

表10　問題解決ゼロ・サイクルと大脳の情報処理

問題解決4ラウンド法	ゼロ・サイクル	ＫＹＴ	大脳の情報処理	発想
Ⅰ　事実をつかむ（現状把握）	視る	どんな危険がひそんでいるか	知　覚	量
Ⅱ　本質をさぐる（本質追究）	考える	これが危険のポイントだ	選　択	質
Ⅲ　対策を立てる（対策樹立）	計画する	あなたならどうする	判　断	量
Ⅳ　行動計画を決める（目標設定）	決断する	私達はこうする	決　断	質
実　　践	実践する		行　動	
反省・自己評価	反省する			

力が高いというときには、当然他の諸問題の解決能力も高いことが想定できる。

2 各ステップの進め方・考え方

（1） 第1ラウンド（R） 第1ステップは問題提起（問題とは……話し合いテーマづくり）

① 話し合いテーマの形成

　何をチームで話し合うか、話し合うテーマを明確にすることが必要である。例えば、「安全衛生推進上の問題」のような包括的なテーマについては、まずみんなの持っている問題をドンドンはき出し、それを次第に話し合いのテーマとしてふさわしいものに煮つめていく。

② 問題の出し合い

　問題というのは、事実を感覚で感じとったり、気がついたりすることから始まる。不快であったり、不満であったり、困ったり、悩んだりするが、単なる不快や不満では問題提起とはいえない。不快や不満を解決すべき課題（テーマ）として自覚し、提起するときにはじめて問題となる。職場の問題を問題として気づき、解決すべき問題として提起し形成することがぜひとも必要である。そのためには、みんながそれぞれ問題と感じる項目を率直にいっぱい出し合って、それを見ながら話し合いで、これだという話し合いテーマにしぼり込んでいく。

③ 具体的で細分化されたテーマ

　話し合うテーマは、みんなで「対策を考えるにふさわしいもの」でなければならない。そのためにはあまり広範囲なテーマ（例えば、決めたことが守られない）ではなく、より具体的で細分化されたテーマ（例えば、1人になるとシートベルトをしめない）として提起する。さらにメンバーに共通の関心があり、切実さがあるテーマであることが望ましい。

　「保護具の着用が悪い」というテーマではなく、具体的に掘り下げて「粉じん発生職場で防じんマスクは着用しても保護メガネが完全着用されない」とか、「プレス職場で耳せんをしないひとがいる」などのテーマで話し合うほうが、よい話し合い結果を期待できる。

④ 災害、ヒヤリ・ハットは即テーマ

　労働災害は最も直接的具体的な問題そのものである。つまり、事故・災害の発生そのものが問題であり、同種・類似の事故・災害を再び起こさないようにしようとするときが問題提起と考えてよい。ヒヤリ・ハットも全く同様である。職場の危険

を解決するにはどうしたらよいかということが問題提起そのものである。

（2） 第1ラウンド　第2ステップは現状把握

何をテーマに話し合うかが決まったら次の現状把握のステップに入る。

現状把握とはテーマに関連する情報やデータを取材し収集することである。テーマの背景または原因となっている生の泥臭い事実、現状、状況をつかむということである。

チームメンバーがいろいろの角度から、先入観にとらわれず、正しい情報や生のデータをワイワイガヤガヤ・短時間で・率直に出し合うことが必要である。テーマに関連する事実を確認し、その背景や原因に関する現状を把握して「情報を共有」することが問題解決のカギといえる。

保護メガネのテーマの場合、作業者がなぜ保護メガネをいやがるのか、管理監督者はメガネ着用をどう考えているのか、会社支給のメガネにどんな不都合があるのか、どの現場でメガネをかけないのか、メガネ着用についてどんな教育を行っているのか、などいろいろな角度からメガネに関する現状をつかむ必要がある。

現状把握のプロセスなしに、いきなり対策「保護メガネを完全着用させるにはどうしたらよいか」に入ることは避けなければならない。現状の中にしか解決策はない。

「チームワークをよくするには」ではなく、「なぜ職場のチームワークが悪いのか」、もっと具体的には「玉掛け作業の際の連絡合図の不徹底」という現場の現状把握の上に立ってチームワークを考えることが必要なのである。

「決められたことを守らせるには」ではなく、「なぜ1人になるとシートベルトをつけないのか」の現状把握が大切なのである。

現状把握を正確に徹底的にやることが、あとのステップでのチームの合意形成を容易にする。災害事例KYTの場合にも、現状把握・事実確認の第1ラウンドをできるだけしっかりやっておくと、そのあとの「何が問題か」、「何が重要か」については意外に時間がかからないで意見がまとまるものである。

「生の事実が語ることに虚心に耳を傾ける」、「アリアリと目に浮かぶ情報を共有する」ところにのみチームの合意が生まれる。

（3） 第2ラウンド(R)　第3ステップは問題点発見

問題解決の第1ステップ**問題提起**、第2ステップ**現状把握**に続く次のステップは**問題点発見**である。

第2ステップで、話し合いのテーマについての現状・事実・状況に関する情報やデータを出しつくしたところで、このステップに移る。

出された項目を全員でながめながら「なんとなく気になるなぁ」、「これは問題だなぁ」と思われる事実に、赤マジックで○印をつけていく。

感覚で「問題だな」と感じれば何個○印をつけてもよい。

全く同じことをいっている項目、似ている項目、関連のある項目は赤線や点線で結びつけ、1つの項目にまとめて○印をつけてもよい。

(4) 第2ラウンド 第4ステップは重要問題決定

○印をつけた問題点のうち、「これは特に重要でいいかげんにできない事実だ」、「これは緊急に解決を要する問題だ」という重要問題2項目〜3項目（量の中のキラリと光る質の高いもの）を全員でしぼり込んで決め、◎印をつける。◎印項目には赤でアンダーラインを引き、全員で指差し唱和する。

このステップでは、チーム全員が「やっぱりこれが根本的な原因だ」と一致する項目をつかむために、深く話し合う。現状把握・事実確認の話し合いがしっかり行われ、情報共有が行われていると、意外にチームの合意がまとまるものである。

短時間に合意づくりする一手段として「**衆目評価法**」（**図41**）をゼロ災運動では補助的に実施している。メンバーが3点2点1点（あるいは5点〜1点）の小さなラベルを、各自の評価に従って○印をつけた問題点の項目にはりつけ、この「得点」と「人数」を参考（目安）にして重要問題を決める方法で、無口の人も決定に参画ができ、自分の評価を明示しうる利点がある。他人の評価に引きずられることがあるので、ラベルをはりつけず、評価表に各人が記入してから公表してもよい。

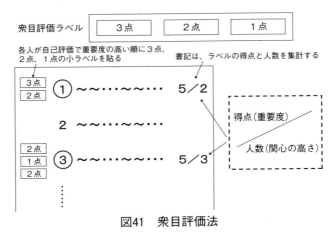

図41 衆目評価法

第11章　問題解決4ラウンド法

（5）　第3ラウンド(R)　第5ステップは解決策構想

「重要問題はこれだ」と決めた2～3項目のうち、チームとして解決すべき、最も中心的、本質的な事実（原因）と思われる項目をまとめて**解決テーマ**とし、そのテーマに対する解決策構想を設定するステップである。

つまり、解決テーマは「このようなことをいっている問題だ」、だとすると「こうすることが重要だ」という解決策構想を持つことが必要である。

例えば、保護メガネ着用の本質追究の中で、
① 　会社支給のメガネは黒ブチで格好が悪く重く視野がせまい。
② 　未着用者がいても職制が注意しない。
③ 　メガネ着用の必要性についての教育が不十分である。

などの項目が◎印の重要問題としてとらえられた場合、①、②、③全てを解決テーマとして、解決策構想を「作業者が格好よく、使いよいと思う保護メガネを選定し、ゼロ災運動の中でその装着の徹底を図る」とすることもできる。

構想とは解決のための大所高所からの方向づけであり、ポリシーである。通常解決テーマの裏返しであることが多い。例えば「職制が小集団活動に無関心である」という問題は（解決テーマ）、裏返せば「職制に小集団活動の本質を理解させることが重要だ」という解決策構想となる。

テーマを解決するために「こうすべきだ」、「こうすることが重要だ」、「こうしよう」という基本方針「～を～して～しよう」という感じでまとめる。

チームで行う場合は解決する主体はチームであり、チームメンバーであって、解決主体を明確にすることが大切である。

身近なテーマで話し合うには、必ずしも解決策構想のステップを踏まず、ストレートに具体策樹立のステップに移ってもよい場合もある。

（6）　第3ラウンド　第6ステップは具体策樹立

解決策構想に基づいて、構想を実現するための具体策を樹立するステップである。「具体的で実行可能な対策のアイデア」を話し合いで多角的に出していく。通常7項目以上は出したい。

第5ステップの解決策構想がしっかりしていないと、このステップが抽象的になったり、ピントが外れたりすることがある。この場合の具体策はメンバー自身がⅠ・We（私・我々）の立場で、努力して達成する建設的な提案でありたい。現実的ですぐ手が打てるというレベルの具体策とは、例えば次のようなものである。

① 格好もよく、性能もよく、このメガネならかけようと思うような保護メガネを、スタッフと協力して選定する。
② 保護メガネ完全着用に関する相互注意運動を展開する。
③ 視聴覚教材で保護メガネ未使用時の危険を徹底的に教育する。
④ 現場チームで保護メガネ未使用によるヒヤリ・ハットKYTや災害事例KYTを行う。

(7) 第4ラウンド（R）　第7ステップは重点実施項目決定

具体策のアイデア項目の中で、「すぐ実施する必要のあること」、「どうしてもやらなければならないこと」を2～3項目程度しぼり込んで決め、重点実施項目（※印）として実践と結びつけるステップである。この項目は必ず実践するという決意を強めるためにしぼり込むのである。

第6ステップで出た具体策のアイデアをながめながら、話し合いで納得づくで決める。いろいろな具体策の重要性、緊急性、効果などを総合的に評価するわけだが、第4ステップで行った衆目評価法を使って評価の目安にしてもよい。

問題解決は実践されなければ意味がない。このステップはまさに実践のための全員参加の目標設定のステップでもある。

問題提起に対していきなり対策を立てるのではなく、現状を把握し、問題点を発見し、重要問題をとらえて解決策を構想するなどのプロセスを経ることは、全て実践に直結するよい目標を本音の話し合いで設定するためである。

(8) 第4ラウンド　第8ステップは実施計画策定

重点実施項目のそれぞれについて、実施計画を策定するのがこのステップである。実施計画を実践行動に結びつけるため、5W1Hでチェックし、手順化する。

なぜ（Why）、だれがだれに（Who）、なにを（What）、いつ（When）、どこで（Where）、どのように（How）というのが計画のチェックポイントである。

この場合「だれがだれに」の項目が重要である。誰がこの計画を実行するかによって以下が異なってくるからである。チームの話し合いの場合には「だれが」は他人ではなく、当然メンバー自身（I・We）が主人公になって行動する立場で考える。

「どのように」というのは、その計画を実践するための具体的な方法であり、How toとしてとらえる必要がある。

第11章　問題解決4ラウンド法

5W1Hは全体が1つの文章として読めるように書く。

重点実施事項を、アリアリと目に浮かぶような具体的な行動内容の目標とする。「～を～して～しよう」という感じに、ずばりまとめて、全員で指差し唱和する。

重点事項 No.			
実施計画	Why	なぜ	
	Who	だれがだれに	
	What	なにを	
	When	いつ	
	Where	どこで	
	How	どのように	

第1ラウンド	事実をつかむ	（1S、2S）	現状把握
第2ラウンド	本質をさぐる	（3S、4S）	本質追究
第3ラウンド	対策を立てる	（5S、6S）	対策樹立
第4ラウンド	行動計画を決める	（7S、8S）	目標設定

3　4ラウンドKYTへ

（1）　90分→60分→30分

　問題解決の8ステップは、これを大づかみに4つのラウンドにまとめることができる。これらのラウンド（ステップ）を経て着実に本音で職場の問題（危険）解決の話し合いを進めるのがゼロ災チームミーティングである。

　はじめは、全ステップで90分くらいかけてじっくり基本を正しく学習する必要があるが、習熟してくれば、60分や30分ぐらいでもかなり充実した話し合いができるようになる。

　身近なよいテーマで、結論に至るまで全ステップを踏んで問題解決討議を完成するときには、「ひと仕事やった」という達成感があり、チームの実践活動の出発点となり、チームワークの源泉ともなる。

　職場のチーム目標設定は、このような本格的な全員参加の問題解決の話し合いで形成することが重要である。上からの押しつけ目標だったり、一部のリーダーだけがでっち上げた目標の押しつけではメンバーの実践活動につながらず、チーム活動そのも

のを衰退させることになる。

（2） 訓練の必要性

　職場のチームメンバーで職場の問題や潜在危険を徹底的に話し合い、その問題点を的確にとらえ、適切な解決策や行動計画を樹立し、協同して実践していくプロセスが重要である。そのために、管理監督者やチームリーダーが問題解決4ラウンド法を現場で駆使活用できるよう訓練しなければならない。

　問題解決4ラウンド法の正しい進め方は、実際に問題解決討議を繰り返し実習しながら身につけていくよりほかない。組織開発、小集団活動の活性化などのためには、「ホンネの話し合い方の訓練」、「問題解決の仕方の訓練」を徹底的に実施し、職場でホンネで「話し合い、考え合い、分かり合って解決する」ことが不可欠である。

（3） 危険予知訓練も4ラウンド

　ゼロ災運動の問題解決は全てこの4つのラウンドを経て行われる。例えば、危険予知訓練（KYT）も例外ではない。危険予知イラストシートをみんなで見ながら4ラウンドで進める。危険予知は、危険という問題の問題解決なのである。

　第1ラウンド　「どんな危険がひそんでいるか」を、みんなで話し合ってつかむ。

　第2ラウンド　「その危険の中で、これは問題だなぁ、いいかげんにできないなぁ、重要な危険だなぁ」と危険の核心をしぼり込んでいく。

　第3ラウンド　重要危険に対して「あなたならどうする」と問いかけ、対策のアイデアを出し合う。

表11

第1ラウンド（現状把握）	第1ステップ	問題提起
どんな危険がひそんでいるか	第2ステップ	現状把握
第2ラウンド（本質追究）	第3ステップ	問題点発見
これが危険のポイントだ	第4ステップ	重要問題決定
第3ラウンド（対策樹立）	第5ステップ	解決策構想
あなたならどうする	第6ステップ	具体策樹立
第4ラウンド（目標設定）	第7ステップ	重点実施項目決定
私達はこうする	第8ステップ	実施計画策定

第11章　問題解決4ラウンド法

　　第4ラウンド　その対策の中で「職場の小集団チームとしてはこうしよう」という実践目標（行動計画）を決める。

　このKYT 4ラウンド法をもう少し細かく見れば表11のステップとなる。

（4）　4ラウンド8ステップ法から4ラウンド法へ

　ゼロ災運動の4ラウンド8ステップ法は昭和49年（1974年）頃から事業場のチーム討議指導や研修会の際に試行的に実施し、昭和52年（1977年）までに手法的には完成した。昭和50年（1975年）から開催されたゼロ災運動プログラム研究会（略称プロ研）の中で参加者に実験的に実習していただきながら、ミーティングでの「ホンネの話し合い方」として創出していったものである。

　ゼロ災運動でKYTを取り上げたのは1978年（昭和53年）からだが、はじめから「危険の問題解決」としてすでに開発していた問題解決4ラウンド法と一体のものとしてとらえ、実技研修法を創始したのは、1979年（昭和54年）3月のプロ研のときである。住友金属工業㈱（現：日本製鉄㈱）創出のKYTを、ゼロ災運動の4ラウンド法とドッキング、さらにヒューマンエラー事故防止のために1982年（昭和57年）旧国鉄で百年の歴史を持つ指差し呼称・指差し唱和を組み込んで、ゼロ災運動独自の「KYT」（当時「新」KYT）とした。

　KYT 4ラウンド法はゼロ災運動の歴史の中で、その運動理念（ゼロ・先取り・参加）を実現し実践するための問題解決手法として創出したものである。4ラウンド法なくして今日のKYTはないし、ゼロ災運動もない。KYT各種活用技法はほとんど全て4ラウンド法をベースとした手法である。

　4ラウンド8ステップ法は最近のゼロ災運動の研修会では実技研修することがなくなっているが、4ラウンド法のルーツを正しく理解することは4ラウンド法の正確な活用と運用のために必要なことである。

Ⅱ 問題提起ミーティングの進め方

1 問題提起ミーティングの進め方要領

　問題解決討議を行う際には、まず討議テーマを討議に値するテーマにしぼり込むために、次の手順・要領で問題提起ミーティングを行う。

問題提起ミーティングの進め方要領

手　　　順	要　　　領
準備	役割分担（リーダー、書記、レポート係）を決める
導入〔全員起立〕	リーダーが、整列・番号、挨拶、健康確認を行う
1 R どんな問題があるか (1) 気にかかる問題をみんなでドンドン出す	・リーダーはテーマ「職場におけるゼロ災運動推進上の問題」を確認する ・テーマに関連して気にかかる問題をできるだけたくさんドンドン出す　15項目以上 ・気がかりなこと、胸につかえていることを本音で率直に・ドンドン出し合っていく ・書記は模造紙にドンドン横書きしていく
(2) 問題を具体的に表現する	・それぞれの意見や情報が、何をいわんとしているのかを、言葉を足して明確にする ・抽象的な意見に対しては「例えばどういうことか」と問いかけて、できるだけ具体的な表現とする
(3) 問題（討議テーマ）をできるだけ明確に形成する	・テーマとしては抽象的で、もっと細分化する必要があるもの 　決めたことが守れない、安全意識が低い、コミュニケーションが悪い ・話し合いテーマとしてふさわしいもの 　夏になるとヘルメットの着用率が悪い、シートベルトの着用が1人になると守れない、朝夕の挨拶をしないものがいる
2R－1 何が問題のポイントか	・「討議テーマ」をしぼるためのプロセスとして、「これが重要だなぁ」、「これはなんとかしなければ

第11章　問題解決4ラウンド法

（4） 問題項目のうち、まず重要問題項目を2～3項目にしぼる	ならない」と思われる項目に赤で○印をつける ・○印は何項目になってもよい ・○印項目のうち特に重要な問題を「ソウダコレダ」と2～3項目にしぼり、赤で◎印をつけアンダーラインを引き、「問題のポイント」とし、指差し唱和する。 ・◎印にしぼり込むときに「衆目評価法」（前出167ページ参照）を使ってもよい
2R-2 これが討議テーマだ （5） さらに1つの討議テーマにしぼり込んで決定し、指差し唱和して確認する	・◎印項目の中から、さらに話し合って討議テーマをしぼり込んで決める ・テーマはメンバーに共通の関心があり、切実感のあるものがよい ・テーマは「具体的な対策が可能なまでに細分化された問題」であることが必要である。抽象的な場合には、表現をより具体的に修正する ・決定した討議テーマを全員起立して指差し唱和して確認する
確認 指差し唱和（タッチ・アンド・コール）	・指差し唱和（タッチ・アンド・コール）で問題提起ミーティングをしめくくる

○所要時間：第1R　20分～30分
　　　　　　第2R　10分～15分
　全体で30分～45分
○発表コメント：2チームペアで発表し合い、コメントし合うとよい。

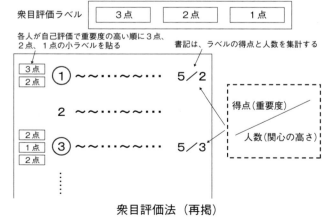

衆目評価法（再掲）

問題提起ミーティングの進め方（手法まとめ）

準 備	1チーム5～6人	役割分担（リーダー・書記・レポート係）
導 入	\[全員起立\]	リーダー＝「これから問題提起ミーティングを行います」とメンバーに伝える。 リーダー＝整列・番号、挨拶、健康確認
1 R	現状把握 どんな問題があるか	(1) テーマ「職場におけるゼロ災運動推進上の問題」→指差し唱和 (2) テーマにかかわる問題　15項目以上 (3) 問題を具体的に表現する
2R-1	本質追究-1 何が問題のポイントか	(1) 重要と思われる項目→○印 (2) ○印項目→しぼり込み　2～3項目 　　（しぼり込みには衆目評価法を使う） 　　→◎印・アンダーライン＝問題のポイント (3) 問題のポイント→指差し唱和 　　リーダー「問題のポイント　～…～である　ヨシ！」 　　→全　員「～…～である　ヨシ！」
2R-2	本質追究-2 これが討議テーマだ	(1) ◎印項目→しぼり込み　1項目 　　　　→討議テーマ 　　具体的な対策が可能なまで細分化された問題 　　（抽象的な場合には、より具体的に修正） (2) 討議テーマ→指差し唱和 　　リーダー「討議テーマ　～…～である　ヨシ！」 　　→全　員「～…～である　ヨシ！」
確 認	指差し唱和（タッチ・アンド・コール）	リーダー「ゼロ災でいこう　ヨシ！」 →全　員「ゼロ災でいこう　ヨシ！」

第11章　問題解決4ラウンド法

問題解決レポート〔Ⅰ－問題提起〕（例）

とき	・　・
ところ	

チームNo.-サブチーム	チーム名	リーダー	書　記	レポート係	その他のメンバー

第1ラウンド＜どんな問題があるか＞メンバーから出た「職場の安全先取り活動を進めるうえで気になること（問題）」をすべて記す。
第2ラウンド＜何が問題のポイントか＞
　関心のある項目に○印をつけ、さらにチームの話し合いで、解決すべき討議テーマ2～3項目にしぼり込んで◎印をつける

どんな問題（事実）があるか

① 　ＫＹＴで具体的に危険要因をとらえきれない。
2 　ＫＹＴに関心がなく長年の経験で安全を判断するベテラン作業者と一緒にＫＹＴはやりづらい。
③ 　朝礼のＫＹＴミーティングがリーダーまかせになっている。
④ 　現場の決められた場所で指差し呼称をする人としない人がいる。
⑤ 　決められている作業基準を守らない。
6 　作業終了後に工具を片づけない。
⑦ 　夏場は現場でヘルメットを着用しない。
⑧ 　ＫＹＴ活動に無関心な上司に何も言えない。
9 　不安全行動をしても注意しない。
⑩ 　朝のＫＹＴミーティングを省略してしまう。
11　ＫＹＴをやらなくても事故が起こらないと思っている。
12　協力会社の人にＫＹＴを伝えていない。
⑬ 　ヒヤリ・ハット報告を出せない。
14　朝出勤した時挨拶しない。
15　ＫＹＴを正しく進めようとしない。

討議テーマ（◎印のテーマのうち討議するテーマ1つを話し合いで決定する）

　　　　現場の決められた場所で指差し呼称をする人としない人がいる　ヨシ！

上司 （コーディネーター） コメント	

Ⅲ 問題解決4ラウンド法の進め方

1 現場の問題解決（時間短縮と分かりやすさを重視）

この問題解決4ラウンド法の特徴は
(1) 職場で短時間で実施できる。習熟すれば4ラウンドまで30分あれば足りる。
(2) 危険予知訓練（KYT）の4ラウンド法と一体なので、分かりやすい。KYT基礎4ラウンドを経験した者なら、5分も説明すれば誰でもすぐできる。
(3) 短時間に限定してチーム討議を追い込んでいくので、ダラダラ時間をかけてやるよりも集中でき、話し合いに充実感がある。
(4) 4ラウンドまで完結すれば達成感もあり、"やる気"の行動（実践）につながることが期待できる。
(5) 安全のみでなく、職場のいろいろな問題解決に手軽に活用できる。

2 量→質→量→質の集団思考発展

4ラウンドの問題（危険）解決法は、量の発想から質の合意形成へ、集団思考を転換させながら発展させていくものである。量で出した情報の中から、キラリと光る質の高い情報にチームの合意をしぼり込んでいくダイナミックな職場レベルの自主的な問題解決法である。

危険予知訓練でも、「どんな危険がひそんでいるか」で量の発想をし、続いて「あなたならどうする」といきなり量の発想に続けるやり方があるが、ゼロ災運動ではこの「量から量へ」の方式をとらない。

4ラウンドを量から質、質から量、再び量から質へと短時間に弁証法的に進めるのが、ゼロ災運動方式の危険予知訓練であり、問題解決法の特色である。キラリと光る質の高い情報をしぼり込んで合意する。思いきってしぼり込むのはあくまでも実践につなげるためである。「あれもこれも」でなく「やっぱりこれだ」、「なるほどこれだ」という感じで、自然に無理なく気づき合い、みんなで分かり合い、納得し合うのが実践的なやる気の問題解決4ラウンド法なのである。問題（危険）や対策が1つとか2つだけということではない。「これだけは必ずやろう」としぼり込んで実践を誓い合うということなのである。

3　ホンネで早く　正しく反復訓練

　危険予知訓練では「ホンネで　みんなで　早く　正しく」が課題だが、問題解決4ラウンド法も、「ホンネで　みんなで　早く　正しく」が目標である。長い時間をかけてダラダラ話し合うのは、ゼロ災運動手法ではない。そのためにも思いきったしぼり込みが必要なのである。

　就業時間内にごく短時間に、できるだけ充実した全員参加の先取りの本音の話し合いを進め、ヤロウ・ヤルゾとやる気の問題解決をすることこそ、これからの小集団活動の決め手である。そのためには危険予知訓練を含む、問題解決4ラウンド法を、徹底的に「反復訓練」して活用し、正確な進め方を習熟することが不可欠である。

4　第2ラウンドまででも行動が変わる

　第4ラウンドまでフルコースでやる時間が取れないときには、第2ラウンドまででもよい。KYTでも全く同様だが、第2ラウンドまでやれば十分なケースがかなりある。第2ラウンドまでなら20分あれば十分だし、テーマによっては15分でできる。

　「何が問題か」をつかむことは問題解決の第一歩である。意外に、「何が問題か」が分からず、全然問題意識がないことが多い。問題がないと思っていることこそ問題なのである。特に自分自身に問題があることに気づくことが問題解決の出発点である。

　「何が問題か」ということが明確に分かり、気づき合っただけで、問題が解決してしまうことがよくある。ある精錬所で「現場の風呂場をきれいにするには」というテーマで、カードを使って第1ラウンド「なぜ汚れるのか」を話し合ったことがある。現場の作業者が全員参加した第2ラウンドまでの短時間の話し合いであったが、そのあとの行動につながり、現場の風呂場は完全にきれいになった。第2ラウンドまでで自らの問題に気づき、問題を完全に解決できた事例である。

　「どうすべきか」についてはすでに教育してあり、本人達はすでによく知っている。ヤル気になりさえすれば、その日からでもすぐできるのである。

　「ヤロウ・ヤルゾ」という意欲をチームが持つには、第1ラウンド現状把握と、第2ラウンド本質追究をしっかりやって、本音で情報問題を共有し、量から質へしぼり込みを行うことが極めて有効である。「やっぱりこれは問題だなぁ」とみんなが心から分かり合えば、問題はほとんど片づいたも同然であるといってよい。

5　5W1Hで具体化

　第3ラウンドで出た対策のアイデアのうち重点実施項目に※印をつけるところまでを3.5ラウンドと呼んでいる。いろいろ対策はあるが、「ここでやっぱりまずこれをやらなくては」とか、「どうしたってこれが大事」ということをみんなが納得すれば、その決定は行動につながる。したがって状況によっては※印の合意と確認のところまでで終わってもよいのである。
　5W1Hでチェックするのは、決定した重点実施項目（※印）を、より具体化して、はっきりと心に刻みつける効果がある。特に、やる気の問題解決では、実行主体を明確にし、「他人」ではなく、「自分は何をすべきか」、「我々に何ができるか」ということを確認することが重要である。「他人にやってもらおう」というのはゼロ災運動ではない。

6　チーム行動目標唱和

　4ラウンド方式は全員参加で実践に直結するチーム行動目標を設定する手法である。最後にチーム行動目標をみんなで唱和することで、具体的な行動内容が頭に刻み込まれ、チームとしての一体感、連帯感が促進され、話し合いを完結したという達成感もわいてくる。
　しかし、職場によっては重要問題（危険のポイント）やチーム行動目標の唱和に違和感のあるところもあろう。そのようなときにも研修時にはできるだけ大声で唱和しよう。研修会での訓練から、次第に恥ずかしさ、照れくささも取れていく。進んで重要問題（危険のポイント）やチーム行動目標を大きな声で唱和し合うような先取り参加の職場づくりを目指して、チームワークを強化していこう。

7　具体的な目標

　「整理整頓」という目標は、職場目標としては抽象的で、状況が目に浮かばない。「使った工具は必ずもとの工具棚に戻そう」とか、「荷は通路に対して平行に、角をそろえて3段に積もう」という目標なら、その状況や行動内容がアリアリと目に浮かぶ。具体的とはアリアリと目に浮かぶことをいう。具体的な目標づくりのためには、第1ラウンドの現状把握の段階から「～なので～になっている」、「～だから～している」とできるだけ原因追究的に具体的に表現（発言）していくことが必要である。抽象的で目に浮かばないような事実の発言についてはリーダーは「例えばどういうことか」

第11章　問題解決4ラウンド法

と聞いて具体化（見直し）させる努力をしよう。

　「クレーン玉かけ災害絶滅」ではなく「そのために何をやるか」という行動内容、つまり「地切りのときには、ワイヤーを張って停止し、浮いて停止しよう」とか「センターヨシの指差し呼称をしよう」というのをチーム行動目標としたい。

　小集団活動（職場自主活動）ではよい目標づくりをすることが大切で、よいチーム行動目標づくりのために第4ラウンドの訓練が極めて有効である。

Ⅲ　問題解決4ラウンド法の進め方

問題解決4ラウンド法進め方要領

手　　順	要　　領
準備	役割分担（リーダー、書記、レポート係、発表者、コメント係）を決める
導入〔全員起立〕	リーダーが、整列・番号、挨拶、健康確認を行う
1R　現状把握 （どんな事実があるか） ―事実をつかむ― (1) あらかじめ決めてあるテーマについて話し合いを行う場合は、リーダーはまず討議テーマを確認する (2) テーマに関する現状、テーマの背景となっている事実、その原因を追究し把握する テーマ「　　　」チーム名 1R 1……　　9…… 2……　　10…… 3……　　11…… 4……　　12…… 5……　　13…… 6……　　14…… 7……　　15…… 8……	・テーマが決まっていないときは、「何をテーマにするか」について、「問題提起ミーティング」を行ってしぼり込んで決める ・テーマは、具体策を樹立するのにふさわしいほどに細分化されたものがよい ・討議テーマを指差し唱和して確認する ・各人の持っている体験・情報をドンドン出す。リーダーは発言を促す ・原因追究的な現状把握をする 　「～なので～になっている」 　「～だから～している」 ・書記はグングン書いていく ・抽象的な発言は、具体的に表現し直す（結果でなく、それ以前の状況を「例えば……」と語る） ・15項目以上、時間いっぱいドンドン・グングン出し合う ・各項目を話し合って見直し、必要があれば加筆・訂正する
2R　本質追究 （これが問題のポイントだ） ―本質をさぐる― (1) 現状把握（1R）で出た項目を全員でながめながら、問題と思われる項目に赤で○印をつけていく (2) ○印項目の中で「根本的で、かつ重要だ」と思う項目をチームの合意で	・○印はいくつつけてもよい ・全く同じことをいっている項目、似ている項目、関連する項目は線で結びつけ、1つにまとめて○印としてもよい ・衆目評価法を使ってもよい ・◎印は通常2項目程度 　ケースによってはワンポイントでもよい。ずばりテー

181

第11章　問題解決4ラウンド法

しぼり込んで決め、◎印とし、全員で唱和する 　テーマ「　　」チーム名 　1R　2R 　①……　　9…… 　2……　　⑩…… 　③〰〰　　11…… 　4……　　⑫…… 　⑤〰〰　　13…… 　⑥……　　14…… 　7……　　⑮…… 　⑧……	マの本質をとらえて◎印とする。赤でアンダーラインを引き、「問題のポイント」を指差し唱和して確認する
3R　対策樹立 （あなたならどうする） ―対策を立てる― (1) ◎印の項目ごとに、それを解決するための「具体的で実行可能な対策」を立てる 　　ドンドンアイデアを出す	・◎印の項目を解決するにはどうしたらよいか、ざっくばらんに率直にアイデアをドンドン出し合う ・各項目ごとに3項目程度 　全体で5〜7項目程度 ・現実的で、すぐ実施でき、すぐ手が打てるというレベルの具体策を多角的にドンドン出す ・「〜しない」という否定的禁止的な対策でなく、特に「チームとしてこうしよう」という実践的な前向きの行動内容の対策を重点に考える
4R　目標設定 （私達はこうする） ―行動計画を決める― (1) 具体策の中で、最優先に実施しなければならない「重点実施項目」を、しぼり込んで※印をつける 　3R　　　　4R 　3-1……　　5-1…… 　　-2……　　　-2…… 　※-3〰〰　　※-3〰〰 　　-4……　　　-4……	・当面すぐどうしても実施しなければならないものを話し合いで選ぶ ・衆目評価法を使ってもよい ・重点実施項目※印は通常は各1項目程度とする ・※印項目に赤でアンダーラインを引く

Ⅲ　問題解決4ラウンド法の進め方

(2) ※印をつけた項目を5W1Hでチェックし、実施計画を具体化する | ※ | 3-3 | 5-3 | |---|---|---| | な　ぜ | | | | だれがだれに | | | | な に を | | | | い つ | | | | ど こ で | | | | どのように | | | | チーム行動目標 | | | (3) 「チーム行動目標」を設定し、全員で唱和する	・「なぜ」は「討議テーマを解決するため」ではなく、「第2Rでしぼり込んだ問題のポイントを解決するため」という一段掘り下げたレベルで考える ・「だれがだれに」の項目をはじめに考え、実行主体を明確にする ・原則として私・我々（I・We）の立場で考える ・チーム行動目標は、※印項目ごとに、または※印項目をまとめて、アリアリと目に浮かぶような具体的な行動内容の目標とする ・「～を～して～しよう」という感じに、15文字以上でまとめる ・「～しない」とか「～しないようにしよう」というような否定的禁止的な表現をさけ、前向きの具体的な行動内容の表現とする ・行動目標を、チーム全員で、指差し唱和する
確認 指差し唱和 （タッチ・アンド・コール）	・指差し唱和（タッチ・アンド・コール）「ゼロ災でいこう　ヨシ！」を行いミーティングをしめくくる

○所要時間：1R－20分、2R－10分、3R－15分、4R－15分、計60分

慣れてくれば　　　20分～15分　　　　　　20分～15分　　　　　計40分～30分
○発表・コメント：研修会では2チームペアで発表し、コメントし合うとよい。コメントは欠点指摘でなく、他チームに学ぶ心、さらに励ましが基本。
○レポート：討議結果はレポート用紙にまとめコピーして全員に配布する。
　　　　　　上司、コーディネーターは必ずコメントをつけること。

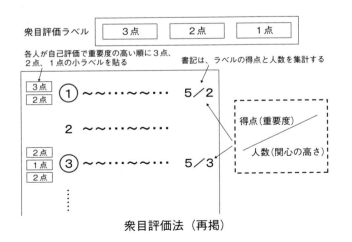

衆目評価法（再掲）

第11章 問題解決4ラウンド法

問題解決4ラウンド法の進め方（手法まとめ）

準　備	1チーム5～6人	役割分担 （リーダー・書記・レポート係・発表者・コメント係）
導　入	\[全員起立\]	リーダー＝「これから問題解決4ラウンド法を行います」とメンバーに伝える リーダー＝整列、番号、挨拶、健康確認
1　R	現状把握 どんな事実があるか	(1) テーマの確認→指差し唱和 　　リーダー「討議テーマ　～…～である　ヨシ！」 　→全　員「　～…～である　ヨシ！」 (2) 原因追究的に 　　「～なので～になっている」　15項目以上 　　テーマの背景にある泥臭い具体的な事実 (3) 見直し
2　R	本質追究 これが問題の 　　ポイントだ	(1) 問題と思われる項目→○印 (2) ○印項目→しぼり込み　2項目程度 　　（衆目評価法を使う） 　→◎印・アンダーライン＝　問題のポイント (3) 問題のポイント→指差し唱和 　　リーダー「問題のポイント　～なので～になっている　ヨシ！」 　→全　員「～なので～になっている　ヨシ！」
3　R	対策樹立 あなたならどうする	問題のポイントに対する、具体的で実行可能な対策 →　各3項目程度　（全体で5～7項目）
4　R	目標設定 私達はこうする なぜ　Why だれがだれに　Who なにを　What いつ　When どこで　Where どのように　How	(1) しぼり込み　各1項目 　→※印・アンダーライン＝重点実施項目 (2) 重点実施項目→5W1Hでチェックし具体化 　　実行主体→私・我々が (3) 5W1H→チーム行動目標設定 　　行動内容がアリアリと目に浮かぶ具体的な目標 (4) チーム行動目標→指差し唱和 　　リーダー「チーム行動目標　～を～して～しよう　ヨシ！」 　→全　員「～を～して～しよう　ヨシ！」
確　認	指差し唱和（タッチ・アンド・コール）	リーダー「ゼロ災でいこう　ヨシ！」 →全　員「ゼロ災でいこう　ヨシ！」
発　表 コメント	2チームペアで 相互コメント	発表者→1R～4R流して読む コメント係→相手チームの発表についてコメント

Ⅲ 問題解決4ラウンド法の進め方

問題解決4ラウンド法レポート（例）

討議テーマ	現場の決められた場所で、指差し呼称をする人としない人がいる	とき　・・ ところ

チームNo.-サブチーム	チーム・ニックネーム	リーダー	書記	レポート係	発表者	コメント係	その他のメンバー

第1ラウンド・現状把握＜どんな事実があるか＞　テーマに関する現状、テーマの背景となっている事実、なぜそうなっているかという原因・問題点を把握する。
第2ラウンド・本質追究＜これが問題のポイントだ＞　重要問題に○印。さらにしぼり込んで、特に重要と思われる"問題のポイント"に◎印。

	問　題　点		問　題　点
①	しない人にルール違反だと指摘すると、嫌な顔をされるので声をかけにくくなっている。	11	やらなくても上司が注意しないのでという人が多くいる。
②	やらなくても自分はヒヤリもした経験が一度もないと自慢しているので声をかけにくくなっている。	⑫	仕事が忙しく、指差し呼称活動が話題から消えている。
③	まだまだ自分も正しくできないので誘って一緒にやろうという気にならない。	⑬	会社の方針なので朝礼で指差し呼称の実践を呼びかけられているが、それだけで、話題にならない。
4	上司がやっていないのにやれるかと、言葉に出して反発している人がいる。	⑭	指差し呼称して安全になるかと笑う人が多くて、実際にやっている人が小さくなっている。
5	会社で決まったからやれという指導で始めたので、納得しないままやる雰囲気になっている。	15	やることが決まったので、他のところのやり方を見よう見まねでやり、やることを負担に感じている者が多くいる。
⑥	なぜやるのか分からないまま自分もやっているので、周りがやってなくても特に気にならない。		
⑦	人前で声を出すとヒヤかされるのではと恥ずかしがっている。		
8	仕事だというからやるけれど、給料に反映されていないという人がいる。		
9	危険な作業ではやるので、いつもではなくてもいいのではという雰囲気がある。		
10	呼称項目だけ指示され、その理由や正しいやり方を教えてもらっていない。		

第3ラウンド・対策樹立＜あなたならどうする＞　問題のポイント◎印を解決するための具体的で実行可能な対策を考える。
第4ラウンド・目標設定＜私達はこうする＞　重点実施項目をしぼり込み※印。それぞれ5W1Hでチェックし手順化する。

◎印のNo.	※印	具　体　策	◎印のNo.	※印	具　体　策
7	※	-1 始業時、声出し、やり方の訓練を入れてもらう			-1
		-2 なぜ指差し呼称が必要かを再度話し合ってみる			-2
		-3 午後の始まりにT&Cで声出し訓練をする			-3
13	※	-1 実践自己チェック表を作成して相互注意を行う	その他気づいたこと		
		-2 終礼の一言スピーチで全員実施状況を発表する			
		-3 持ち回りで実施場所に項目を掲示する			

5W1H	重点実施項目※印のNo.（7-1）	重点実施項目※印のNo.（13-2）	上司（コーディネーター）コメント
Why（なぜ）	指差し呼称の実践に恥ずかしさがあるので	朝礼以外で指差し呼称について話題にならないので	
Who（だれがだれに）	我々が	我々はメンバー全員に	
What（何を）	恥ずかしさを取りのぞく声出し、やり方の訓練を	その日の指差し呼称の実施状況を	
When（いつ）	これからすぐに	毎日	
Where（どこで）	職場の詰所で	終礼の場で	
How（どのように）	始業時の服装点検の際に組み入れる	一言スピーチの中で発表し合う	
チーム行動目標（～を～して～しよう）	我々は、指差し呼称実践の恥ずかしさを取りのぞくため、始業時の服装点検の際に声出し、やり方訓練を組み入れよう　ヨシ！	我々は、毎日の終礼でその日の指差し呼称の実施状況を一言スピーチの中で発表し合おう　ヨシ！	

第12章　危険予知訓練（KYT）

I　KYTのすすめ

1　KYT小史

（1）　住友金属工業の独創的開発

　我が国の安全運動史上、画期的な全員参加の安全先取り手法「危険予知訓練」（略称KYT）を、住友金属工業㈱（現：日本製鉄㈱）が独創的に開発したのは、1974年（昭和49年）のことである。これは、第1ラウンドの「どんな危険がひそんでいるか」、第3ラウンドの「あなたならどうする」のいわば2つのラウンドしかない形の、しかもかなり複雑な表現内容を要するものであったが、1976年（昭和51年）以降鉄鋼各社やその関連会社に、住友金属工業（住金）方式のKYTが普及し、災害ポテンシャル発掘運動やTBM（ツール・ボックス・ミーティング）－KY活動などとして実施されるようになっていった。

（2）　KYT基礎4ラウンド法

　ゼロ災運動がKYTイラストを使っての話し合いで危険に対する感受性向上を図る点に着目し、ゼロ災運動独自の問題解決4ラウンド法と結びつけて、KYT基礎4ラウンド法として実験的に実施しはじめたのは1978年（昭和53年）からである。1979年（昭和54年）春にKYT基礎4ラウンド法のテキストをまとめ、ゼロ災運動方式のKYTトレーナー研修会を、TBMでの短時間KY活動のための訓練にねらいを定めて開催したところ、広く産業界の安全関係者の関心を集めた。この研修会が起点となって、KYT基礎4ラウンド法は全国全産業に急速に普及した。現在では製造業のみでなく、建設業、運輸業、鉱業などでも、熱心に4ラウンド法をベースにしたTBM－KY活動が行われるようになり、安全衛生関係者でKYTという言葉を知らないものはないほどになった。

（3）　指差し呼称を組み込んだKYT

　ゼロ災運動方式のKYT4ラウンド法は、現場の実践の中で、次々に短時間KY活動の

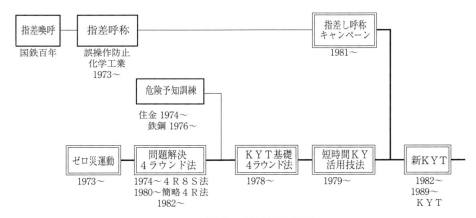

図42　ＫＹＴの系譜

ための活用技法を生み出し、これをヒントにTBM－KY役割演技訓練、三角KYT、ワンポイントKYT、作業指示STK訓練、1人KYT、適切指示即時KYT、短時間ミーティングSS訓練、自問自答カード1人KYTなどを創出していった。

　1981年（昭和56年）から、ゼロ災運動で指差し呼称の重点キャンペーンを開始した。KYTと指差し呼称は、歴史的にも、手法的にも全く別個のものであるが、いずれも我が国オリジナルの優れた全員参加の安全衛生先取り手法である。短時間KYTの活用技法がワンポイントKYT、1人KYT、即時即場のKYTというところまで展開してきていたこともあって、1982年（昭和57年）、ヒューマンエラー事故防止の決め手としてKYTと指差し唱和・指差し呼称を一体のものとして結びつけた（当時は「新KYT」と呼んだ）。それ以降のゼロ災運動の研修会では、指差し唱和・指差し呼称を組み込んだ「KYT」としている。

　KYTは、主として職場レベルの短時間KYTに焦点を合わせて「みんなで　早く　正しく」を課題に危険を危険と鋭く気づき、作業行動の要所要所で姿勢を正し、大きな声で指差し唱和・指差し呼称を行いながら意識レベルをギアチェンジして正常でクリアな状態にし、作業の正確性、安全性を高めていく、ダイナミックな手法である。KYTは現場に積極的に受け入れられ、現場の実践とゼロ災運動の中で創意工夫を積み重ねながら、進展している。

（4）　KY活動の発展

　初期のKY活動は、かなり時間をかけて、イラストシートを使ったり、問題のある単位作業のステップをテーマにして、チームメンバー全員の話し合いで、その作業のす

第12章 危険予知訓練（KYT）

べての危険を洗い出し、そのすべての危険について対策を立てて分類整理（特性要因図）し、作業手順の見直し・改変につなげるというやり方であった。しかし、この方式はかなり時間がかかり、難しいので、安全ミーティングで月1回行うのがせいぜいであった。

　この長時間KYを実施しているうちに、次第に職場で応用活動が生まれてきて、TBM-KYとか、3分間危険予知とか、ミニKYというような就業時間内の日常的に行う短時間KY活動がドンドン考え出され実践されるようになっていった。ゼロ災運動では、はじめからKYTの主な目的を、TBMでの実践を重視し、毎日やるもの、したがって3分、5分の短時間で「みんなで　早く　正しく」KY活動するための訓練としてとらえていた。

　研修会活動を進めているうちに、「早く」やるためには、人数は少ないほうがよい、書かずに口頭だけでやるとよい、そのためには作業を細分化してとらえ、KYTイラストシートも危険の項目数が3～5項目程度のものを使う、そのほうがポイントをしぼり込みやすい、などの短時間KYTのテクニックに気づいていった。また人数が2人、3人なら、「みんなで」という条件も満たしやすい。自分の仕事がテーマならば「早く　正しく」できて当然である。ゼロ災運動方式のKYT活用技法のほとんどは現場のKY活動の実践をヒントに生み出した手法である。一方このKY手法はその進展の中で、問題解決4ラウンド法をベースとした30分～60分の月例ミーティングで行う「災害事例KYT」、「単位作業KYT」などの長時間KYTも生み出していった。

（5）　ヒューマンエラー事故防止の決め手

　現場の短時間KY活動は、さらに進んでチームで行うKYTから「一人ひとりが、その時その場に即して、ごく短時間でさっと行う」KYTとなった。結局は一人ひとりの

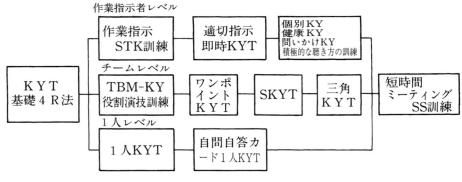

図43　KYT活用技法関係図

作業者の行う1人KYT、即時即場KY、ワンポイントKYTがヒューマンエラー事故防止の決め手ということに気づき、そこで一人ひとりが行う安全（危険）確認行動である指差し呼称と結びつくべくして結びついたといえる。

　1982年（昭和57年）以降KYTに指差し唱和・指差し呼称を組み込み、より実践的な、より鋭い、短時間KYTのための「新KYT」とし、テキスト等を改訂した。また作業指示者のための個別KY、健康KYも開発してきた。

　現在全国の全産業の現場で活用されている「KYT」は、ほとんどゼロ災運動方式の「KYT」となったので、あえて「新」の字を冠する必要がないと考え、1989年（平成元年）以降「新」を削った。このハンドブックで「KYT」というときは、指差し唱和・指差し呼称を組み込んだものである。

（6）　ゼロ災運動とKYT

　ゼロ災運動では、KYTも指差し呼称も安全衛生管理のために作業者に「やらせる」道具としてではなく、「全員参加で安全衛生を先取りしよう」という運動理念を具体化するための実践手法としてとらえている。つまり人間尊重のゼロ災運動理念3原則（ゼロ・先取り・参加）を現場で具体的に実現するためのノウハウなのである。

　「上から押しつけられて」、「嫌々やらされている」KYはゼロ災運動のKYではない。みんなのホンネの話し合いで、危険を危険と気づき、自主的、自発的にみんなで積極的に解決しようというのがKYTの出発点なのである。「みんなエラーする人間同士だからみんなで指差し呼称をしよう」というのである。会社のためでなく、自分の生命のため、家族のため、さらに、仲間のためにみんなでKYをして安全衛生を先取りしよう、みんなで自発的に取り組もうという認識が重要である。

2　KYTの考え方

（1）　KYTとは

①　危険を予知して安全衛生先取り

> 　危険（キケン）のK、予知（ヨチ）のY、訓練（トレーニング）のTをとって、KYTという。

　1）第一線の作業活動は、通常、小人数の小集団のチーム行動として行われている。

第12章 危険予知訓練（KYT）

その小集団にはリーダーが定められており、職長、班長などと呼ばれている。

2）その小集団はリーダーを中心に、始業時、現場到着時、作業開始時、作業中、終業時などに、実施作業についての短時間ミーティングを行っている。

第一線でヒューマンエラー事故を防止し、日々、時々刻々に安全衛生を確保していくためには、リーダーを中心に行う短時間ミーティングで、職場や作業にひそむ危険を自主的に発見、把握、解決する「危険予知のチーム行動」を充実し、一人ひとりの作業者の危険に対する感受性や集中力や問題解決能力や実践への意欲を高めることが必要である。

3）ゼロ災運動で行う「危険予知訓練」は、「職場のみんな」あるいは「1人」で行う「短時間」の「問題（危険）解決訓練」、つまり「安全衛生先取り」のための短時間危険予知活動として実施するものである。

4）また、現場で実際に作業するのは一人ひとりの作業者なので、ヒューマンエラー事故を防止するには、作業行動の要所要所で、その時、その場に即して「指差し呼称」で危険のポイントや安全を確認することが必要となる。そのため危険予知訓練に指差し唱和や指差し呼称を組み込み、これを一体のものとした訓練となっている。

図44

② 危険予知訓練の概要

1）職場や作業の状況を描いたイラストシートを使って、あるいは現場で現物で、作業をさせたり、作業してみせたりしながら

2）職場や作業の状況の中にひそむ"危険要因"（労働災害や事故の原因となる可能性のある、不安全行動や不安全状態）とそれが引き起こす"現象（事故の型）"を

3）職場小集団で話し合い、考え合い、分かり合って（あるいは1人で自問自答して）

4）危険のポイントや行動目標を決定し、それを指差し唱和したり、指差し呼称で確認したりして

5）行動する前に安全衛生を先取りする訓練を危険予知訓練（KYT）という。

> **＊＊よいイラストシートとは＊＊**
> ・**テーマは細分化してとらえる**
> 　職場には、ほとんど無限といってもよいほどの危険があり、テーマもいくらでもある。特に短時間で具体的に話し合うためには、ある作業の"単位作業"さらにその"ステップ"や"動作"というようにテーマを細分化する必要がある。
> ・**本来作業のヒトコマを描く**
> 　わざわざ不安全行動や不安全状態を見え見えに仕掛けたものは、よいイラストシートとはいえない。イラストシートはできるだけシンプルで、本来作業の一動作、ヒトコマを描いたものがよい。安全カバーをわざと外したり、必要な保護具をつけていないなど、ゴタゴタした間違い探し的なイラストシートは、KYTには不適である。

　KYTとは、危険に関する情報をお互いに寄せ集め、話し合って共有化し合い、それを解決していく中から、危険のポイントと行動目標を定め、それを潜在意識に強く訴えて、危険に対する感受性や問題解決能力を高め、要所要所で指差し呼称を行うことにより、集中力を高めるとともにこれらを顕在意識に呼び起こし、チームワークで実践への意欲を強め、安全を確認して行動するための手法である。また、そのための日常的な訓練である。

　人間は生まれてからずっと一定の学習の過程を経ていくが、その結果、人間の行動はほとんどが習慣で、無意識に判断し、体の方が自然に動いていくことで成り立っている。人間は深く潜在意識に支配されているということである。それだけに意識下に危険に対する情報を送り込み、それを潜在意識に叩き込んで、要所要所で自然に意識に上らせて新しい習慣にしていくことが重要である。

　意識、習慣はいったん植えつけられると、なかなか消えない。そして、誤った知識でも正しいものと信じ込んでしまうと、体はそれにしたがって無意識に反応していく。KYTの場合、職場の仕事に通じたいわばプロ同士が練りに練って寄せ集めた危険のポイントと行動目標であり、これ以上に正しいものはない。したがって、KYTで、危険のポイントと行動目標を指差し唱和で体が無意識に反応するくらいにしっかりと意識下に叩き込んで、作業の要所要所で指差し呼称で顕在化していくことが重要である。

（2）　KYTの目指すもの

　安全についての知識もある。技能もある。当然対策を知っているし、できるはずである。それなのにやらなかった。そのために事故が起こっている。
　知っているのに、できるのになぜやらなかったか。これについて、次の3つのケースがある。

第12章　危険予知訓練（KYT）

1）感受性が鈍く、危険を危険と気づかず、やらなかった。　→<u>感受性</u>を鋭くする
2）ついウッカリして、ボンヤリしていて、やらなかった。　→<u>集中力</u>を高める
3）はじめから「やる気がない」ので、やらなかった。　→<u>実践への意欲</u>を強める

① **感受性を鋭くする**

　危険予知訓練は、危ないことを危ないと感じる感覚、危険に対する感受性を鋭くする。

　危険な状況があるとき、「危ないな」、「なんとなく変だな」、「どうも気になる」などと虫が知らせる、ピンと気づく。この感覚が感受性である。

　本来、人間は危険感受性が極めて鋭かった。それが急速な物質（機械）文明の進展の中で、間に合わなくなったり、鈍ったり、錆びついたり、だめになったりしている。これを研ぎ直して鋭く高めるのが危険予知訓練のねらいである。

　しかし月1回、2回のKYTのみでは、感受性を長期間・長時間高いレベルに維持することはできない。毎日毎日、要所要所で、さっと短時間KY活動を繰り返し行って、危険を危険と感じる感受性を鋭く保つ必要がある。

② **集中力を高める**

　危険予知訓練は、限られた時間内で、イラストシートなどを使って職場や作業の危険を見つけ出したり、対策を考え出す必要があることから、その過程で集中力を養うことができる。

　さらに、危険予知訓練は、作業行動の要所要所で、指差し呼称や指差し唱和を行うことによって集中力を高めて、ウッカリ・ボンヤリ・不注意を防ぐ。

　作業行動の要所要所とは、「危険のポイント」である。危険のポイントをしぼり込んで、そこで鋭く切り込む指差し呼称をして集中力を高め、人間特性（錯覚・不注意・近道反応・省略行為）に基づくヒューマンエラー事故を防ごうというのがKYTの目指すところである。

　指差し呼称は、意識レベルを正常でクリアな状態にギアチェンジするのに役立つ。行動目標唱和やタッチ・アンド・コールも、チームの集中力を高め、一体感・連帯感を強める。

③ **問題解決能力を向上させる**

　危険予知訓練は、気づいた危険に対して具体的で実行可能な対策を出し合い、さらに重点実施項目のしぼり込みを行う中で、危険に対する問題解決能力を向上させる。

④ 実践への意欲を強める

　危険予知訓練は、危険に対する本音の話し合いの中で、自発的にみんなで実践活動に取り組もうという意欲を強める。

　KY活動も指差し呼称も、「やらされる」活動ではなく、自ら進んでみんなで実践して、はじめて有効なものとなる。

　そのやる気と意気込みは、「何が危ないか」、「どんな危険がひそんでいるか」、「その危険をどのようにして解決するか」の本音の話し合いの中から生まれてくる。本音で危険の現状を把握し、その本質を追究し、その危険を解決するプロセスが、実践への強い意欲を生み出す。

　ごく短時間（3分、5分）の本音の話し合いで、実践につながる強い合意を生むのが、4ラウンド法をベースにしたKYTなのである。

⑤ 職場風土づくり

　危険予知訓練は、単に危険の解決だけを目指しているのではない。最終的には「先取り的」、「参加的」な明るいいきいきとした「ゼロ災」職場風土づくりを目指す。

　長い目で見れば、安全だけがよくて、生産や品質など他の問題解決はだめということはあり得ない。危険を予知・予測し、安全を先取りする感受性やチームワークは、当然すべての自主的な問題解決に及ぶからである。

第12章 危険予知訓練（KYT）

Ⅱ　KYT基礎4ラウンド法の進め方

（KYT基礎4ラウンド法のねらい）
　チームで、イラストシートを使って職場や作業にひそむ危険を発見・把握・解決していくKYTの基本手法で、繰り返し訓練することにより一人ひとりの危険感受性を鋭くし、集中力を高め、問題解決能力を向上させ、実践への意欲を高めることをねらいとした訓練手法である。

　KYT基礎4ラウンド法は、そのほかのKYT（危険予知訓練）手法が、概ねこのバリエーションであるという意味で、KYTの基本をなす手法である。
　イラストシートに描かれた、職場や作業の状況の中に「どんな危険がひそんでいる

表12

ラウンド	危険予知訓練の4ラウンド	危険予知訓練の進め方
1R	どんな危険がひそんでいるか	イラストシートの状況の中にひそむ危険を発見し、危険要因とその要因が引き起こす現象を想定して出し合い、共有し合う
2R	これが危険のポイントだ	発見した危険のうち、これが重要だと思われる危険を把握して○印、さらにみんなの合意でしぼり込み、◎印とアンダーラインをつけ"危険のポイント"とし、指差し唱和で確認する
3R	あなたならどうする	◎印をつけた危険のポイントを解決するにはどうしたらよいかを考え、具体的な対策案を出し合う
4R	私達はこうする	対策の中からみんなの合意でしぼり込み、※印をつけ"重点実施項目"とし、それを実践するための"チーム行動目標"を設定し指差し唱和で確認する
確認		指差し呼称項目を設定し、全員で3回指差し唱和する。最後にKYTをしめくくる「ゼロ災でいこう　ヨシ！」を指差し唱和（タッチ・アンド・コール）で行う。

か」を、メンバーの本音の話し合いで問題解決の4つの段階（ラウンド）を経て段階的に進め、最後に「確認」でしめる。

　ゼロ災運動の研修会では、このプロセスを、リーダー、書記、レポート係などの役割を各メンバーが分担して体験学習を行う。

　KYT基礎4ラウンド法では、まずイラストシート、模造紙、マジック、あるいはホワイトボード、マーカーを用意し、チームの役割分担を決め、訓練の趣旨をわかりやすく説明して、明るく何でも本音で話し合いのできるリラックスした雰囲気で始める。

◎ 準備

話し合いに入る前の準備作業として次のことが必要である。

- ○準備するもの　イラストシート、模造紙、黒赤マジック（ホワイトボード、マーカーでもよい）
- ○チーム編成　1チームを5～6人とする。
- ○役割分担　リーダー（司会）・書記を決める。必要に応じてレポート係・発表者・コメント係などを決める（リーダーが書記を兼ねてもよい）。

　　リ ー ダ ー：討議の司会・進行・時間管理。全員の発言を促す。
　　書　　　記：メンバーの発言を模造紙に記入。
　　レポート係：書記が模造紙に書いたものをレポート用紙にそのまま転記する。
　　発　表　者：討議終了後、チーム同士で発表する。
　　コメント係：相手チームの発表の内容などについてコメントする。

- ○役割演技　レポート係以外、全員立ったまま実技（役割演技）を行う。
- ○時間配分と項目数　各ラウンドに何分間かけるか、各ラウンドで何項目程度出すかなどをあらかじめ決めてメンバーに知らせておく。
- ○訓練の趣旨説明　はじめて行う場合には、なぜこの訓練を行うのかを分かりやすく説明する。
- ○ミーティングの進め方　みんなで話し合うときは「ホンネの話し合い方4原則」（159ページ参照）で話し合う。

第12章　危険予知訓練（KYT）

＜導入＞気持ちを引き締め、話し合いに入る雰囲気づくりをする（役割になりきって）

手　順	要　領　①	要　領　②
①整　列 　・番　号	・全員起立。円陣 ・リーダーの隣から順に「1」「2」「3」…最後にリーダー　　　　　　　　　　　　＝［健康観察］	リーダーは、メンバー一人ひとりの姿勢、動作、顔・表情、目、会話を観察
②挨　拶 ③健康確認	・「おはようございます」「こんにちは」など、ひと言 ・「個有名詞」で「具体的」に問いかけて健康状態を確認する　　　　　　　　　　＝［健康問いかけ］	訓練では1名を対象に

＜第1ラウンド＞現状把握：どんな危険がひそんでいるか≪危険に関する"現状把握"の話し合いを行う≫

①　みんなの話し合いで、イラストシートの状況にひそむ危険を発見し、"危険要因"と、その要因が引き起こす"現象（事故の型）"を想定し出し合う＜7項目以上＞
②　出された危険要因が具体的かを見直す

手　順	要　領　①	要　領　②
1．リーダーは、"どんな危険がひそんでいるか"をメンバーに問いかける	①　イラストシートをメンバーに見せ ②　「状況」を読み上げる ③　全員が発言するように心がける	
2．メンバーは、気づいた危険を発する 危険要因（"行動・動作"と"状態"）／現象（事故の型） ～なので／～になる ～して／～する ～なので～して	・イラストシートの作業者になりきって ・ドンドン発言することが大事 ・危険要因は、できるだけ具体的に危険の"行動（動作）"と"状態"を明らかに	・「なので」「して」「になる」「する」という言葉づかいには、特にこだわる必要はない ・表現が難しければ、ジェスチャーを交えてもよい ・この段階では、できる範囲でよい ・考え込んで討議が止まらないように
3．書記は、発言を模造紙に記入する	・進め方カードの「模造紙の書き方」を見ながら ・手早く横書き	・発言を要約しないでドロクサイ表現のままでよい ・漢字にこだわらず"ひらがな""カタカナ"でよい
4．あらかじめ決めた目標項目数＜7項目＞以上、できるだけ多くの危険を発見するようにする	・リーダーは、目標項目数出たら、ほかにないかを問いかけ、確認する ・メンバーは、新たに気づいた危険があれば発言する	

Ⅱ　KYT基礎４ラウンド法の進め方

手　順	要　領　①	要　領　②
５．各項目を、話し合って見直し必要があれば加筆・訂正する	・発言者が気づいた危険を、みんなが"アリアリと目に浮かぶように"次の７つの項目を参考にして具体化する ①イラストシートの作業者の身になっているか ②"危険要因"と"現象"の組合せで表現されているか ③"現象"は「事故の型」で言い切っているか ④"危険要因"は"行動（動作）"と"状態"で表現されているか ⑤"危険要因"が掘り下げられているか ⑥"危険要因"が具体的に表現されているか ⑦"危険要因"が肯定的に表現されているか （＊詳細は209ページ参照）	・見直しの結果、新たな危険に気づいたら発言を追加してもよい
６．リーダーは、第1ラウンドの終了を告げる	・予定時間を考慮して ・ラウンドの区切りをつける	

＜第２ラウンド＞本質追究：これが危険のポイントだ≪発見した危険のうちから、質の高い重要だと思われる危険を合意し『危険のポイント』とする≫
①　発見した危険のうち、これが重要だと思われる危険に○印をつける
②　さらに、しぼり込んで◎印とアンダーラインをつけ、『危険のポイント』とする
③　『危険のポイント』を指差し唱和で確認する

手　順	要　領　①	要　領　②
１．リーダーは、第1ラウンドで出された危険のうち、チームにとって「問題のある重要な危険は何か」を問いかける	第１ラウンドで出された項目をみんなでながめて	１項目ずつ読み上げてもよい
２．メンバーは、重要と思う項目の「No.」を発言する	①「これは問題だなあ」「こいつはウッカリできないぞ」と思う項目の「No.」をドンドン発言 ②書記は「赤」で「No.」に○印をつける	・一人ひとりの意見を尊重し、特に全員の合意は必要ない ・○印は、何個になってもよい

第12章 危険予知訓練（KYT）

手 順	要 領 ①	要 領 ②
3．みんなの合意で『危険のポイント』にしぼり込む＜1～2項目＞	①リーダーは、メンバーに諮って全員の合意で ・『危険のポイント』は、多数決ではなく ・「ソウダコレダ！」「ヤッパリコレダ！」という感じで、 ・全員の合意でみんなが納得できる、特に関心の高いものを見出す ②書記は「赤」で◎印とアンダーラインをつける	・対策に緊急を要するもの…現象（事故）の可能性・頻度 ・重大事故となる可能性のあるもの…事故が起こった時の結果の重大性 ◎印項目の表現をもう一度見直す
4．『危険のポイント』を指差し唱和で確認して、第2ラウンドをしめくくり、次のラウンドに入る	リーダーのリードで全員で指差し唱和する リーダー「危険のポイント！～なので～して～になるヨシ！」 全員「～なので～して～になるヨシ！」	・姿勢を正して、目と指先で文字を追いながら ・「この危険を何としても解決するぞ！」という決意を込めて確認する

＜第3ラウンド＞対策樹立：あなたならどうする≪『危険のポイント』に対して、話し合いで対策を出し合う≫

『危険のポイント』を解決するにはどうしたらよいかを考え、具体的な対策を立てる

手 順	要 領 ①	要 領 ②
1．リーダーは、『危険のポイント』について、対策をメンバーに問いかける	①それを予防したり、防止したりするのに「あなたならどうする」と、 ②全員が発言するように心がける	
2．メンバーは、"具体的で実行可能な対策"を「～する」と発言する	①イラストの作業者の立場になってドンドン発言することが大事 ・対策は「～しない」など否定的・禁止的ではなく、 ・「～する」という実践的な前向きの具体的な"行動内容"で ②書記は模造紙に記入する	・自分なら「こういう状況ではこうする」「こうすることが必要だ」というもの ・一人ひとりの意見を尊重し、特に相談は必要ない ・"行動内容"とは、「作業のやり方」だけでなく「よい状態をつくる行動」も含む
3．あらかじめ決めた目標項目数を出し合う＜各3項目程度＞	・リーダーは、目標項目数が出たら、ほかにないかを問いかけ、確認する ・メンバーは、新たに気づいた対策があれば発言する	

Ⅱ　KYT基礎4ラウンド法の進め方

4．リーダーは、第3ラウンドの終了をメンバーに告げ、次のラウンドに入る	・予定時間を考慮して ・きりのよいところで	ラウンドの区切りをつける

<第4ラウンド>目標設定：私達はこうする≪対策のうちから質の高い項目を、みんなの合意でしぼり込む≫
① 対策の中からしぼり込んで、※印とアンダーラインをつけ『重点実施項目』とする
② 『重点実施項目』を実践するための『チーム行動目標』を設定する
③ 『チーム行動目標』を指差し唱和して確認する

手　順	要　領　①	要　領　②
1．リーダーは、第3ラウンドで出た対策のうち、チームとして「必ず実施しよう」という対策は何かを問いかける	第3ラウンドで出された項目をみんなでながめて	
2．みんなの合意で『重点実施項目』にしぼり込む<各1項目>	①リーダーは、メンバーに諮って『危険のポイント』を解決するのに必要な"当面の行動内容"を全員の合意で決める ②書記は「赤」で※印とアンダーラインをつける	・『重点実施項目』は、タテマエでなく本音で ・自分達は必ずこれを実践しようということ
3．『重点実施項目』をズバリとらえた、具体的な『チーム行動目標』を設定する<各1項目>	①リーダーは、メンバーに諮って全員の合意で『チーム行動目標』を決める ・『重点実施項目』をさらに具体化して"アリアリと目に浮かぶ"ように ②書記は、模造紙に記入する	『チーム行動目標』は「〜する時は」または「〜の時は」と、その場面を特定する ・「〜しないようにしよう」といった否定的・禁止的な表現ではなく、 ・「〜を〜して〜しよう」というように前向きで具体的な行動内容でとらえる ・各『重点実施項目』を、1つの『チーム行動目標』にまとめる場合もある
4．『チーム行動目標』を指差し唱和で確認して、第4ラウンドをしめくくる	リーダーのリードで全員で指差し唱和する リーダー「チーム行動目標！〜する時は〜を〜して〜しよう　ヨシ！」 全員「〜する時は〜を〜して〜しよう　ヨシ！」	・姿勢を正して、目と指先で文字を追いながら ・「この行動目標を何としても実践するぞ！」という決意表明

第12章　危険予知訓練（KYT）

＜確認＞KYTをしめくくる　≪『指差し呼称項目』を設定し、円陣で指差し唱和（タッチ・アンド・コール）でKYTをしめくくる≫
① 「指差し呼称項目」を設定し、指差し唱和して確認する
② 最後に円陣で「ゼロ災でいこう　ヨシ！」をT＆Cまたは指差し唱和をしてＫＹＴをしめくくる

手　順	要　領　①	要　領　②
1.『指差し呼称項目』を設定する＜各1項目＞	①リーダーは、メンバーに諮って全員の合意で『指差し呼称項目』を決める『重点実施項目』に関連して、実際に現場で作業中に"指を差し""呼称して"確認すべきポイントをとらえて、**鋭く切り込む具体的な項目**を設定する ②書記は、模造紙に記入する	・『危険のポイント』に対して、それが"ないこと"や"解消されたこと"その「対象」と「状態」、または「自分の行動」を確認する内容で ＜例＞「台車　ヨシ！」よりも→「台車位置　ヨシ！」さらに→「台車位置　枠中　ヨシ！」
2.『指差し呼称項目』を指差し唱和して確認する	リーダーのリードで全員で3回指差し唱和する リーダー「指差し呼称項目！○○　ヨシ！」 　→全員「○○　ヨシ！」（3回）	・姿勢を正して、目と指先で文字を追いながら ・3回指差し唱和して、この項目を潜在意識にタタキ込んで、現場での実践につなげる ・リーダーのかけ声は、「指差し呼称！　○○　ヨシ！」と省略可
3. 指差し唱和（タッチ・アンド・コール）を行ってＫＹＴをしめくくる	リーダーのリードで指差し唱和（タッチ・アンド・コール）する リーダー「ゼロ災でいこう　ヨシ！」 　→全員「ゼロ災でいこう　ヨシ！」	現場での実践を、決意を込めて誓い合う

◎　発表・コメント

○2チームでペアとなり相互発表・コメントを行う。
○発　　表：発表者は、1Rから4R、確認まで、自分の意見・感想を加えず、模造紙に書いてあることをそのまま読み上げる。
○コメント：コメント係は、他チームの発表についてコメント（1～2分間）を行う。まず長所を見つけてほめること、問題点があれば「強いて欲をいえば」と前置きして、アドバイスしよう。他チームの実施したＫＹＴに学ぶ姿勢が基本。

1　KYTレポートの書き方

　危険予知訓練の4ラウンドの討議経過を1枚の報告用紙にまとめたのが、ゼロ災運動の研修会で使っているレポートである。実際にKYT基礎4ラウンド法の訓練を実施したときのレポートの例を紹介する。これらはあくまで、とらえ方、表現の仕方の参考例であって模範解答ではない。KYTには唯一の正解はない。
○レポートには、上司（またはコーディネーター）が必ずコメント（アドバイス、激励）をつけること。
○レポートはコピーして全員に配布する。

2　模造紙の書き方

　模造紙を使用する場合には、4ラウンドの流れが一目で分かるように、1つのシートについて1枚にまとめるように工夫している。

第12章　危険予知訓練（KYT）

シート　3   3-A
1R　2R

　　1　～なので　～して　～なる

　　②　～～…～…

　　③　～…～～…～～

　　4　～～…～…～～

　　　　・

　　　　・

　　　　・

　　⑦　～…～～…～…

3R　4R

　　3-1　…～する　　　　　　　※7-1　～…～

　※ -2　～…～　　　　　　　　　 -2　…～…

　　 -3　…～…　　　　　　　　　 -3　～～…

チーム行動目標
～する時は～を～して　　　　　　～…～…
～しよう　ヨシ！　　　　　　　　…しよう　ヨシ！

　㊦　～…　ヨシ！　　　　　　　…～　　ヨシ！

Ⅱ　KYT基礎4ラウンド法の進め方

モデルシート
＜どんな危険がひそんでいるか＞

|KYT基礎4ラウンド法|
缶運搬

状　況
　　あなたは、台車に缶8個（1個11kg）を積んでスロープの手前まで来た。これから押し上げようとしている。

第12章　危険予知訓練（KYT）

危険予知訓練レポート（例）

シートNo.	とき	ところ
缶運搬	・　・	

チームNo.―サブチーム	チーム・ニックネーム	リーダー	書記	レポート係	発表者	コメント係	その他のメンバー
―							

第1ラウンド ＜どんな危険がひそんでいるか＞　潜在危険を発見・予知し、"**危険要因**"とそれによって引き起こされる"**現象**"を想定する。
第2ラウンド ＜これが危険のポイントだ＞　発見した危険のうち、「**重要危険**」に○印。さらにしぼり込んで、特に重要と思われる"**危険のポイント**"に◎印。

"**危険要因**"と"**現象（事故の型）**"を想定して［～なので～して～になる］というように書く。

① 短いスロープなので、手前から勢いをつけ一気に押し上げようとして、スロープの段差で台車が揺れ、缶が崩れ落ちて蓋が開き、飛散した溶剤がかかる。

② 可動式のスロープなので、もう一押しとスロープの上で踏ん張って、手前にずれたスロープと床の隙間に前輪がはまり、急に止まった台車の取っ手で胸を打つ。

③ 平地を歩いてきたままのスピードで押し上げて、スロープの途中で荷の重さで押し戻され、足をはさむ。

④ 左側に落ちそうなので、壁側に寄せて押そうとして、急に開いた外開きのドアにあたる。

⑤ スロープを一気に押し上げようと、小走りで勢いをつけて、台車が傾き、缶が手前にずれ、取っ手との間で手をはさむ。

⑥ 小走りで駆け上がりながら押し上げようとして、スロープに傾斜で足が滑り、よろけたところへ戻ってきた台車がぶつかる。

⑦ 勢いをつけスロープを登り切ったところ、台車がそのままのスピードで走り、引っ張られて前に倒れる。

⑧

⑨

第3ラウンド ＜あなたならどうする＞　"危険のポイント"◎印項目を解決するための「**具体的で実行可能な対策**」を考える。
第4ラウンド ＜私達はこうする＞　"**重点実施項目**"をしぼり込み ※印。さらにそれを実践するための"**チーム行動目標**"を設定する。

◎印No.	※印	具体策	◎印No.	※印	具体策
1	※	1　前輪をスロープに載せてから勢いをつける	5		1　上の缶の手前を片手で押さえる
		2　手前で止まって腰を入れ押す		※	2　手前で缶を取っ手側に寄せる
		3　片手で上の缶を押さえ、手前から勢いをつける			3　取っ手を手のひらで押す
		4			4
		5			5
チーム行動目標　～する時は～して～しよう ヨシ！		スロープを使って台車で缶を運ぶ時は、前輪をスロープに載せてから力を入れよう ヨシ！	チーム行動目標　～する時は～して～しよう ヨシ！		台車に缶を積み、スロープの手前まで来た時は、一旦止まり、缶を取っ手側に寄せてから押し上げよう ヨシ！
指差し呼称項目		前輪　スロープ載せ　ヨシ！	指差し呼称項目		缶と取っ手　隙間なし　ヨシ！

上司（コーディネーター）コメント

3 KYT基礎4ラウンド法のポイント

（1） ゼロ災チームミーティング

ゼロ災チームミーティングとは、現場の作業の現状の問題や、そこにひそむ危険について、ホンネで「話し合い、考え合い、分かり合って」合意して、解決行動をするための小人数の会合である。

ゼロ災運動独自の「ホンネの話し合い方4原則」（159ページ参照）――ワイワイ・ドンドン・グングン・ソウダコレダ――で短時間KYミーティングを行う。

（2） 具体的とは

危険予知（KY）活動は、具体的な危険を具体的に解決する。具体的とは「アリアリと目に浮かぶ」ことである。

第1ラウンド（現状把握）で「～なので～になる」とか「～して～になる」とか「～なので～して～になる」と発言するようにするのは、メンバーが具体的に情報を共有するために重要である。危険の状況がアリアリとメンバーの目に浮かぶことが大切なのである。

第1ラウンドが具体的に把握されれば、第2ラウンド、第3ラウンドも具体的となり、当然、第4ラウンドも「アリアリと目に浮かぶ」具体的なチーム行動目標として設定される。

（3） 重要危険をズバリとらえよう

危険に対するチームの自主的な解決（実践・行動）を考えるとき、「どんな危険があるか」よりも「どんな危険をポイントとして押さえるか」が大切である。「あれもこれも◎印」というのではなく「危険のポイント◎印はやっぱりこれだ」という感じの合意づくりが必要である。

これはほかの危険を切り捨てるということではない。いろいろやらなくてはならないが「この危険は必ず解決しよう」という＜誓い合い＞なのである。また一挙に解決できないときは、そのときのチームにとって、最も重大で緊急を要するものから重点的に解決していこうということなのである。その状況が本当に解決することを必要とするものを、ズバリしぼり込んでとらえよう。

（4） しぼり込み（第2ラウンド・第4ラウンド）

第2ラウンド（本質追究）・第4ラウンド（目標設定）では、ワンポイントかツーポイントに、思いきってしぼり込んで合意する。

なぜ「しぼり込む」のか。それはヤル気の現場での実践につなげるためである。第2ラウンドでしぼり込んだ危険に対する「対策」もいろいろある。しかし「今日は必ずこれだけは100％やるぞ」（第4ラウンド）と合意する。これがしぼり込みである。「危険が1つ」、「対策が1つ」ということではない。「危険予知はいろいろしたが、現場では対策をやりませんでした」というのは危険予知ではない。

（5） 100％達成

チーム行動目標は、チームワークの実践活動で100％達成されなければならない。そのために具体的に細分化した目標を設定する必要がある。

例えば「ダンボール箱を整理整頓しよう」というような抽象的なものでなく、「ダンボール箱は、通路に対して平行に、カドをそろえて3段に積もう」というように、具体的な行動内容として細分化して設定する。この目標はみんなの努力で、100％やりとげるもので、「やった」、「できた」という達成体験がチームワークを強化し、ゼロ災小集団のエネルギーを生み出していく。

始業時ミーティングの短時間KYで設定した行動目標を、終業時にチームで反省して、100％達成できていなければ、再度100％達成のために工夫し挑戦し続けていく。それがKY活動である。

（6） みんなで 早く 正しく

KY活動では、「みんなで 早く 正しく」が課題である。KYTの仕上りは5分、3分、1分で、しかも実践に直結する合意形成をすることである。

KY活動は、就業時間内に短時間で行うものである。危険に対する感受性を鋭く研ぎすまそうとすれば、毎日毎日、要所要所で短時間に行うことが必要で、ゼロ災運動ではそのために各種の短時間（3分、5分で行う）KYT手法を開発してきた。

KYT基礎4ラウンド法を、繰り返し時間をかけて研修すること、基本をしっかり身につけることは大切だが、仕上がりはあくまで現場で「みんなで 早く 正しく」行う短時間KYTである。

4　第1ラウンドの"危険"のとらえ方と表現の仕方

（1）　イラストシートの中の作業者になりきろう

　　1ラウンドの現状把握では、イラストシートの中の作業者の身になりきって、自分が作業しているつもりでシートを見る。

（2）　危険を"危険要因"と"現象"の組合せで表現しよう

〔危険要因〕　「～なので」　　　　＋〔現象〕　「～になる」
　　　　　　　「～して」　　　　　　　　　　「～する」
　　　　　　　「～なので～して」

（3）　"現象"は"事故の型"で言い切ろう

　　この作業の「不安全な行動」と「不安全な状態」によって引き起こされるであろう危険の"現象"を"事故の型"でとらえ、次のようにズバリ言い切る。

```
落ちる　　ころぶ　　ぶつかる　　足を打つ　　頭に当たる
はさまれる　　巻き込まれる　　下じきになる　　手を切る
手をこする　　やけどする　　感電する　　etc
```

○「～かも知れない」、「～の危険がある」、「～の恐れがある」などはいらない。
○事故の結果〔ケガ（ねんざ・骨折）、死亡〕については発言する必要はない。

（4）　"危険要因"はできるだけ"不安全な行動（動作）"と"不安全な状態"
　　　の組合せで表現しよう

　　危険要因は通常、「不安全な行動」と「不安全な状態」の組合せからなる。このため、危険要因を表現するときはできるだけ「不安全な行動」と「不安全な状態」が明らかになるよう表現しよう。

〔例〕窓のふき具合いを見ながら脚立を降りたので、ぬれた踏みさんで滑って落ちる。
　　　　　　　（不安全な行動）　　　　　　　　（不安全な状態）
　　　　　　　　　　　　　　危険要因　　　　　　　　　　　　　　現　象

第12章　危険予知訓練（KYT）

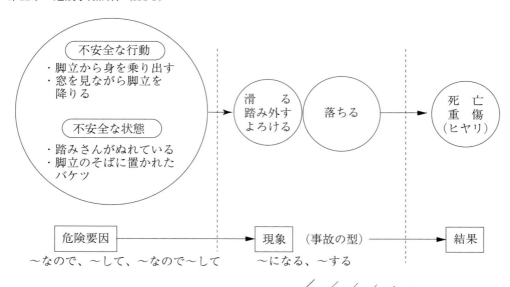

　　　　　　　　　　　　　危険要因　　　　　　　　　　現象　（事故の型）　　　　　結果
　　　　　　　　　〜なので、〜して、〜なので〜して　　〜になる、〜する

（5）"危険要因"を掘り下げよう

〔例〕状況：あなたは、脚立を使って、窓ふきをしている。

　　（例えば）「よろけて落ちる」という危険が思い浮かぶ。

　　　なぜ"よろける"のか？
　　　　例えば、「<u>脚立がぐらつき</u>、よろけて落ちる」

　　　なぜ"脚立がぐらつく"のか？
　　　　例えば、「<u>近くの窓が終わったので、隣の窓までふこうと身を乗り出して</u>、脚立がぐらつき、よろけて落ちる」

このアンダーラインの部分が、KYTで求められる"危険要因"である。

（6）"危険要因"を具体的に表現しよう

具体的にするのは、お互いに分かり合い、気づき合うため。

〔例〕 ｛ムリな姿勢で〜
　　　不安定で〜
　　　〜が悪く〜｝　という抽象的な表現だけでは、

"何"が"どのように"「ムリ、不安定、悪い」のかがお互いに分かり合えない。

そこで、

例えば ｛中腰で持って〜
　　　　つま先で立って〜｝　など具体的に表現しよう。

(7) "危険要因"を肯定的に表現しよう

〔例〕 ｛墜落制止用器具をしていない
　　　保護メガネをしていない
　　　足場板を固定していない｝

というように、対策を思い浮かべて「〜していない」といった否定的な危険要因の発言がよく出る。

しかし、これだけでは、危険要因の中身が見えてこない。その危険の様子、その動きが見えてこない。そこで、例えば

｛身を乗り出し〜
　顔を近付け〜
　足場板がズレて動き〜｝　など、肯定的に表現しよう。

(注) ここでいう否定的な表現とは対策を思い浮かべた、例えば「墜落制止用器具をしていない」といった表現であって、「足元が見えない」といった客観的な状況を述べているのにすぎない表現は含まない。

5　KYTを実施するリーダーの心得

(1)　訓練計画を立てよう

リーダーは自分のチームで危険予知訓練を導入し定着させようとする場合、およその計画を立て、毎日やっても定着するには半年ぐらいかかるつもりで、あせらず着実に実施しよう。身近な、みんなに関心のあるテーマやイラストシートを選定したり準備したりするのは、リーダーの役割である。進行状況を上司に報告し、指示を受けよう。また、スタッフやトレーナーの協力を得よう。

（2） 討議時間を縮めよう

「みんなで　早く　正しく」をモットーに、訓練はできるだけ連続的に実施しよう。自分達の仕事がテーマなら慣れてくれば5分、3分、1分でやれるようになる。回を重ねるごとに時間短縮していくのも重要な訓練である。しかし、いいかげんなKYTにならないように、リーダーは常にKYT基礎4ラウンド法の正しい進め方を繰り返し習練してほしい。

（3） 危険の予知・発見が第一

イラストシートを見るとすぐ対策をいいたがる人がいる。第1ラウンドはもっぱら"危険要因とそれによって引き起こされる現象"を予知・発見し、お互いに共有し合うラウンドである。リーダーは、「第1ラウンドの"危険"のとらえ方と表現の仕方」をしっかり身につけ、アリアリと目に浮かぶようにメンバーが発言するようにリードすることが大事である。これを踏まえてリーダーは、KYT基礎4ラウンド法に習熟してほしい。

（4） 範囲をせばめよう

イラストシートに描かれた状況が広範囲すぎる場合があるが、短時間で行う場合には、特定部分に限定して話し合ったほうがよい。現場で現物で実施するときも、範囲を単位作業のステップや動作に限定することが必要である。

危険予知対象のしぼり込み方
① 職場にどんな危険があるか
② 今日の作業にどんな危険があるか
③ この単位作業にどんな危険があるか
④ このステップにどんな危険があるか
⑤ この動作にどんな危険があるか

（5） 危険のポイントを漏らさずに

シートから必ず発見してほしい項目は、リーダー自身あらかじめ勉強して明確にしておく必要がある。リーダーは話し合いの中で、その項目を押しつけるのでなく、自然に浮かび出てくるような感じでメンバーに気づかせることができれば最高である。

（6） 不安全行動のみに限定せずに

　故意に"物"の問題を避けて、作業者の不安全行動の摘出のみをさせるようなことをしてはならない。職制が、現場からの不安全状態に関する問題提起や設備改善を求める声を率直に受け止めて解決しようとする姿勢がなく、作業者側の行動のみに危険の解決を押しつけるようなことではKYTは決して職場に定着しないし、その効果も期待できない。シートによる訓練段階から、人・物の区別はしないほうがよい。危険に対する感受性は当然不安全状態の発見・把握・解決に及ぶし、また作業手順の見直しなどにつながっていく。

（7） 状況に応じてラウンドを使い分けよう

　すべてについて第4ラウンドまでやらなければならないということはない。KYTでは第1ラウンド、第2ラウンドが重要で、ケースによっては第2ラウンドまででも足りる。「何が危険か」が分かり合えれば、どうしたらよいかは通常知っているし、できるからである。「分かり合う」ことが大切なのである。状況（時間・場所・目的など）に応じて、手法やラウンドを使い分けるのもリーダーの手腕である。

（8） 指差し唱和で気合いを一致させよう

　第2ラウンドの◎印の危険のポイント、第4ラウンドのチーム行動目標は必ず正しい姿勢で指差し唱和しよう。全員で指差して唱和し、その目標について気合いを一致させるのが指差し唱和である。さらに、一人ひとりが作業行動の要所要所で必ず指差し呼称をして確認することを習慣づけるため、鋭く切り込む指差し呼称項目（1項目）を決め指差し唱和しよう。もちろん、職場ではリーダーが率先垂範して指差し呼称をしよう。

（9） 明るく気楽にやろう

　危険予知訓練は楽しい雰囲気で行えるところに魅力がある。非現実的・空想的な項目が出て大笑いになることもあるが、話し合いの中で不自然なものは自然淘汰される。リーダーは1項目1項目にあまり神経質にならずに、明るい雰囲気づくりに努力してほしい。リラックスして・短時間で・率直に話し・合意するという感じで本音で話し合うようにしたい。

第12章 危険予知訓練（KYT）

ＫＹＴ基礎４ラウンド法の進め方（手法まとめ）

準　備	1チーム5～6人	役割分担 （リーダー・書記・レポート係・発表者・コメント係） 模造紙・レポート用紙配付
導　入	〔全員起立〕リーダー＝整列・番号、挨拶、健康確認	
1R	現状把握 どんな危険が ひそんでいるか	リーダー＝シートの状況読み上げ "危険要因"と引き起こされる"現象（事故の型）" 「～なので～になる」、「～して～になる」 「～なので～して～になる」　7項目以上 ＜危険要因の見直し＞
2R	本質追究 これが危険の ポイントだ	(1) 重要と思われる項目→○印 (2) ○印項目→しぼり込み　1～2項目 　　→◎印・アンダーライン＝危険のポイント (3) 危険のポイント→指差し唱和 　　リーダー「危険のポイント　～なので～して～になる 　　　ヨシ！」→全員「～なので～して～になる　ヨシ！」
3R	対策樹立 あなたならどうする	危険のポイントに対する具体的で実行可能な対策 　→　各3項目程度　（全体で5～7項目）
4R	目標設定 私達はこうする	(1) しぼり込み　各1項目 　　→※印・アンダーライン＝重点実施項目 (2) 重点実施項目→チーム行動目標設定　各1項目 (3) チーム行動目標→指差し唱和 　　リーダー「チーム行動目標　～する時は～を～して 　　　　　　　　　　　～しよう　ヨシ！」 　　→全員「～する時は～を～して～しよう　ヨシ！」
確　認		(1) 指差し呼称項目設定　各1項目 　→　リーダー「指差し呼称項目　○○　ヨシ！」→全員「○○　ヨシ！」（3回唱和） (2) 指差し唱和（タッチ・アンド・コール）で 　　リーダー「ゼロ災でいこう　ヨシ！」→全員「ゼロ災でいこう　ヨシ！」
発　表 コメント	2チームペアで 相互コメント	発表者→1R～4R流して読む 読み終えたら発表者のリードで発表チームメンバー全員で チーム行動目標、指差し呼称項目を唱和する。 コメント係→相手チームの発表についてコメント

Ⅲ　KYTの生かし方

1　作業態様に適合

（1）　KYTとKYK

　ここまでが訓練（KY・T）で、あとは活動（KY・K）というように、はっきり線引きすることはできない。むしろ両者は一体のものである。

　人間は本来、無意識的（本能的）に、あるいは意識的にKY活動を行っている。職場のKY活動を高いレベルで維持しようとすれば、当然、そのために毎日、要所要所での充実したKYTの反復トレーニングが必要となる。現場で作業前や作業中に現物で、具体的なテーマで、リーダーを中心に、さっと短時間KYTを小黒板を使って、あるいは口頭でやってから作業にかかる。

　毎日毎日のトレーニングの積み重ねによって、はじめて現場のKY活動のレベルも向上する。KY活動も、指差し呼称も、仕事の一部に完全に組み込まれるには、かなりの年月がかかる。毎日のKYミーティングは危険に対する「感受性」を鋭くし、「集中力」を高め、「問題解決能力」を向上し、「実践への意欲」を強めるためのトレーニングの場でもある。

（2）　KY活動さまざま

　いつ、どこで、誰が、どのようにやるか、現場の作業の実態に合わせ、KYTは様々な形で生かされている。
　○いつやるか ── 定常作業、非定常作業、突発緊急異常処理作業
　○どこでやるか ── 始業時、作業前、作業中、作業終了時
　○誰がやるか ── 作業指示者、チーム、小人数チーム、1人
　○どのように ── 時間をかけて（30分以上）、10～15分で、3～5分で、ごく短時間に（1分～2分で）
　それぞれの状況にマッチしたKYT活用技法が創意工夫され開発されている。

（3）　定常作業では

　毎日同じ作業を繰り返して行う定常作業で、特に問題（危険）のある単位作業については、そのステップごとにみんなでKYをして、安全作業基準（標準・手順）の中に、

第12章　危険予知訓練（KYT）

予想される重要危険とそれに対する具体的な対策を盛り込む（単位作業KY（ステップKY））。

　みんなの話し合いで、最もやりやすくて安全で、かつ成果の上がる作業方法を決めて実践する。その作業の危険のポイントに対応する重点指差し呼称項目を決めて実行する。作業基準の中にその項目を組み込み表示する。

　始業時ミーティングでは、当日の定常作業の作業基準の内容（特に危険のポイント）を確認してから作業にかかることを習慣づける。

　定期的に作業基準を見直して、改善し、上司のチェックを受けて登録する。分類をして現場に保管し、単位作業ごとにビニールケースに入れて、いつでもすぐに取り出せるようにしておく。

（4）　非定常作業では

　非定常作業のときには、作業のつど、作業指示者が中心となって、事前にその状況に応じた短時間KYTを行う必要がある。

　非定常作業でも、あらかじめ安全作業標準がつくられているときには、まずその標準書を現場に持ち出して、みんなで確認し、状況に応じた修正が必要であれば、その修正点を確認するのもKY活動である。

　標準書がつくられていないケースでは、ホワイトボードなどを使って短時間KYTをし、その場に即した行動目標や指差し呼称項目を決める。その記録は作業が終わるまで現場の見やすいところに掲示して、作業中でも確認できるようにしておく。

　時間がとれないときには、作業指示者が一方的にその非定常作業の危険ポイントを指示し、行動目標や指差し呼称項目を決めて唱和するやり方もある（作業指示STK訓練）。

（5）　突発緊急異常処理作業では

　火事だ、突然の故障だというような突発的な緊急異常処理作業では、かりに、作業基準書があっても、見る暇はないし、また、KYミーティングの時間もない。

　そういうときには、管理監督者が強いリーダーシップで、その時その場に応じた作業指示で対応するほかない。作業指示をする者自らが作業内容とその作業の危険のポイントとその対策を、冷静に簡潔に速やかに指示して、さらに復唱させて確認し、作業終了後に復命（報告）させるのがよい（作業指示STK訓練）。

　また、現場の状況の変化に対応した作業指示や短時間ミーティングも必要である。

あらかじめこのような際の指差し呼称項目を日頃から決めておき、実践することも効果的である。パニックとなった一点集中の意識レベルを切り替えて、平静でクリアにするのにも指差し呼称が役立つ。

2　KYT活用3つのレベル

(1)　作業指示者レベルのKY

　事故・災害のかなりの部分は、作業指示者の指示が適切でなかったり、その監督指導が不十分だったことが主な原因となっている。適切な作業指示とは、5W1H（なぜ、いつ、どこで、何を、誰が、どのように）プラスKYのポイントを確実に伝達するものである。復唱させて確認し、復命させて確認することで完了する（作業指示STK訓練・適切指示即時KYT）。

　さらに作業指示に「特に○○君は、必ず〜を〜するように」と、特に問題のある作業者や、危険な作業を担当する作業者にワンポイント・アドバイスをする「個別KY」も重要である。

　また、部下一人ひとりの個別的な健康に関するきめ細かい観察や問いかけも必要で、これを「健康KY」という。

　「個別KY」も「健康KY」も一人ひとりかけがえのない大切な部下や仲間に対する「目配り・気配り・心配り」であり、安全と健康の確保を願う心で実践してほしい。

(2)　チームレベルのKY

　始業時、現場到着時、作業開始時、作業中、昼休時、終業時など、その時その場に即して、チームでごく短時間に、さっとKYの充実した話し合いをする。TBM-KYとかTB-KYといわれている。

　就業時間中にごく短時間に行わなければならないので、業種業態によっていろいろ創意工夫され、「ワンポイントKYT」、「三角KYT」、「SKYT」などの小人数短時間KY活動が実践されている。「みんなで　早く　正しく」が課題で、人数を少なくしたり、口頭のみでやったり、KYの対象範囲を細分化してせばめたり、記号を使ったりする。

(3)　1人レベルのKY

　最終的には一人ひとりが1人でKYしたり、自問自答してチェックしたりして安全（危険）を確認することが必要となる。また作業行動の直前・直後に、「ヨイカ？　ヨシ！」、「チョット待て　3秒」、さらに「〜ヨシ！」と指差し呼称を行って自分の行

動の正確性、安全性をしっかりと確認する。これがKY活動の仕上がりといえる。
　KYTの手法は歴史的には、チームKYから始まって、作業指示者のKYとなり、さらに一人ひとりのKYに到達した。そのプロセスの中で指差し呼称とドッキングして、ヒューマンエラー事故防止の決め手となった。一人ひとりのやる気の実践活動に生かされて、はじめてKY活動といえる。
　近年1日中、ずっと1人作業という現場が多い。また何人かで一緒に作業していても、実質的には1人作業というケースがほとんどである。その一人ひとりのKY能力のアップのための訓練が「1人KYT」、「自問自答カード1人KYT」である。

3　TBM－KY活動

(1)　TBMでKYTを活用しよう

　TBM-KYは現場で、KYTを活用して、その時その場の状況に即して実施する短時間KY活動である。具体的にはワンポイントKYT、SKYT、作業指示STK訓練、適切指示即時KYTなどを生かした活動を総称する。TBMを活力ある問題解決の場とするためのポイントを挙げてみよう。

①　5分以内に終了しよう

　業種業態によって異なるが、一般的にはTBM－KYは定常的な作業であれば3分～5分間ぐらいで行う。非定常的な作業であれば10分～15分間は必要となる。ごくまれに行う非定常作業をテーマとする場合には、この時間にとらわれず、慎重な事前のKY活動を行うことが望ましい。

②　KYテーマを準備しよう

　スタッフは災害事例、ヒヤリ・ハット事例発生の一歩前の状況をイラスト化したり、問題のある作業標準を図解するなどして、現場のTBM－KYにふさわしいタイムリーなテーマ（KYTイラストシート）を豊富にリーダーに提供することを心がけたい。

③　KYテーマをしぼり込もう

　TBM-KYのテーマはそのつど思いつきでやるよりも、その日の指示作業に関連してリーダーが事前に適切なテーマを準備しておきたい。

　　「今日の作業にどんな危険があるか」→「この作業のこのステップにどんな危険があるか」

　　「この作業にどんな危険があるか」　→「この行動にどんな危険があるか」

　というように、危険予知の対象をしぼり込み、テーマをより具体化し、細分化

するほうがよい。KYTシートは通常、単位作業のあるステップがテーマになっている。ワンポイントKYTでもSKYTでもテーマが大きすぎては5分間や3分間では話し合えない。

④ リーダーシップ訓練に役立てよう

　TBM－KYの進め方をモデルとして、日々のTBMで危険予知活動を行うことは、第一線監督者のリーダーシップ訓練であり、同時に作業者の危険予知のチームワーク訓練にもなる。TBM-KYのための訓練としては、「作業指示STK訓練」、「適切指示即時KYT」、「ワンポイントKYT」、「SKYT」、「三角KYT」、「1人KYT」、「自問自答カード1人KYT」、「5分間ミーティングシナリオ役割演技訓練」、「短時間ミーティングSS訓練」などがある。

　役割演技と金魚鉢方式（222ページ参照）を活用してリーダーを徹底的に訓練し、短時間TBM－KYを職場で充実、定着させよう。また「健康KY」や「個別KY」の追加指示や「問いかけKY」もリーダーシップの向上に不可欠な訓練である。

⑤ 実施結果をフォローしよう

　終業時のミーティングで、始業時に行ったKYの実施結果を必ずフォローすることが大切である。管理監督者が現場に行かず自ら確認できないときは、TBM－KY実施結果がどうだったかをメンバーに必ず復命させよう。

⑥ 問題を解決しよう

　重点実施項目が実行されず、問題解決が不十分だったり、不可能だったりした場合には、直ちに次のTBMで問題点についての現状把握・本質追究の話し合いを行う必要がある。TBMで時間が不足するときには、次の月例ミーティングのテーマとする。問題によっては上位の職制に連絡し、その指示やアドバイスを受けよう。

（2） TBM－KYは「みんなで　早く　正しく」が課題～どうすればよいか～

　どんなすばらしい手法でも、時間がかかっては、現場では使えない。

　危険予知訓練を日々の現場で生かそうとすれば、どうやれば「みんなで　早く　正しく」できるかが、重要な課題となる。

　もともと「早く」と「正しく」は両立しにくい。そこに「みんなで」という条件を加えるのだから、大変難しいことになる。しかし現場で安全を確保するには、なんとかしてその困難を乗り越えなければならない。

① 反復訓練する

　繰り返し繰り返しやれば、だんだん「早く」、「正しく」できるようになる。はじめは第4ラウンドまで30分かかったテーマが、反復訓練を積み重ねているうちに10分、5分、3分で完結できるようになる。ただし、いくら「早く」できても「正しく」なければ意味がない。

② 対象を限定する

　危険予知の対象（テーマ）の範囲をせばめる。問題のある単位作業のステップ、さらに動作というように、テーマを細分化してしぼっていく。

③ 事前に準備する

　シートを前日に渡したり、シートをホワイトボード等にはっておいて、気づいたことを書き込みしたり、予習したりするようにしておく。いきなりやらず、まず1分間考える時間を取り、一人ひとりがメモや記号をつけてからやるのもよい。

④ 第2ラウンドまでとする

　第4ラウンドまでフルコースで完結しなくても、第2ラウンドの本質追究までやれば、それで危険予知をする目的をかなり達成することができる。「何が危険か」、「危険のポイントは何か」に気づけば、その対策については、すでに教えてあるし、知っているし、できることがほとんどである。第3ラウンドは省略し、第4ラウンドをリーダーが一方的に決めてもよい。

⑤ 人数を少なくする

　6人→4人→3人→2人というように、話し合う人数を減らす。三角KYTやワンポイントKYT、SKYTは、そのために人数を少なくして話し合う。いくら早くても「みんなで」やらなければ、チームワークにならない。

⑥ 自分の仕事でやる

　自分の知らない仕事のKYTイラストシートでは、なかなか「早く」、「正しく」はできない。しかし自分がその仕事のプロであれば、すでに知識もあり、技能もあるのだから「早く」、「正しく」できて当然である。だから自社の、自職場のKYTイラストシートでやることが必要である。

⑦ 短時間で行う活用技法を訓練する

　KYT基礎4ラウンド法のみを教えて、早くやれといっても、なかなか難しい。やはり「みんなで　早く　正しく」できる諸手法、三角KYT、ワンポイントKYT、SKYT、1人KYT、自問自答カード1人KYTなどを、リーダーに徹底的に訓練する必要がある。ただし、いくら1分2分でやるからといっても、基本の「〜なので

～して～になる」という"危険要因とそれによって引き起こされる現象"について、しっかりと具体的に情報を共有し合うことが大切で、これをいいかげんに崩してはならない。

4 KYTの実践

(1) 毎日ミーティング・毎日トレーニング

　KYT基礎4ラウンド法は、月例ミーティングで、問題のある単位作業の作業標準（ステップ・動作）の見直しに使われるばかりでなく、プロセス異常予知（PKY）、災害事例KYT、月間目標設定などの職場自主活動に役立てることができる。特に毎日のTBMのいろいろな局面で活用できる点にすぐれた特色がある。

　TBMは「道具箱のそばで行う話し合い」のことで、職場や現場で行う短時間ミーティングの略称である。TBMはできるだけメンバーが近寄って小さい円陣をつくり、立ったままでごく短時間で実施するものである。月に1回、時間をかけて実施するミーティングも大切だが、それだけでは、仕事の流れや現場の動きに、即応することが困難である。月1回のハードトレーニングで1カ月間の安全を期待することはできない。毎日の短時間のトレーニングを継続することが大事である。

　ゼロ災運動では、日々のTBMでKY活動を、環境条件や時間変化に臨機応変に即応しながら実施することを目指している。始業時、現場到着時、作業開始時、作業中、昼休時、終業時など、どんな時間帯でも、適切な作業指示を行う訓練、ごく短時間にさっとKYの充実した話し合いをする訓練、また、その場に即した指差し呼称をする訓練が、安全衛生推進、特にヒューマンエラー事故防止には不可欠である。これを「毎日ミーティング・毎日トレーニング」という。

(2) ゼロ災チームミーティングのやり方

　職場には作業前のTBMのほかに、昼食後や休憩時間に行う話し合い、作業終了後に行う話し合い、月1回か2回就業時間中に30分か60分の時間を取って、定期的あるいは臨時的に行う安全ミーティングなど、さまざまなミーティングがある。

　ゼロ災チームミーティングとは、職場でゼロ災運動や危険予知（KY）活動の一環としてこれらのミーティングを使って行われる、現場の作業の現状やそこにひそむ問題（危険）について、本音で「話し合い、考え合い、分かり合って」合意して、解決行動をするための少人数の会合である。

　ゼロ災チームミーティングを行う場合のメンバー数は5～6人程度がよい。そのく

第12章　危険予知訓練（KYT）

らいの人数が一番チームワークを発揮できる。メンバー一人ひとりが前向きに取り組もうとやる気になっていて、一体感、連帯感がある。そして、一人ひとりの個性が発揮され、それぞれ役割を分担している。それがよいチームワークである。

　10人以上になるときには、2つか3つのサブチームに分けて討議するほうがよい。人数が多いときには発言のチャンスも時間も少なくなり、とかくリーダーまかせのおざなりのミーティングになってしまう。特定の人のみが発言することになって、みんなが積極的に参加しない「会議」になってしまう。特に、タテマエでなくホンネで全員参加で話し合うためには人数が非常に重要である。人数が多いときは、小分けして話し合おう。

　話し合いの輪もできるだけ小さいほうがよい。顔と顔を見合えるように近づいたほうがよい。座るより、立つほうがチームメンバーの距離が近くなる。

Ⅲ　KYTの生かし方

（3）　KYT実践活用図

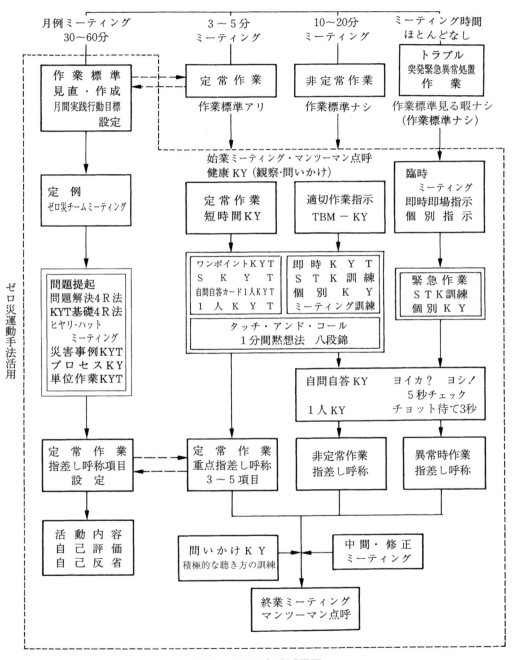

図45　ＫＹＴ実践活用図

第12章　危険予知訓練（KYT）

5　金魚鉢方式

　KYTの基本はKYT基礎４ラウンド法であるが、その実践手法としていろいろな手法があるのは４（３）のKYT実践活用図（221ページ参照）のとおりである。
　ところで、これら各種の実践手法の訓練を行う場合に、所要時間、KYの内容、演技者の態度・声の大きさなどについて観察し、コメントすることにより、一層訓練を効果的なものにすることができる。
　KYTでは、観察コメントとして金魚鉢方式の観察によるコメント（すなわち「金魚鉢コメント」）を各種実践手法に取り入れているので、ここで紹介する。

（１）　金魚鉢（フィッシュ・ボウル）コメントとは
　金魚は自分の泳ぐ姿を外から見ることはできない。しかし、金魚鉢の外から金魚を見ると金魚の動きが非常によく分かる。
　金魚鉢コメントとは、ちょうどそのように「観察チーム」が「役割演技チーム」の行っている役割演技（ロール・プレイング）をその外側を取り囲んで、その実技を冷静に観察し、コメントすることをいう。

（２）　金魚鉢コメントのやり方
①　観察チームのメンバーは、あらかじめ自分が何を観点に観察しコメントするか、分担を決めておいたほうがよい。そのほうが鋭いコメントができる。
　　通常は観点を次の３つないし４つにあらかじめ分けて分担し、役割演技終了後、各人が１分以内で心のこもったコメントをする。
　　　１）所要時間
　　　２）リーダーのリーダーシップ、態度、声の大きさ
　　　３）KYの内容
　　　４）チームワーク
②　コメントはまずできるだけ長所を見つけて具体的にほめ、自信を与えるようにしたい。観察することによって「自分が勉強させてもらっている」という感謝の心が大切である。だから、問題点を指摘する場合もアラ探しでなく「強いていえば……」というように傷つけない温かい配慮がほしい。要は激励することである。ゼロ災運動は人間尊重運動であって、欠点指摘活動ではない。
　　１分間コメントなので自分の観察ポイントか、感想を述べるという程度でよい。

なかなかすばらしいコメントを聞くことが多い。コメントするためにはボンヤリながめているわけにはいかず、コメントすることも、コメントを聞くことも大変いい勉強になる。

③　次に役割演技を交替して、コメントした観察チームが役割演技を行い、コメントされる立場になる。一種の相互注意、相互激励である。

金魚鉢（フィッシュ・ボウル）の進め方（手法まとめ）の例

観察ポイント	観察チーム→観察ポイントと担当者を決定　全員コメント (1)　所要時間（○分○秒）所定時間内にやれたか (2)　リーダーのリーダーシップ (3)　ＫＹの内容 （通常の場合） 　　・1R、話し合って要因を具体化したか 　　・2R、4R、メンバーの合意でしぼり込んだか 　　・行動目標は「～する時は～を～して～しよう　ヨシ！」となっていたか 　　・指差し呼称項目は、危険のポイントを鋭くおさえていたか （作業指示STK訓練の場合） 「作業指示者のリーダーシップとKYの内容」 　　・５Ｗ１ＨプラスＫＹの内容は（具体的か、モレはないか） 　　・復唱させて確認できたか 　　・個別ＫＹの内容は 　　・復命させて確認できたか (4)　声の大きさ・態度（声は大きかったか、態度はキビキビしていたか）
観　　察	役割演技チームの外側を取り囲む →冷静に客観的に温かい目で観察
コ　メ　ン　ト	コメントは激励・感謝の心が基本 (1)　長所を見つけてほめる。自信を与える。激励する (2)　アラ探しや欠点指摘でなく相手を傷つけない配慮を。「強いていえば…」など (3)　簡潔に　1人1分以内で。原則として全員コメント (4)　心のこもったワンポイント・アドバイスを 　　　……相互注意、相互激励

第12章　危険予知訓練（KYT）

6　KYTで留意すべき7項目

（1）　KYTの前にやるべきこと

　KYTに入る前にまずやっていなければならない大前提がある。それは労働安全衛生法そのほか関連法規で定められた安全衛生基準や設備基準の遵守であり、フェールセーフ、フール・プルーフのための機械設備の本質安全化であり、安全衛生教育の実施である。これがいわば第一次のKYとなる。その土台の上に立って第二次のKY、すなわちKYTがある。KYT先にありきでは本末転倒である。

（2）　KYTに作業標準が先行する

　宇宙飛行士の訓練は、まず「正常時の訓練として、トラブルのない手順を繰り返し覚える」、次に「正常時の訓練を基本にして、いろいろな故障や事故をシミュレーターで発生させ、それを地上と連絡をとりながら解決する」、さらに「シミュレーターを使って今起きていることが現実に起きていることか、それとも訓練なのかわからないくらい繰り返し訓練する」という順で行われる。KYTもまず「作業標準で仕事の基本をしっかりマスターする」、次に「ヒヤリ・ハット事例などで安全先取りのKYTを行い、問題（危険）を解決する」、さらに「KYTを繰り返して安全行動を習慣づける」の順で行われなければならない。そして、作業標準にKYTでの気づきが生かされ、それらが渾然一体となって実践されることが最も望ましい。

（3）　KYTでは固定観念による決めつけがなされてはならない

　KYTではラウンドごとに柔軟に段階を追って問題（危険）を究明していく発想が求められる。また、論理的思考より危険感覚が先行する。
　まず、イラストシートを見て「危ない」と感じるところからすべては始まる。KYTのシートから即固定観念による対策という考え方をひとまず除外し、自分が作業者になりきり、自分とケガを結びつける危険要因（対策ではない）と現象（事故の型）にのみ注目する。これにより、固定観念による対策をすぐ考えるという影響力から解放される。

（4）　KYTは国語の勉強の場ではない

　一般に、表現がまずいのは言葉の使い方がまずいという以外にその内容に誤りがある場合が多く、正確で秩序ある表現の中から正確で秩序ある思考が生まれるといわれ

る。とはいえ、あまりに表現にこだわりすぎるとチーム内から活発な意見が出にくくなる。アリアリと具体的に表現することを第一義にして意見の出やすい明るくワイワイとリラックスした雰囲気をつくろう。

（5） KYTは第1ラウンドの現状把握にそのすべてがかかっている

KYTのねらいは危険に対する感受性を鋭くすることにある。そのためには具体的に危険要因と現象を出し合う第1ラウンドが決定的に重要である。第2ラウンドで危険のポイントとしてしぼり込まれなかった項目も、具体的に共有することにより、潜在意識に植えつけられ、それを回避する行動につながる。また、自分の弱点だと思う項目は自分でマークし、対策など不安があるなら仲間に確認し、日常の作業にKYTで磨いた危険感覚を生かそう。

（6） KYTで真に実感し納得すれば誰でも安全行動を習慣化するようになる

KYTの目的はイラストシートを使って職場の仕事仲間で自主的に話し合い、合意して、日常の作業のかかえる問題（危険）を解決することにある。そのためには各人が問題（危険）を真に実感し、その対策を心から納得することにより、よりよい安全行動の習慣を一つひとつ形成、維持していくことが重要である。

（7） KYTのレベルが向上すると、危険への感受性が高まり、直感が鋭くなる

KYTに習熟するといちいち段階を追わなくとも声なき危険の声を感じとって即時即場的に対処できるようになるだろう。そして、人間の持つ総合力としてのカンや直感も磨かれてくる。こうした右脳の働きであるカンや直感と最新の知識や情報を組み合わせ、論理的思考に長けた左脳の働きとの連携が図られていく中で、KYTにも一層深みが出る。

7　KYTが生み出すもの

KYTが職場自主活動として有効だと言われるのは、話し合い、考え合う中でまさに「危ないことを危ない。これは危ないぞ」と本音で気づくものだからである。そして得心することにより自発的に安全行動をとる、つまり態度変容につながるのである。

安全衛生を推進する上で管理や教育の徹底はもちろん重要である。特にラインの管理監督者は、時にリーダーシップをもって命令、指示、監督しなければならない。そのリーダーシップの核心はリーダーとメンバーとの信頼関係にある。部下の悩みや問

題を、自分自身のことのように身をもって受け止める時、はじめて部下との間に温かい血の通ったふれあいができる。

　このような信頼関係は、日頃から部下の言動に関心を持ち、挨拶や声かけをして、必要な指導・援助を行い、時に激励や労い・感謝の言葉を伝えるとともに部下が自分の意見・気持ちを安心して発言できる雰囲気づくりをして、よく話を聴き、相手を尊重する姿勢で接しながら築くものである。こうした管理監督者の姿勢や取り組みによって職場の問題を発見し、解決し、自ら行動することができるように部下を導くことができる。言いかえると、KYTを行う際などに管理監督者が部下ときめ細かな対話を行うことを通じて、部下の気づきを促し、意欲を向上させることができるようになる。

　自分の部下一人ひとりに対する上司としてのきめ細かい指導・援助が、部下の行動を変え、その職場のチームワークや活力を生み出し、職場風土を先取り的・参加的なものにする。職場風土づくりに強い影響を与えるのは、その職場のライン管理者・監督者の日々の行動と言葉であり、その人の態度、仕事ぶり、人となりと言えよう。

Ⅳ 作業指示者レベルのKYT

1 作業指示STK訓練

(作業指示STK訓練のねらい)
この手法は、管理監督者(作業指示者)が現場に作業者と同行しないケースにおける作業指示者の作業指示能力の向上をねらいとしている。特に非定常作業時に、「危険予知を含む適切な作業命令・指示」を口頭で行うとともに、作業を終了して帰ってきた作業者に報告させ、その労をねぎらう役割演技を行うことにより、作業指示者のリーダーシップ向上を目的としている。

(1) 手法の名称と由来

作業指示のチェックポイントをS(作業)、T(チーム)、K(危険予知)、F_1(復唱)、F_2(復命)の5項目でとらえ、その頭文字の3つをとって「作業指示STK訓練」と略称した。

この訓練は住友金属工業㈱(現:日本製鐵㈱)和歌山製鐵所で1978年(昭和53年)から実施している「よいかよし運動」にヒントを得ている。「どういう作業指示が適切なのか」、「適切な作業指示をするためにどういう訓練をすればよいか」となると、どこにも先例がなく、その点この「よいかよし」は先覚的な手法であった。突発的な非定常作業について、よ(要領)、い(位置)、か(確認)、よ(予知される危険と対策)、し(指揮者)をチェック項目として、適切な作業指示を行う訓練である。

ゼロ災運動の研修会でも、KYを含む適切作業指示を行うための訓練を実施するために、1979年(昭和54年)6月のプロ研から、5W1H、KYT、復唱・復命、金魚鉢観察・コメントなどを一体として、作業指示に危険予知を生かす「作業指示STK訓練」を実験的に実施した。そのあと個別KY、T&C(タッチ・アンド・コール)などを加えて現在の形にまとめたものである。

(2) 手法の必要性

管理監督者は作業に関する命令・指示を行い、さらにその作業を指揮・監督するのがその重要な職務である。しかし、その作業指示が果たして適時適切になされている

だろうか。災害事例を見ると、危険予知を含む的確な指示がその時その場に即してなされていなかった、もしなされていれば災害を未然に防止し得たであろうという事例は極めて多い。

　危険予知訓練の目的は、現場でリーダーを中心にできるだけ事前にKYの短時間のミーティングを行ってから就業するように習慣づけるところにある。KYミーティングの時間がとれるときはこれでよいとして、ミーティング時間がとれないときにはどうすればよいのか。また突発的な事態が起こったときはどうするのか。そのような場合には作業指示者が一方的に作業命令・指示を下さざるを得ない。また作業指示者が現場に同行できず、部下のみを派遣しなければならないというケースもよくある。

　作業指示STK訓練はこのようなチームKYを実施できない場合を想定して、その時その場に即してKYを含む「適切な作業指示」、「個別KY」、さらに「復唱・復命」の役割演技を行い、それを金魚鉢方式で相互コメントすることによって「適切な作業指示」とは何かを体験学習する作業指示者の訓練である。

(3) 実技の概要

　作業指示STK訓練は、**作業指示者が現場に作業者と同行しないケース**を想定して、イラストシートを使って、口頭で5W1Hの「作業指示」を行い、併せて「危険予知のポイント」を質疑応答を交えながら伝達し、必要に応じて保護具等の対策を施し、さらに「個別KY」を行い、それらの内容を「復唱させ、唱和させ」、作業終了後に「復命させる」ことによって確認し、作業中に生じた問題点や新たな危険を報告させ適正な処置を取るとともに、作業者の労をねぎらう訓練である。

　作業指示者役を役割演技し、それについて「金魚鉢コメント」を受けることによって「健康KY」、「適切な作業指示」、「危険予知」、「的確な復唱、復命」、「個別KY」などの難しさと重要性を体験学習し、作業指示能力の向上を目指す。

(4) 実技の進め方

① 準　備

1) 役割分担

　1チームを5人～6人とし、チームメンバー内の3人が「役割演技チーム」、他のメンバーは「観察チーム」となる。

　役割演技チーム3人のうち、1人は作業指示者（職長）となり、ほかの2人は作業者A（復唱担当）、作業者B（復命担当）とする。

作業指示者が作業者と一緒に現場に行かないケースで行う。

2）　訓練時間

全体の役割演技時間は5分〜7分以内で行う。

観察チームによるコメントは1人1分以内。

1つの事例（シート）で10分以内に終了するように進める。

次々に役割を交替し、全員が作業指示者の役割をひととおり演ずるまでやるのがよい。役割演技訓練終了後、若干の時間（10〜15分）を設けてチーム内で訓練全体について、特に「適切な作業指示とは」について話し合う時間を設けるほうがよい。

3）　メモ作成

作業内容をあらかじめ文章で簡単に表現したものを用意する。「あなたはどんな作業指示をしますか」というイラストシートを使う。

作業指示者（職長）は与えられた状況に対し、あらかじめ作業指示メモを記入しておく。この時に、作業に応じて必要な保護具等があれば併せて記入する。

② 役割演技（観察チームは入らない）

1）　導入——整列・番号、挨拶、健康確認

作業指示者は作業者を"整列"（1列、あるいは円陣に）させ、"番号"を唱えさせて気持ちを引きしめ、続いてひと言"挨拶"を行ってから"健康確認"（メンバーに対する健康問いかけ）を行う。

2）　作業指示5W1H

作業指示者は、メモをもとに5W1Hで作業者に指示する。

　イ　てきぱきと

　ロ　具体的に（5W1Hで）

　ハ　簡潔に、あまり時間をかけず

作業指示するように心がける。特に自信を持って明るく演技することが大切である。なお、指示内容に疑問点がないかを作業者に問いかけ、質疑応答する。

3）　復　　唱

作業者A（復唱担当）に指示の内容を5W1Hで復唱させる。その際、作業者にメモを見せずに行う。

　イ　復唱した5W1Hに抜けはないか

　ロ　復唱に不正確不十分な点はないか

などを作業指示者自身が判断し、是正したり問いかけたりして指示内容が正確

に伝わったかを確認する。

4) KYのポイントとチーム行動目標指示

続いて、作業指示者自身が指示した作業について必要にして十分なKYをして、「危険のポイントと、それに対する重点実施項目」をワンポイントにしぼって「～なので～して～になる」だから「～を～してくれ」と指示する。（その際「そのほか、何か気づくことはないか」と問いかけて作業指示者自身では気付かない危険について作業者から発言させる配慮も必要）

さらに作業指示者はチーム行動目標を「～する時は～を～して～しよう　ヨシ！」と指示し、作業指示者のリードで、全員で唱和する。

5) 確認

重点実施項目に関連し、現場で実際に行う指差し呼称項目（1項目）を指示し、作業指示者のリードで指差し呼称項目を3回指差し唱和する。

6) 個別KY

作業指示者は、さらに作業者のうちの特定者に対し、「個別KY」を行って、「特に○○君は必ず○○するように」と指示を追加し、復唱させる。

7) 指差し唱和（タッチ・アンド・コール）

作業指示者は、自分の所在地を伝え、作業指示者のリードで指差し唱和（タッチ・アンド・コール）「ゼロ災でいこう　ヨシ！」を行ってミーティングをしめくくり、作業者を現場へ送り出す。

8) 現場作業

訓練では、作業者A、Bは少し離れたところで指差し呼称項目を3回指差し唱和し、作業を終了したことにして、作業指示者のもとへ帰る。

9) 復　　命

作業指示者は、作業者B（復命担当）に、

イ　指示どおり作業できたか、自分の指示が適切であったか（"HOW"と"KY"）について復命させ、指示と違う内容、誤り・モレがあれば問いかけて確認するとともに、

ロ　作業を進める中で生じた"問題点"と指示したKYで想定されなかった"新たな危険"を報告させ適正な処置をとる。

10) 指差し唱和（タッチ・アンド・コール）

復命後は「お疲れさん」、「ありがとう」など、ねぎらいの言葉をかけるとともに、3人で「ゼロ災でいこう　ヨシ！」と指差し唱和（タッチ・アンド・コール）

を行い役割演技をしめくくる。

③ **金魚鉢方式の活用**

役割演技終了後、観察メンバーは金魚鉢コメントにより、作業指示者に対して次のチェックポイントを念頭において1人1分以内のコメントを行う。

1) 所要時間
2) KYの内容
   イ 5W1HプラスKYの内容は
   ロ 復唱させて確認できたか
   ハ 個別KYの内容は
   ニ 復命させて確認できたか
3) リーダーシップ
4) 声の大きさ・態度など

第12章 危険予知訓練（KYT）

作業指示STK訓練の進め方（手法まとめ）
——作業指示者が現場に同行しないケース——

準備		1チーム5〜6名	役割分担・役割演技チーム（作業指示者・作業者〔復唱担当・復命担当〕）／・観察チーム　シート1枚選択→メモ記入（簡潔に）
作業指示	導　入		〔全員起立〕作業指示者＝「これから作業指示STK訓練を行います」とメンバーに伝える。作業指示者＝整列・番号、挨拶、健康確認
	5W1H		作業指示者＝5W1Hで指示（Why（なぜ），When（いつ），Where（どこで），What（なにを），Who（だれが，だれと），How（どのように）） （分からないことはないか？）
	復　唱		作業指示者＝作業者の1人を指名（復唱担当）し、5W1Hを復唱させる （復唱にモレ、誤りがあれば重ねて指示）
	KY		(1)　「危険のポイント」とそれに対する「重点実施項目」を指示 　　　「"〜なので〜になる"だから"〜を〜してくれ"」　1項目 　　　「そのほか、何か気づくことはないか」 (2)　チーム行動目標・指示→指差し唱和 　　　作業指示者「チーム行動目標 　　　　　　　　〜する時は〜をして〜しよう　ヨシ！」 　　　→全　員「〜する時は〜をして〜しよう　ヨシ！」 (3)　指差し呼称項目　1項目　・指示→指差し唱和 　　　作業指示者「指差し呼称項目　○○　ヨシ！」 　　　→全　員「○○　ヨシ！」（3回）
		個別KY	作業指示者＝作業者個別にワンポイント・アドバイス 「特に○○君は必ず〜するように」→復唱させる
	所在地明示		作業指示者「私は○○にいる」
	タッチ・アンド・コール		作業指示者「ゼロ災でいこう　ヨシ！」 →全　員「ゼロ災でいこう　ヨシ！」
現場作業			作業者2人→指差し呼称項目「○○　ヨシ！」（3回）→作業終了とする
復　命			作業指示者＝作業者の1人を指名（復命担当）し、"How"と"KY"を復命させ、指示と違う内容、誤り・モレがあれば問いかけて確認するとともに、作業を進める中で生じた"問題点"と"新たな危険"を報告させ適正な処置をとる
指差し唱和（タッチ・アンド・コール）			作業指示者「ゼロ災でいこう　ヨシ！」 →全　員「ゼロ災でいこう　ヨシ！」
観察コメント		金魚鉢方式	コメント係→全員コメント（コメント項目分担）

Ⅳ 作業指示者レベルのKYT

書棚運搬

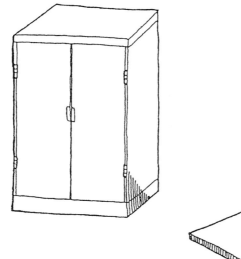
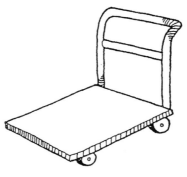

作 業

倉庫にある古いスチール製書棚(約60kg)を、台車に積んで搬出口まで運搬する。

作業指示STK訓練 金魚鉢観察・コメント

分担 3人	分担 2人	観察のポイント	コメント メモ
Ⅰ		①所要時間	
Ⅱ	Ⅰ	②作業指示の内容 ・5W1Hの内容は 具体的か？ 適切か？	
		・復唱させて確認できたか？ 誤り、モレに気づいて 重ねて指示したか？	
		・KYの内容は 具体的か？ 適切か？ 重大な危険を見逃していないか？	
Ⅲ	Ⅱ	・個別KYの内容は適切か？	
		・復命させて確認できたか？ 誤り、モレに気づいて問いかけたか？	
Ⅰ		③役割演技 リーダーシップ、導入、健康確認 チームワークなど	

コメントのポイント 感謝の心が基本	(1) 長所を見つけてほめる　自信を与える　激励する (2) 欠点指摘でなく　相手を傷つけない配慮を (3) 簡潔に1分以内で (4) 心のこもったアドバイスを…相互注意、相互激励	大切なのは 自分自身の 反省材料とすること

233

第12章　危険予知訓練（KYT）

作業指示STK訓練・実技手順メモ（例）

	導入			整列・番号、挨拶、健康確認	
作業指示	S	目的	Why　なぜ	古くなったスチール製書棚（約60kg）を廃棄するので	
		内容	When　いつ	今からすぐに	
			Where　どこで	倉庫から搬出口まで	
			What　なにを	台車を使って、書棚を運ぶ	
	T	分担 人員配置	Who だれがだれと	リーダーは　石原　さん、メンバーは　山田　さん	
	K	方法手順	How どのように	2人：石原さんが書棚を傾け、山田さんが支える	保護具・その他
				石原：書棚の下に台車を押し込み、2人で載せる	安全靴 ゴム引き軍手
				山田：前で横から書棚を支える	
				石原：後ろから台車を押して運ぶ	
		以上の指示で分からないことはありませんか？　→作業者の疑問点に答える				
	F₁	石原　さん　復唱して下さい		→作業者の復唱（5W1H）に 　誤り・モレがあれば、重ねて指示する	
	K	危険のポイント		重点実施項目	
		書棚を台車に載せるときと運ぶとき、手を トビラにそえていて、振動で開閉したトビ ラで手をはさむ		トビラをテープでとめる	
		その他気づいた危険はありますか？　→作業者の気づいた危険に対しては対策を指示			
	K	目標設定	チーム行動目標　　　　　　　　　　　　　　　　　　　　　　→指差し唱和 書棚を台車に載せる前に、トビラをテープでとめよう　ヨシ！		
		確認	指差し呼称項目　トビラ　テープ止め　ヨシ！　→指差し唱和（3回）		
		個別KY	特に　山田　さんは、書棚を傾けて支えるとき、 　　　　足を前後に開き、腰を落とし、両手で支える　　　　　→復唱させる		
	所在地を伝える	私は　第三会議室　にいます。			
	指差し唱和 (タッチ・アンド・コール)	ゼロ災でいこう　ヨシ！　　　　　　　　　作業者を"はげまし"現場に送り出す			
現場作業	訓練では、作業者は、2〜3歩離れ、指示された「指差し呼称項目」を3回指差し唱和して、作業が終了したことにして、作業指示者のもとに戻る。				
F₂	①"How"と"KY"の内容を 　1名指名して　復命させる	山田　さん　復命して下さい		復命に誤り・モレがあれば、 問いかけて確認する	
	②作業を進める中で生じた 　問題点や新たな危険を報告させる	作業中に何か問題や危険は ありませんでしたか？		問題・危険があれば対応する	
指差し唱和（タッチ・アンド・コール）	ゼロ災でいこう　ヨシ！　　　　　　　　　作業者を"ねぎらう"				

S：作業　　T：チーム　　K：危険予知　　F₁：復唱　　F₂：復命

Ⅳ 作業指示者レベルのKYT

2 適切指示即時KYT

（適切指示即時KYTのねらい）
この手法は、管理監督者（作業指示者）も作業者と一緒に現場に行って作業するケースにおける作業指示者の短時間KYと個別KYに関するリーダーシップの向上を目的としている。

（1） 手法の概要

適切指示即時KYTは、**作業指示者も現場に一緒に行って作業するケース**（指示者が現場に行かない作業指示STK訓練との差異）で、イラストシートを使って口頭で5W1Hの指示の後、SKYTあるいは三角KYTを応用し第2ラウンドまでのチームKYを行い、あとは指示者が一方的に進め、必要に応じて保護具等の対策を施し、さらに「個別KY」を行って指示を追加し、復唱させる、作業指示者のための訓練である。全員立ったままで、5分程度で行う。

短時間のTBM-KYの訓練の一つで、KYT活用の作業指示技法としてゼロ災運動の研修会で1981年（昭和56年）から実技研修してきた手法である。

（2） 実技の進め方

① チーム編成
　1） 1チームを5人～6人とし、3人～4人が役割演技チーム、残りのメンバーが観察チームとなる。
　2） 役割演技チームの1名は作業指示者、ほかは作業者となって役割演技する。
　3） シート（ケース）ごとに作業指示者を交替して訓練する。

② 準　備
訓練では下図のようにKYTイラストシートのついた作業指示メモを準備する。

③　役割演技（観察チームは入らない）
1)　導入──整列・番号、挨拶、健康確認

　　作業指示者（リーダー）は部下を"整列"（１列、あるいは円陣に）させ、"番号"をかけ、唱えさせて気持ちを引きしめ、続いてひと言"挨拶"を行ってから"健康確認"（メンバー全員、あるいは特定者に対する健康問いかけ）を行う。

2)　５Ｗ１Ｈ指示

　　作業指示メモ（すでに５Ｗ１Ｈが記入されている）をメンバーに手渡し、5W1Hで作業の指示をキビキビと伝達する。

　　また、メンバーに質問したり、させたりして指示内容を明確にする。

3)　復　　唱

　　メンバーの１人に５Ｗ１Ｈで指示内容を復唱させて、指示内容が正確に伝わったかを確認する。

4)　短時間KY

　　イ　第１ラウンド　どんな危険がひそんでいるか

　　　　危険要因とそれが引き起こす現象を、口頭で、「～なので～して～になる」と、３～５項目程度出す。その際、重要危険に漏れがないように事故の型等を列記した「KYカード」を活用するとよい。

　　ロ　第２ラウンド　これが危険のポイントだ

　　　　リーダーはメンバーに諮って、危険のポイントをワンポイントにしぼり込み、「危険のポイント　～なので～して～になる　ヨシ！」と指差し唱和する。

　　ハ　第３ラウンド　省略

　　ニ　第４ラウンド　私達はこうする

　　　　リーダーは一方的に危険のポイントに対する重点実施項目を決め、チーム行動目標を設定し「チーム行動目標　～する時は～を～して～しよう　ヨシ！」と全員で指差し唱和する。

　　ホ　確　　認

　　　　リーダーは「これだけは現場で必ず指差し呼称しよう」という指差し呼称項目（１項目）を決め、「○○　ヨシ！」と３回唱和する。

---

　4)　短時間KYは、SKYT（264ページ参照）で行うが、三角KYT（255ページ参照）を応用して、第１ラウンド、第２ラウンドでメモや記号、△印、◎印をイラス

トシートに記入する方法でもよい。

　　へ　個別KY
　　　チームの短時間KYに引き続いて、リーダーはチームメンバーの一人ひとり（訓練では通常1人）に対する「個別KY」を行って、特定者に対し「特に○○君は必ず○○するように」と指示（ワンポイント・アドバイス）を追加し、その指示を復唱させる。
　　ト　指差し唱和（タッチ・アンド・コール）
　　　作業指示者のリードで指差し唱和（タッチ・アンド・コール）「ゼロ災でいこう　ヨシ！」を行って実技をしめくくる。
　実技終了後リーダーは「作業指示メモ」に危険のポイント、重点実施項目、チーム行動目標、指差し呼称項目、個別KY事項を追記する。
④　金魚鉢方式の活用
　役割演技は5分程度で完了。金魚鉢方式で行うときは、役割演技チームの実技に対し、観察チーム全員が1人1分以内の心のこもったアドバイスを行う（観察ポイント：所要時間、KYの内容、リーダーシップ、声の大きさ・態度など）。
⑤　反復訓練
　作業指示STK訓練と併せて反復訓練し、作業指示者のリーダーシップおよび作業指示能力の向上に役立てよう。

適切指示即時ＫＹＴの進め方（手法まとめ）
――作業指示者が現場に同行するケース――

準　　備	1チーム5～6人	役割分担・役割演技チーム（作業指示者、作業者）／・観察チーム 作業指示メモ（5W1Hは記入ずみ）
導　　入	〔全員起立〕作業指示者＝「これから適切指示即時KYTを行います」とメンバーに伝える 作業指示者＝整列・番号、挨拶、健康確認	
作 業 指 示	(1) 作業指示メモ→メンバーに配布 (2) 5W1Hで指示	
復唱・確認	メンバーの1人→復唱（5W1H）させて確認	
短時間ＫＹ（ＳＫＹＴ）	1　Ｒ　現状把握	リーダー→シートの状況読み上げ、危険要因と現象「～なので～になる」　3～5項目
	2　Ｒ　本質追究	(1) メンバーに諮ってしぼり込み＝危険のポイント　1項目 (2) 指差し唱和「危険のポイント　～なので～になる　ヨシ！」
	3　Ｒ　対策樹立	省略
	4　Ｒ　目標設定	(1) リーダー→重点実施項目　指示　1項目 (2) リーダー→チーム行動目標　設定・指示 →指差し唱和「～する時は～を～して～しよう　ヨシ！」
	確　　認	リーダー→指差し呼称項目　設定・指示　1項目 指差し呼称項目「○○　ヨシ！」（3回指差し唱和）
個 別 Ｋ Ｙ	作業者1人に→個別ＫＹ→復唱	
指差し唱和 (タッチ・アンド・コール)	「ゼロ災でいこう　ヨシ！」	
観察コメント	金魚鉢方式	観察者→全員コメント（コメント項目分担）

Ⅳ 作業指示者レベルのKYT

モデルシート
＜どんな作業指示をしますか＞

適切指示即時KYT
重油タンク内清掃

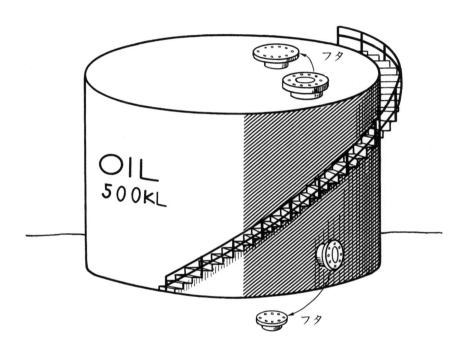

状　況
　あなたは、重油タンク（直径9m、高さ8m）の底に不純物が沈殿しているので、バケツを使って取り出そうとしています。（昨日までに重油を抜いて、マンホールのフタを開けてガス抜きをし、水洗いを済ませている。酸素濃度は常時測っている。）

第12章　危険予知訓練（KYT）

適切指示即時ＫＹＴ・実技手順メモ　　（例）

作業名			重油タンク内清掃		日時	月　　日（　） 　時　　分～
作業指示者				メンバー		

作業指示	導入			整列・番号、挨拶、健康確認	
	5W1H	目的	Why なぜ	重油タンク底に不純物が沈殿しているので	
		内容	When いつ	今から17時まで	
			Where どこで	工場裏の	
			What 何を	重油タンクの不純物を除去します	
		分担 人員配置	Who だれが だれと	私がリーダーとなり	中尾さん、倉上さんの３人で作業する。
		方法 手順	How どのよ うに	私はバケツとスコップをタンクの中に入れる。	保護具その他 ・ヘルメット ・長靴 ・軍手
				中尾さんと倉上さんは、受け取ってタンクの奥に持って行く。	
				中尾さんと倉上さんは、スラッジをスコップですくいバケツに入れる。	
				私はバケツをタンクの出口まで運ぶ。	
	以上の指示で分からないことはありませんか？　　　　→作業者の疑問点に答える				
	復唱	1	中尾さん　　復唱して下さい　　　　→復唱（５Ｗ１Ｈ）させて確認		
	SKYT	◎	危険予知－危険のポイント…◎	重点実施項目	
			1　スコップを勢いよくスラッジに差し込み、はねた油が目に入る	バケツはすくう場所の横に置く	
			2　重いスラッジを続けて何度もすくって、腰を痛める		
		◎	3　後ろに置いたバケツにスラッジを入れようと振り返って足をずらし、床面の油ですべって転ぶ		
		チーム行動目標　設定・指示・唱和		スラッジをコップですくう時は、バケツをすくう場所の横に置こう　ヨシ！	
		指差し呼称項目　設定・指示・唱和		バケツ位置　すくう場所の左　ヨシ！	
	個別 KY	特に、倉上さんは去年腰痛を起こしたので、 腰の準備運動をしてから始めるように。			→　復唱させて確認
	指差し唱和 （タッチ・アンド・コール）			「ゼロ災でいこう　ヨシ！」	

※作業指示者は酸欠作業主任者、作業者は酸欠特別教育受講済みとする。

3 個別ＫＹ

> （個別KYのねらい）
> 「個別KY」は、特に問題のある作業者（健康状態・経験年数・知識技能・性格など）や特に危険な作業を担当させる作業者に対して、チームのKYに追加し、作業指示者が個別的に危険予知して指示を追加し、きめ細かいワンポイント・アドバイスを行うことをねらいとする。「健康KY」も部下一人ひとりの健康状態を把握するための「個別KY」の一種である。

（1） 指示の仕方

特定者に対する指示の仕方は「特にＡ君は～に気をつけてくれ」、「特にＢ君は～を必ず実行すること」、などという個別のワンポイント・アドバイスをする。訓練ではチームメンバー全員に対して一人ひとり個別KYを行ってもよいし、また特定者のみに限定して役割演技してもよい。ゼロ災運動の研修会では、通常特定者１人に対して個別KYを行い、復唱させている。

（2） 復　　唱

個別的にワンポイント・アドバイスを行ったあと、そのメンバーに復唱させて確認する。「復唱します　私は特に～を必ず実行します！」と大声で復唱させる。

（3） 訓練方法

個別KYのみの単独の訓練は行わず、「作業指示STK訓練」、「適切指示即時KYT」、「５分間ミーティング役割演技訓練」、「短時間ミーティングSS訓練」などの中に組み込んで役割演技訓練を行う。一人ひとり個別の作業者に関心を持って接し、必要な指導・援助を行うためのノウハウである。

（4） 由　　来

この個別KYの考え方は住友金属工業㈱（現：日本製鐵㈱）和歌山製鐵所で「洞察力向上訓練」の中で実施していた「個人KY」にヒントを得たものである。

第12章　危険予知訓練（KYT）

4　問いかけKY

> （問いかけKYのねらい）
> 「問いかけKY」は、ライン管理者が作業中の監督者や作業者に、その作業の危険について問いかけて、一緒に危険を予知して安全を確認することにより、現場のKY活動に対する指導・援助、激励を行うことをねらいとする。「問いかけKY」は、作業者の行っているKY活動実践への感謝の心が基本で、強い関心を示すことにより激励するために行うものである。

（1）　問いかけの仕方

①　作業者に作業前のKYTについて問いかける

「お疲れさま、作業前のKYTでは何をテーマにしましたか」
「危険のポイントは何にしましたか」
「チーム行動目標は何ですか」
「この作業の指差し呼称項目は何ですか」

など作業前に行った短時間KYTの内容について問いかけ、応答の内容に応じて一緒に考える気持ちで激励やアドバイスをする。そして、さらに、KYTで決めたチーム行動目標どおり、実践できているか、指差し呼称を行っているかを問いかけ、よくやっていれば、ほめることが大切である。内容に問題があればアドバイスする。

　なお、問いかけるとき、作業者が作業中の場合には、しばらく作業の状況を見て、話しかけてよいタイミングを見計らって、まず、「お疲れさま」などのねぎらいの言葉をかけることも必要である。

②　作業者に作業中の危険を問いかける

「お疲れさま、今、作業していてどんな危険がありますか」
「その危険に対してどうしていますか」
「もし異常が起こったらどうしますか」

など、作業を進める中で変化していく状況により生じる新たな危険のポイントとその対策をできるだけ具体的に問いかけ、一緒になって考え、もし気づいていない危険のポイントがあればアドバイスし、安全を確認する。

③ 監督者に指示内容を問いかける

　監督者（リーダー）が、作業前にどういう作業指示をしたかを問いかける。
「作業前にKYTをやりましたか」
「ここの作業の危険のポイントは何にしましたか」
「どんなチーム行動目標を指示しましたか」
「作業者にきちんと伝わっていますか」
「作業者がそれを守って作業していますか」
　一緒になって考える姿勢が大切である。

④ 作業者に監督者の指示が適切かを問いかける

　作業者に、監督者（リーダー）の行った作業指示が適切であったかどうかを問いかける。

（2）　訓練方法

　ゼロ災運動の研修会ではこのうち「ア　作業前のKYT」、「イ　作業中の危険」にしぼって取り上げて「問いかけKY」を行っている。

　ア　まず「問いかけKYシナリオ」を読みあげ、役割演技訓練を行う（訓練の概要をつかむ）。

　イ　すでに実技研修の終わったイラストシートを使って、準備→問いかけKY→反省のプロセスで訓練を行う。

（3）　由来とポイント

　住友金属工業㈱（現：日本製鉄㈱）ほかの各社で行っていた「問いかけパトロール」にヒントを得たものである。

　ゼロ災運動ではこの「問いかけパトロール」を現場のKY活動徹底のための「アラ探し」的な管理手法としてでなく、あくまでも自主的なKY活動を活性化するための手法としてとらえている。このため、問いかけKYは、現場のKY活動のアラ探しや欠点指摘ではなく、作業者の行っているKY活動実践への感謝の心が基本で、強い関心を示すことによって激励するために行うものである。

　管理者が現場のKY活動に強い関心を示して激励し、ともに学ぶ姿勢でほめることが、KY活動マンネリ化防止に不可欠だからである。「ありがとう、よくやってくれていますね」という感謝の心が前提にないと、KY活動押しつけの手法となってしまう危険がある。

　ラインの管理者のゼロ災小集団に対して信頼と支援を寄せる姿勢が、こうした問い

かけを通じて以心伝心に作業者や監督者に如実に感じとられることとなる。この場合、問いかけられているのは、実際に問いかけられた作業者や監督者ではなく、ラインの管理者本人のゼロ災にかける熱意の度合いが、部下一人ひとりを思う気持ちが本物かどうかという点である。

問いかけKYの進め方

準　備	1．ＫＹＴイラストシートを用意する 　すでに実技（ワンポイントＫＹＴ等）の終わったシートを使用する 2．観察コメントチェックシートを用意する 3．チーム編成　　1チーム　3〜4人の編成 　　　役割分担：役割演技チーム（管理者役／作業者役） 　　　　　　　観察コメントチーム（1〜2名）

観察コメント　チェックシート

所要時間		分　　　　秒	
内　容			コメント・メモ
ＫＹの内容	① ねぎらい	声かけ ねぎらい 作業の確認	
	② 問いかけ1	作業前に行ったKYについて	問いかけたか？	答えに応じて、激励・アドバイスができたか？
		・ＫＹのテーマは？		
		・危険のポイントは？		
		・チーム行動目標は？		
		・指差し呼称項目は？		
	③ フォロー	決めた行動目標どおり 　　　できているか？ 決めた指差し呼称が 　　　できているか？	
	④ 問いかけ2	状況の変化に対応してのKY ・状況の変化は？ ・その時の危険は？ 　　⇒　対策は？ ・行動目標　設定 ・指差し呼称項目　設定	
	⑤ 確認	励まし 指差し呼称 指差し唱和（タッチ・アンド・コール）	
その他		リーダーシップ	

Ⅳ　作業指示者レベルのKYT

準備	役割分担	役割演技チーム	・管理者役　…作業中の作業者に問いかけをする　→進め方カードを持つ ・作業者役　…作業中に管理者の問いかけを受ける　→イラストシートを持つ
		観察コメントチーム	管理者に着目して2人のやり取りを観察しながら、 　　　　　　チェックシートにメモし、役割演技終了後にコメントする。
	メモ記入		自分が＜作業者役＞を担当するシートに ①　※「**状況の変化**」を記入する。 ②　「変化した状況で**予知される危険**」1項目を考えておく。
	状況設定		作業者役…・作業前に、KYTを実施済み。 　　　　　　・そのKYTでテーマにした作業を、今行っている。 管理者役…・作業者が行ったKYTの内容を知らない。

管理者役　と　作業者役　の2人で　役割演技　実施　＜「①ねぎらい」から「⑤確認」まで、5～6分間程度で＞

問いかけKY役割演技	①ねぎらい	・作業の様子を見ながら、タイミングを見計らって ・まず、ねぎらいの言葉をかけて ・作業の進行状況を問いかける	
	②問いかけ1 ③フォロー	○作業前に行ったKYTについて問いかける 1.　**KYTのテーマは？** 2.　**危険のポイントは？** 3.　**チーム行動目標は？** 4.　**指差し呼称項目は？** 5.　**決めたチーム行動目標が実践できているか？** 6.　**決めた指差し呼称が実践できているか？**	○激励・アドバイス それぞれの答えに応じて、 　**一緒に考える気持ちで、** 激励やアドバイスをする。
		・まず、作業者が考えた「危険のポイント」と「対策」については"**ともに学ぶ姿勢で**"ほめる。 ・管理者は、その「危険のポイント」と「対策」が適切かどうかを、 　　　　　　自らの感受性に働きかけてすばやく**判断**し、**アドバイス・激励**をする。 ・そのためには、管理者自身が、現場をよく知っておく必要がある。	
	④問いかけ2	○作業中の危険を問いかける 1　※「**状況の変化**」を問いかける 2　その状況をテーマに2人で一緒にKYTを行う 　・作業者が気づいていない点があればフォローする。 3　励ましの言葉をかける	作業を進める中で、変化していく状況により生じる新たな危険について、一緒にKYTを行う。 ※「**状況の変化**」とは 環境条件の変化／トラブル／次の作業　等
	⑤確認	管理者のリードで、 ・「④問いかけ2」で行ったKYTの「指差し呼称項目」を3回唱和する。 ・指差し唱和（タッチ・アンド・コール）「ゼロ災でいこう　ヨシ！」を 　行って現場を去る。	・実践への橋渡し ・激励の 　気持ちを込めて

反省	・コメント係のチェックシートによるコメント ・相互反省

第12章 危険予知訓練（KYT）

問いかけKY　役割演技シナリオ（窓枠コーキング）

[状況]
あなたは、脚立を使って窓枠の
コーキングを行っている

①ねぎらい	管理者	○○さん、おはようございます。	作業者	おはようございます。
	管理者	お疲れ様。今朝は冷えますね。ところで、コーキング剤を替えたそうですが、使いやすいですか？	作業者	そうですね、寒いと硬くなるのですが、これはチューブの出がよくて仕事が楽に進みます。
	管理者	それはよかった。		
②問いかけ1	管理者	ところで、今朝のミーティングでは、**どんなテーマ**でワンポイントＫＹＴをしましたか？	作業者	窓枠コーキングです。
	管理者	ちょうど今やっている作業ですね。		
	管理者	そこで**危険のポイント**は何にしぼりましたか？	作業者	「2枚続けてコーキングしようと身を乗り出し、脚立が傾いて落ちる　ヨシ！」にしました。
	管理者	脚立の移動が面倒なので、つい背伸びして体を遠くに伸ばしながら作業してしまうのですね。	作業者	はい。脚立が重いので、つい横着になりがちです。
	管理者	なるほど…脚立が重いからね…		
	管理者	そうすると、**チーム行動目標**は、どうなりましたか？	作業者	「コーキングする時は、脚立をこまめに移動しよう　ヨシ！」です。
	管理者	「こまめに移動」は、アリアリと目に浮かぶよい行動目標ですね。		
	管理者	それで、**指差し呼称項目**は何にしましたか？	作業者	「脚立位置　ヨシ！」です。
	管理者	脚立を移動した後、位置を確認するのですね。「脚立位置正面　ヨシ！」にしてもよかったですね。	作業者	なるほどそうですね！
③フォロー	管理者	ところで、脚立の移動はこまめに**やっていますか？**	作業者	はい、指差し呼称で確かめながらやっています。
	管理者	そうですか。ありがとう！		

Ⅳ　作業指示者レベルのKYT

④問いかけ2	管理者	この後、作業を続けていく中で、何か**状況が変わることは**ないですか？	作業者	少し雲行きがあやしいので、もしかしたら雨が降ってくるかもしれません。降り出したら、いったん作業を中止して、やんでからまた始めるつもりです。
	管理者	それがいいね。		
	管理者	ところで、雨が降ったあとにコーキング作業をする時、**どんな危険が考えられ**ますか？	作業者	地面が雨でぬかるんでいるので、脚立に乗った時、脚立の脚がめり込んで、傾いて落ちることがあります。
	管理者	ここは土が柔らかくて、ぬかるみができるから危ないね。 　靴に泥がついて、踏みさんに浅く足をかけると、滑って踏み外すことも考えられるね。		
	管理者	どちらが問題かな？	作業者	やっぱり「傾いて落ちる」だと思います。
	管理者	そうだね。		
	管理者	それでは「傾き落ちる」に対して、**どんな対策が**必要かな？	作業者	そこの資材倉庫にある板を持ってきて、脚立の下に敷いたらどうですか？
	管理者	なるほど、それはいいね。板を敷けば脚立の脚の位置が水平になるからね。		
	管理者	それでは**行動目標は**「雨上がりあとに脚立に上がる時は、脚立の下に板を敷こう　ヨシ！」にしましょうか？	作業者	そうですね。必ず板を敷いて、その上に脚立を置くようにします。
	管理者	では、**指差し呼称項目**は、脚立に体重をかけて押してみて、めり込まないことを確かめて「脚立位置水平　ヨシ！」でどうかな？	作業者	はい。「脚立水平　ヨシ！」と、指差し呼称で確認してから作業します。
⑤確認	管理者	それでは**指差し呼称項目を3回指差し**唱和しよう！ 「指差し呼称項目　脚立水平　ヨシ！」		
	管理者	「脚立水平　ヨシ！」（3回）	作業者	「脚立水平　ヨシ！」（3回）
	管理者	指差し唱和でしめよう 「ゼロ災でいこう　ヨシ！」		
	管理者	「ゼロ災でいこう　ヨシ！」	作業者	「ゼロ災でいこう　ヨシ！」
	管理者	それでは作業よろしくお願いします。ご安全に！	作業者	ご安全に！

第12章　危険予知訓練（KYT）

V　小人数チームレベルのKYT

1　ワンポイントKYT

> （ワンポイントKYTのねらい）
> この手法は、KYTの4ラウンドのうち第2ラウンド、第4ラウンドを思いきってワンポイント（1項目）にしぼり込む、口頭だけで行う小人数チームの短時間KYTであり、現場でその時その場に即して実践的な危険予知活動を行うことをねらいとしている。

(1)　手法の概要

　KYTの4ラウンドのうち第2ラウンドの危険のポイント、第4ラウンドの重点実施項目を思いきってワンポイント（1項目）にしぼり込む小人数（3人程度）チームのKYTである。模造紙やホワイトボードを使わず、口頭だけで行う。立ったままで、3〜5分間で行えるので、「誰でも　いつでも　どこでも」できる。
　このワンポイントKYTは、すべての「短時間小人数KYT」のベースとなっている基本手法で、この「ワンポイントのしぼり込み」こそ短時間KYTといってよい。

(2)　手法の由来

　1979年（昭和54年）当時、最終的な仕上げの訓練モデルコースとして"TBM 5分間コース"を設定していた。これはごく単純な作業内容のイラストシートを使って、現場のTBMで5分間で行う訓練であった。しかしこの訓練は、模造紙やホワイトボードを使って行うやり方なので、8、9人のチームでは、どうしても5分間で行うのには無理があった。
　ところが、三菱重工業㈱広島造船所（現：広島製作所）では、KYTリーダー教育の中で、チームを2人、3人に小分けして、第4ラウンドまでのフルコースをわずか3分間で仕上げて唱和する"安全ワンポイントKYT"を実施していた。
　これは三角KYT（255ページ参照）をもう一歩発展させたもので、最初から2、3人のメンバーで、円陣を組んで口頭のみでやる、というすばらしい着想で、5分間の壁を破った。危険のポイント、重点実施項目をズバリ、ワンポイントにしぼり込んで

「これだけは必ずやるぞ」と誓い合うものである。これにヒントを得て1980年（昭和55年）に開発されたのがワンポイントKYTである。

（3） KY活動日常化のために

　危険予知訓練（KYT）を日々のTBMに生かすことは、ゼロ災運動を推進する上で重要な決め手である。このKYT定着化、KY活動日常化、さらに指差し呼称の定着化の課題にこたえるために、KYT基礎4ラウンド法を現場で活用する手法として、ゼロ災運動では、三角KYT、ワンポイントKYT、SKYT、作業指示STK訓練、適切指示即時KYT、1人KYT、自問自答カード1人KYTなどの活用技法を開発し実施している。

（4） 実技の進め方

① チーム編成

　1チーム5～6人とし、そのうちの3人が役割演技チーム、他のメンバーは観察チームとなる。役割演技チームのうち1人がリーダーとなる。
　役割演技の人数を3人とし口頭のみで行うのは、1）話し合いへの参加度を高める、2）時間を短くする、3）訓練の回転を早くする、などの理由による。

② KYTイラストシート

　できれば自社の手づくりで、なるべく状況を限定して描いたイラストシートがよい。あまり広い範囲を描いたイラストシートは、この訓練には不適である。

③ 金魚鉢方式

　最初の2、3回は2～3人ずつに分かれ、全員が同時に役割演技してウォーミングアップしたあと、金魚鉢方式で本番を役割演技し、コメントし合うのもよい。役割演技だから、できるだけ現場の雰囲気らしくきびきびと演技することが大切である。研修会では訓練の時間配分では実技時間を5分とっているが、通常は3分で完了している。

④ 役割演技（観察チームは入らない）

1) <u>導入</u>

　全員立ったまま円陣を組んで行う。
　リーダーは、整列・番号、挨拶、健康確認を行う。

2) <u>第1ラウンド　どんな危険がひそんでいるか</u>

　リーダーは、イラストの状況を読み上げ、メンバーの発言を促す。シートの中にひそむ"危険要因"とそれが引き起こす"現象（事故の型）"を、「～なので～にな

る」、「～して～になる」、「～なので～して～になる」というようにドンドン発言する。3～5項目程度さっと出す。

3) <u>第2ラウンド　これが危険のポイントだ</u>

リーダーはメンバーに諮って危険のポイントをワンポイントにしぼり込んで決め、全員で指差し唱和する。

4) <u>第3ラウンド　あなたならどうする</u>

危険のポイントについて、どうしたらよいか、実行可能な具体策を話し合って2～3項目出す。

5) <u>第4ラウンド　私達はこうする</u>

「すぐこうしよう」、「必ずこうしよう」という重点実施項目をメンバーに諮って1つにしぼり込む。

それを「～する時は～を～して～しよう」というチーム行動目標にまとめ、全員で<u>指差し唱和する</u>。

6) <u>確認</u>

さらに指差し呼称項目（1項目）を話し合って決めて3回唱和し、指差し唱和（タッチ・アンド・コール）でしめくくる。

以上1）から6）までの手順・要領で進める。全体を3分以内に完了する。

⑤　金魚鉢方式の活用

役割演技チームの3人が役割演技し、ほかのメンバーは観察チームとなる。役割演技終了後、観察チームは全員で1人1分以内の金魚鉢コメントをする（観察ポイント：所要時間、KYの内容、リーダーシップ、声の大きさ・態度など）。（222ページ参照）

⑥　レポート（短時間KYメモ）

リーダーは実技終了後、所定の3行レポート用紙（短時間KYメモ）に、3行でレポートする。第1ラウンドは記入しない。

第2ラウンド……◎印のワンポイントのみ

第4ラウンド……チーム行動目標のみ

確認……指差し呼称項目のみ

(5)　ワンポイントKYTの特色

このワンポイントKYTは、KYT基礎4ラウンド法をしっかり反復訓練し、特にリーダーが正しい進め方にある程度習熟してから実施する活用手法である。基本型と対比

V 小人数チームレベルのKYT

してその特色を明確にしたい。
① 導入から確認までを3〜5分で行う。このやり方だと容易に時間を短縮できる。
② 1チームの人数は3人程度がよい。現場で実際に作業する際の事実上のチームは3人程度のことが多いので、極めて実践的である。3人程度で行うのはこの手法の不可欠要件である。
③ 立ったまま円陣を組んで実技する。あくまで現場で、その時その場に即して行うのが短時間KYTの基本だからである。
④ すべて口頭で、言葉のみで行う。通常のKYTは文字・文章、三角KYTは記号・メモを使うが、ワンポイントKYTはそれを使わないのが特色である。
⑤ 第2ラウンド、第4ラウンドをズバリ、ワンポイントに思いきってしぼり込むのが特色。実践、実行のためには、この"しぼり込み"が非常に大事である。危険が1つとか、ほかの危険を切り捨てるということではない。
⑥ 訓練ではイラストシートを使うが、仕上がりはあくまで現場で現物で、その時その場に即して危険予知活動を行うための手法である。
⑦ 第2ラウンドの危険のポイント、第4ラウンドのチーム行動目標、指差し呼称項目は必ずハッキリした声で指差し唱和しよう。それによって達成感もあり、一体感、連帯感も生まれる。
⑧ レポートは、「危険のポイント・チーム行動目標・指差し呼称項目」の3点のみを記入する。"3行レポート"ならほとんど負担にならない。訓練中は必ずレポートさせコメントすること。現場でもできれば3行レポートをするほうがよい。

第12章 危険予知訓練（KYT）

ワンポイントＫＹＴの進め方（手法まとめ）

準備	1チーム5〜6人	役割分担・役割演技チーム（リーダー・メンバー）／・観察チーム
導入	メンバー　メンバー ○　　　○ ● リーダー	〔全員起立〕 リーダー＝「これからワンポイントＫＹＴを行います」 　　　　　とメンバーに伝える リーダー＝整列・番号、挨拶、健康確認
1R	現状把握 どんな危険が ひそんでいるか	メンバー　○ ● ○　メンバー　（イラストはリーダーのみ持つ。 　　　　　リーダー　　　　　メンバーは何も持たない。） リーダー＝状況読み上げ "危険要因"と引き起こされる"現象（事故の型）" 「〜なので〜になる」、「〜して〜になる」 「〜なので〜して〜になる」　（3〜5項目）
2R	本質追究 これが危険の ポイントだ	(1) しぼり込み＝**危険のポイント**　（1項目） (2) 危険のポイント→指差し唱和 　リーダー「危険のポイント　〜なので〜して〜になる　ヨシ！」 　→全員「〜なので〜して〜になる　ヨシ！」
3R	対策樹立 あなたならどうする	危険のポイントに対する具体的で実行可能な対策 →　（2〜3項目）
4R	目標設定 私達はこうする	(1) しぼり込み＝**重点実施項目**　（1項目） (2) 重点実施項目→**チーム行動目標**　設定 (3) チーム行動目標→指差し唱和 　リーダー「チーム行動目標 　　　　　　　〜する時は〜を〜して〜しよう　ヨシ！」 　全　員「〜する時は〜を〜して〜しよう　ヨシ！」
確認		(1) 指差し呼称項目設定　1項目 　→リーダー「指差し呼称項目　○○　ヨシ！」→全員「○○　ヨシ！」（3回唱和） (2) 指差し唱和（タッチ・アンド・コール） 　リーダー「ゼロ災でいこう　ヨシ！」→全員「ゼロ災でいこう　ヨシ！」
観察 コメント	金魚鉢方式	観察チーム（コメント項目分担）

V 小人数チームレベルのKYT

モデルシート

＜どんな危険がひそんでいるか＞

ワンポイントKYT

台車運搬

〔参考〕

…1R・2R…

1．缶ビールが落ちないようにゆっくり押していて、スロープの手前の段差にひっかかり、止まった台車で腰を打つ

②．スロープの途中で、右側の壁にぶつからないように左に寄せたところ、缶ビールの重みで勢いづいて斜めに走り出した台車に引っ張られ、台車と一緒に落ちる

3．下りスロープなので、勢いづく台車を踏ん張って後ろへ引きながら下りようとして、腰を痛める

…3R・4R…

※1．スロープの手前で後ろ向きにかえる

2．一旦止まり、台車の向きを壁に合わせる

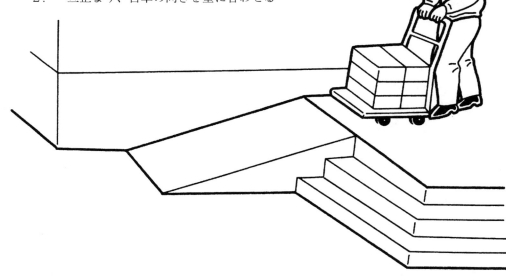

状　況

あなたは、缶ビール6箱（約50kg）を台車に載せて、階段脇のスロープ（ベニヤ板製：厚さ12mm）を下りようとしている。

第12章　危険予知訓練（KYT）

♋ 短時間KYメモ　（例）　　（ワンポイントKYT、SKYT、１人KYT、自問自答カードKYT etc.）

日時　　年　　月　　日	職場名	実施者名

作業名
台車運搬

（１R…記入省略）

２R　危険のポイント（これが危険のポイントだ…１つにしぼる）
スロープの途中で、右側の壁にぶつからないように左に寄せて、缶ビールの重みで勢いづいて斜めに走り出した台車に引っ張られ、台車と一緒に落ちる　ヨシ！

（３R…記入省略）

４R　重点実施項目（危険のポイントに対してどうするか…１つにしぼる） 　　　　　　（記入省略）
（チーム）行動目標（～する時は～を～して～しよう　ヨシ！） 　　　　台車に缶ビールを載せてスロープを下りる時は、手前で後ろ向きにかえよう　ヨシ！

確認　指差し呼称項目
台車　後ろ向き　ヨシ！

実施後メモ（設備・機械・作業方法・保護具など気づいた点）

上司 　コメント	

〈記入上の注意〉　1. 危険のポイント
　　　　　　　　　2. チーム行動目標（１人KYTのときは行動目標）
　　　　　　　　　3. 指差し呼称項目
　　　　　の３点にしぼって記入する。

2　三角KYT

> （三角KYTのねらい）
> 　この手法は、KYTのイラストシートの危険箇所に三角マークをつけ、そこに「頭をぶつける」とか、墜落の記号（例えば「↓」）などを適宜付記し、さらに最も危険と思われるものに二重の三角印をつけるなどして、直ちに対策を出し、行動目標を設定していく訓練で、視覚に訴えながら誰もがたやすく参加できることに特徴があり、チームメンバーが必ずしも十分KYTの手法に通じていない状況の下で、限られた時間内で危険を共有し合い、安全意識の高揚を図ることをねらいとしている。

(1)　手法の概要

　危険予知訓練（KYT）は画期的な全員参加の先取り手法だが、これを実際に日々現場で活用する際にいくつかの困難な問題点がある。
　① ごく短時間、特に5分間以内でやるにはどうしたらよいか。
　② 早くやろうとすれば特定の積極的な声の大きい人の発言のみで進めてしまい、そのほかの者は黙ったままで終わってしまうのではないか。
　③ 話したり書いたりすることが苦手な人には、模造紙やホワイトボード等に書くことを中心に展開していくKYTは負担になり、実際に使われないのではないか。
　この三角KYTは危険予知訓練を
　① より早く、より簡単に
　② 文字どおり全員参画で
　③ 話したり、書いたりすることが苦手な人にも参加できるように
開発したものである。小人数に分かれ、記号とメモを使って短時間にチームの合意形成を図ろうとするTBM-KYの一つの手法である。
　ただし、正確な表現を下地としていないため、きめが粗く大ざっぱな危険予知の内容となりがちで、リーダーがこの手法に習熟していないと上滑りで底の浅いものになる恐れもある。

(2)　手法の特徴と由来

　シートの危険要因に赤のサインペンで○印や△印をつけ、同時に要点をメモ書きし

第12章　危険予知訓練（KYT）

ておくと、一目でそのシートのポイントがつかめるという利点があり、文章でくどくど書かれたモデル解答よりずっと分かりやすい。

そのやり方を大成建設㈱福岡支店（現：九州支店）では現場で実践的に活用しており、小分けしたチームごとにシートに直に○印をつけさせるやり方をしていて、その進め方をもとに「三角KYT」が作られた。3組のサブチームでKYを行うことと、三角が「参画」に通じてピッタリだったからである。この手法は、KYTの現場での小人数チームレベルの活用技法としては、一番はじめに1979年（昭和54年）に創出され、そのあとの小人数短時間KYTの出発点となった手法である。

(3)　実技の進め方
① サブチーム編成

チームをまず3組のサブチームに小分けする。1チーム6人なら2人ずつ、9人なら3人ずつとする。

リーダー1名、サブリーダー2名とする。サブリーダーは特に任命しなくても、サブチームのまとめ役が1人ずつ明確になっていればよい。

サブチームの人数は2～3人がよい。人数を少なくするのは、全員が自ら考え、発言し、KYに参加（参画）するためである。全員起立し、立ったまま実技を行う。

② 役割演技（観察チームは入らない）

1) 導　入

リーダーは整列・番号、挨拶、健康確認を行ったあと、サブチームに各1枚のシートを配る。シートは今日これから行う作業に直接関連あるもの、特に過去において災害やヒヤリ・ハットが発生したことがあれば、その事例をイラスト化したものがよい。

2) 第1ラウンドの(1)　どんな危険がひそんでいるか——記号記入

サブチームごとにイラストシートに描かれた状況に「どんな危険がひそんでいるか」を話し合う。サブリーダーはメンバーの話し合いの中で発見された危険を、シートのそれぞれの関連箇所に直に△印を記入して、一見して分かるようにする（不安全状態のみでなく、不安全行動も予想して）。

△印はいくつつけてもよい。△印のそばに危険要因とその要因によって引き起こされる現象（事故の型）をメモ書きするとよい。その危険が墜落という現象を引き起こすなら、△印のそばに「おちる」と書いたり、彡（墜落）の記号をつける。その危険が爆発のもととなるなら「ばくはつ」とメモする。彡（感電）の記号

Ⅴ 小人数チームレベルのKYT

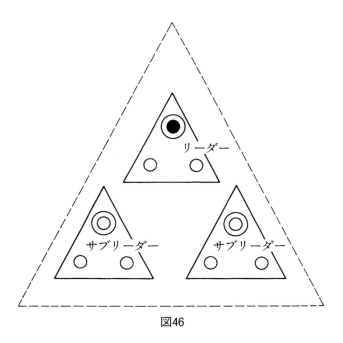

図46

などどんな記号を使ってもよい。

　文章化の必要がないので、この2人、3人でのKYはごく短時間でできる。また話し合いの結果もシートに一目瞭然に記入される。
3) 第1ラウンドの(2)　つき合わせ
　次に、リーダーが中心になって3組のサブチームの記号の記入されたシートをつき合わせる。リーダーのシートに、危険要因とそれによって引き起こされる現象（事故の型）を、メンバーに確認しながら、もれなく△印とメモ書きを写していく。
　2組以上が一致して指摘した危険は▲印（二重三角）とする。
4) 第2ラウンド　これが危険のポイントだ——◎印決定
　次にリーダーが中心になって「これが危険のポイントだ」の話し合いに入る。「やっぱりこれは問題だ」、「これはウッカリすると重大事故になるぞ」、「これはすぐ何とかしなくては」という危険を◎印にする段階である。赤マジックがあれば、赤丸にしたり、△印をぬりつぶしてもよい。危険のポイントはワンポイントにしぼる。この◎印もどんな記号を使ってもよい。一目で「危険はこれだ」と分かるような分かりやすい記号がよい。▲（三重三角）でもよく、×印や☆印でもよい。要は「やっぱりこいつは危ないぞ」と合意することにある。

リーダーは◎印の危険のポイントをメンバーに確認し、「～なので～して～になる　ヨシ！」と全員で指差し唱和する。
5）　第3ラウンド　省略
6）　第4ラウンド　私達はこうする――行動目標　設定・指示、唱和
リーダーは、その危険のポイントに対する重点実施項目を具体的に指示する。さらにその重点実施項目をとりまとめ、ズバリ、チーム行動目標を決めて指示し、全員で指差し唱和する。「～する時は～を～して～しよう」というように具体的な前向きの行動内容をチーム行動目標とする。
7）　確　認
さらにリーダーは、指差し呼称項目を1項目決めて指示し、3回唱和して、全員で手を触れ合い「ゼロ災でいこう　ヨシ！」と指差し唱和（タッチ・アンド・コール）をしてミーティングをしめくくる。

（4）　所要時間
　三角KYTでは第3、第4ラウンドの話し合いをせず、リーダーが指示する形で行う。ただし、第1、第2ラウンドを行ってからの指示なので、一方的な指示とは性質が全く異なり、行動目標が実践につながる。
　全体をおよそ5分以内に終了する。始業時あるいは現場で、その日の作業のうち、特に危険度の高い単位作業の中の一つのステップをテーマに、さっとやる。
　◎印や重点実施項目はリーダーが文章化してホワイトボード等に書いて現場に持参してもよく、またチーム行動目標も同様である。その場合でも10分以内には終了する。

（5）　時間に余裕があるとき
　話し合う時間に十分な余裕があるときは、第3ラウンドの対策樹立、第4ラウンドの目標設定まで、続けてイラストシートに直に書き込みながら進めてもよい。対策のアイデアも、重点実施項目も全て書き込んでいく。チーム行動目標も赤字で書いたり、赤ワクで囲んだりするとよい。全て目で見て1枚のイラストシートの中に分かりやすく示すのが三角KYTである。

（6）　金魚鉢方式の活用
　9人のメンバーで三角KYTを訓練する場合には、6人の役割演技チームと3人の観察チームに分けて、金魚鉢方式で行うとよい。観察チームは6人の役割演技終了後、

所要時間、KYの内容、リーダーシップ、声の大きさ・態度などについて、1人30秒〜1分程度の心のこもったコメント（ワンポイント・アドバイス）を行う。順次に役割を変えながら交替して繰り返し実施する。

(7) 三角KYTをどう生かすか
① その長所
1) 「第1ラウンドの(1)」のKYが2〜3人のサブチームなので、気楽に話し合え、考え合うことができる。
2) 口頭のみで進め、文章化を必要としないのでムダな時間と労力が省ける。
3) 3組でやるので見落としも少なく、つき合わせでみんなの考えが1枚のイラストシートに生かされる。
4) 記号で視覚的にズバリ危険が分かり、話し合いの結果も一目瞭然である。
5) 時間がかからない。建設工事業などのTBMで行うのに適している。
6) 第2ラウンドまでをしっかりやれば、対策や目標を指示しても、それがメンバーの行動につながることが期待できる。KYを行わずに一方的に指示命令するのとは全然違う。

② その問題点
1) イラストシートに書き込むので、イラストシートがないとできない。
2) イラストシートによって間違い探し、特に不安全状態のみの発見ゲームになる。
3) 短時間に実施する前提として△印の数が適切なイラストシートづくりが難しい。
4) リーダーのリーダーシップのウエイトが大きい。特に適切な重点実施項目やチーム行動目標を指示できるかどうか。そのための訓練に時間がかかる。

③ その魅力
このような多くの問題点はあるにしても、なおこの三角KYTの魅力は失われない。建設工事業の場合、災害のほとんどは在来型で繰り返し型である。これを業種・職種・作業別に限定していけば、イラストシートの枚数もそう膨大なものにはならない。大手ゼネコンは数社でプロジェクトチームをつくって、過去の災害事例に基づく三角KYT用のシートをドンドン作成し、現場第一線に提供すべきである。そして全ての現場で三角KYTがドンドン行われるようにするための職・組長、リーダーのKYT研修を徹底してほしい。やはり現場のリーダーには本格的なKYT基礎4ラウン

第12章　危険予知訓練（KYT）

ド法と問題解決4ラウンド法をしっかり教え、自信を持って三角KYTを正確に指導し実施できるようにしたい。このようなリーダーのKYT研修を徹底するためのKYTトレーナーを養成することも大切である。

Ⅴ 小人数チームレベルのKYT

三角KYTの進め方（手法まとめ）

準備	1チーム6〜9人	チーム3分割→サブチーム＝2〜3人 役割分担（リーダー1人、サブリーダー2人、メンバー）
導入		〔全員起立〕 リーダー＝「これから三角KYTを行います」とメンバーに伝える リーダー＝整列・番号、挨拶、健康確認 　　　　→サブリーダーにイラストシート配布
1R	現状把握 どんな危険が 　ひそんでいるか	リーダー＝状況読み上げ 　→チーム3分割 (1)メモ記入（危険要因と現象） 　　サブチームごと→"△印と記号メモ"記入 　→チーム全員集合 (2)つき合わせ 　　サブチームの記入結果収集 　　リーダー→自分のシートに"△印と記号メモ"を写す 　　　　△＋△ → ▲
2R	本質追究 これが危険の 　ポイントだ	(1)しぼり込み＝**危険のポイント**　1項目 　　　　→◎印 (2)危険のポイント→指差し唱和 　　リーダー「危険のポイント　〜なので〜になる　ヨシ！」 　→全員「〜なので〜になる　ヨシ！」
3R	対策樹立	省略
4R	目標設定 私達はこうする	(1)リーダー＝**重点実施項目**・指示　1項目 (2)リーダー＝**チーム行動目標**　設定・指示 (3)チーム行動目標→指差し唱和 　　リーダー「チーム行動目標　〜する時は〜を〜して〜しよう　ヨシ！」 　→全員「〜する時は〜を〜して〜しよう　ヨシ！」
確認		(1)リーダー＝**指差し呼称項目**　設定・指示　1項目 　→リーダー「指差し呼称項目　○○　ヨシ！」→全員「○○　ヨシ！」（3回指差し唱和） (2)指差し唱和（タッチ・アンド・コール） 　　リーダー「ゼロ災でいこう　ヨシ！」→全員「ゼロ災でいこう　ヨシ！」

第12章　危険予知訓練（KYT）

モデルシート

＜どんな危険がひそんでいるか＞

三角ＫＹＴ
ピット内点検

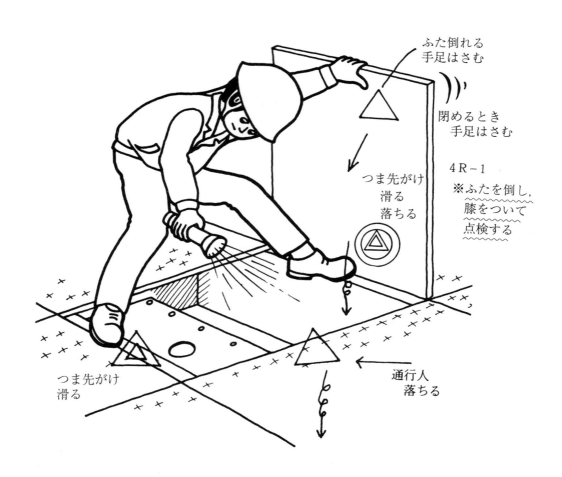

状　況
　　あなたは、ピットのふたを開けて、内部の点検をしようとしている。

Ⅴ 小人数チームレベルのKYT

短時間KYメモ （例）　（ワンポイントKYT、SKYT、1人KYT、自問自答カードKYT etc.）

日時　年　月　日	職場名	実施者名

作業名
ピット内点検

（1R…記入省略）

2R　危険のポイント（これが危険のポイントだ…1つにしぼる）
ピットのふたを手で支えながら、ピットの縁に左足のつま先だけかけ、ピットの奥をのぞこうと前のめりになった時、左足が滑り、ピット内に落ちる　ヨシ！

（3R…記入省略）

4R　重点実施項目（危険のポイントに対してどうするか…1つにしぼる） 　　　　　（記入省略） ---- 　　　　　（チーム）行動目標（〜する時は〜を〜して〜しよう　ヨシ！） 　　　　ピットの奥をのぞく時は、ふたを全開にして、膝をついて点検しよう　ヨシ！

確認　指差し呼称項目
ふた全開　ヨシ！

実施後メモ（設備・機械・作業方法・保護具など気付いた点）
ふたを開けたまま作業現場を離れないこと。現場を離れるときには、必ずふたを閉めること

上司 コメント	

〈記入上の注意〉　1．危険のポイント
　　　　　　　　　2．チーム行動目標（1人KYTのときは行動目標）
　　　　　　　　　3．指差し呼称項目
　　　　　の3点にしぼって記入する。

3　SKYT

> （SKYTのねらい）
> 　この手法は、第4ラウンド以降をリーダーの一方的な指示で進行し、簡便かつ少人数でできる短時間KYTであり、現場でその時その場に即して危険予知活動を行うための実践的な手法であるとともにリーダーのリーダーシップを養成することをねらいとしている。

（1）　手法の概要

　SKYTのSKY（エス・ケー・ワイ）とは、Short Time KYの省略である。ワンポイントKYTの第3ラウンドを省略し、第4ラウンド以降をリーダーが一方的に進める小人数短時間簡略KYTである。その特徴は

① ごく短時間（2～3分）に（in a short time）
② 口頭だけで
③ ごく小人数（2、3人）で
④ 危険のポイントをワンポイントにしぼり込んで第2ラウンドまで行い
⑤ 第3ラウンドを省略し、
⑥ 第4ラウンド以降は、リーダーが一方的に指示する

などの点にある。
　こうしたリーダー中心のやり方がゼロ災小集団のKYTの手法として理想的なものかどうかは、チーム内のKYTのレベル、構成メンバーの状況等とも関係するであろう。

（2）　手法の由来

　マツダ㈱がゼロ災運動の中で行っているSKY（即時危険予知）活動からヒントを得て、1982年（昭和57年）に開発された「簡略ワンポイントKYT」である。スカイ（SKY）は空、天空を意味し、語呂が明るく晴々としていて良いイメージがある。
　SKYTでは特に第2ラウンドまでを、みんなで実施して危険のポイントをアリアリと目に思い浮かべること、つまりみんなで危険の情報を共有することが重要である。第1ラウンド、第2ラウンドをしっかりやれば、実践活動につながることが期待できる。現場では時間が大切である。きびきびと短時間で行うSKYTは、KYTの一つの仕上がりといってよい。

（3） 実技の進め方

① 準　備

1チームを5～6人とし、そのうち3人が役割演技チーム、ほかのメンバーは観察チームとなる。役割演技チームの1人がリーダーとなる。

② 役割演技（観察チームは入らない）

1) <u>導　　　入</u>

全員立ったまま円陣を組んで行う。

リーダーは、整列・番号、挨拶、健康確認を行う。

2) <u>第1ラウンド　どんな危険がひそんでいるか</u>

リーダーは、イラストシートの状況を読み上げ、メンバーの発言を促す。

イラストシートの状況の中にひそむ危険要因とそれが引き起こす現象を、「～なので～になる」、「～なので～して～になる」と、3～5項目程度さっと出す。その際、重要危険に漏れがないように事故の型等を列記した「KYカード」を活用するとよい。

3) <u>第2ラウンド　これが危険のポイントだ</u>

リーダーはメンバーに諮って、危険のポイントをワンポイントにしぼり込み、「危険のポイント　～なので～して～になる　ヨシ！」と指差し唱和して確認する。

4) <u>第3ラウンド　省略</u>

5) <u>第4ラウンド　私達はこうする</u>

リーダーは一方的に危険のポイントに対する重点実施項目を決め、チーム行動目標を設定・指示し「チーム行動目標　～を～して～しよう　ヨシ！」と指差し唱和する。

6) <u>確　　　認</u>

リーダーは「これだけは現場で必ず指差し呼称しよう」という指差し呼称項目（1項目）を決めて指示し、「○○　ヨシ！」と3回唱和する。

指差し唱和（タッチ・アンド・コール）でしめくくる。

③ 金魚鉢方式の活用

実技は4～5分で完了、次第に3分程度に短縮していく。役割演技チームのSKYTに対し、観察チーム全員が1人1分以内の心のこもったアドバイスを行う（観察ポイント：所要時間、KYの内容、リーダーシップ、声の大きさ・態度など）。

第12章　危険予知訓練（KYT）

ＳＫＹＴの進め方（手法まとめ）

準　備	1チーム5～6人	役割分担・役割演技チーム（リーダー・メンバー）・観察チーム
導　入	メンバー　メンバー　リーダー	〔全員起立〕 リーダー＝「これからSKYTを行います」とメンバーに伝える リーダー＝整列・番号、挨拶、健康確認
1R	現状把握 どんな危険が ひそんでいるか	メンバー　リーダー　メンバー　（イラストはリーダーのみ持つ。メンバーは何も持たない。） リーダー＝状況読み上げ "危険要因"と引き起こされる"現象（事故の型）" 「～なので～になる」、「～して～になる」 「～なので～して～になる」　3～5項目
2R	本質追究 これが危険の ポイントだ	(1) しぼり込み＝危険のポイント　1項目 (2) 危険のポイント→指差し唱和 　　リーダー「危険のポイント　～なので～して～になる　ヨシ！」 　　→全　員「～なので～して～になる　ヨシ！」
3R	対策樹立 あなたならどうする	省略
4R	目標設定 私達はこうする	(1) リーダー＝重点実施項目　指示 (2) リーダー＝チーム行動目標　設定・指示 (3) チーム行動目標→指差し唱和 　　リーダー「チーム行動目標 　　　　　　　～する時は～を～して～しよう　ヨシ！」 　　→全　員「～する時は～を～して～しよう　ヨシ！」
確　認		(1) リーダー指差し呼称項目設定・指示　1項目 　　→リーダー「指差し呼称項目　○○　ヨシ！」 　　→全員「○○　ヨシ！」（3回指差し唱和） (2) 指差し唱和（タッチ・アンド・コール） 　　リーダー「ゼロ災でいこう　ヨシ！」→全員「ゼロ災でいこう　ヨシ！」
観察 コメント	金魚鉢方式	観察チーム（コメント項目分担）

Ⅴ　小人数チームレベルのKYT

モデルシート
＜どんな危険がひそんでいるか＞

電源ケーブルの皮むき

…1R・2R…
1. ケーブルの皮をむき終わったので、電源ボックス内の上にある接続盤を見ながら近寄って、電源ボックスのフレームにつまずいて転ぶ
2. ケーブルが短いので、接続盤の前でケーブルの皮むきをしようとして、風にあおられて急に閉まってきたトビラが背中に当たる
③. ケーブルの皮が硬いので、力を入れてナイフを引いたとき、刃先が滑って手を切る
4. 端子まわりが狭いので、ケーブルの端を持ってつなごうとして、通電したままの端子に触れて、感電する

状　況
　　あなたは、工事中のビルの屋上で電源ケーブル接続のため皮むきをしている。

267

第12章　危険予知訓練（KYT）

短時間KYメモ　（例）　　（ワンポイントKYT、SKYT、1人KYT、自問自答カードKYT etc.）

日時　年　月　日	職場名	実施者名

作業名
電源ケーブル皮むき

（1R…記入省略）

2R　危険のポイント（これが危険のポイントだ…1つにしぼる） 　　　ケーブルの皮が硬いので、力を入れてナイフを引いたとき、刃先が滑って手を切る　ヨシ！

（3R…記入省略）

4R　重点実施項目（危険のポイントに対してどうするか…1つにしぼる） 　　　　（記入省略） ―――――――――――――――――――――――――――――――― 　　　（チーム）行動目標（～する時は～を～して～しよう　ヨシ！） 　　　ナイフを使って電源ケーブルの皮をむく時は、刃先を外に向けよう　ヨシ！

確認　指差し呼称項目 　　　　　　刃先外向き　ヨシ！

実施後メモ（設備・機械・作業方法・保護具などで気づいた点）

上司 　コメント	

〈記入上の注意〉　　1．危険のポイント
　　　　　　　　　　2．チーム行動目標（1人KYTのときは行動目標）
　　　　　　　　　　3．指差し呼称項目
　　　　　　　　の3点にしぼって記入する。

Ⅵ　1人レベルのKYT

1　1人KYT

> （1人KYTのねらい）
> この手法は、三角KYTとワンポイントKYTとを統合したKYT活用技法の一つであり、一人ひとりの危険に対する感受性向上を図ることをねらいとしている。

(1) 手法の概要と由来

一人ひとり（リーダーを除く）が同時に、同じKYTイラストシートで、それぞれが第4ラウンドまでのKYTを短時間で行ったあと、その結果をリーダーの司会で発表し合い、相互コメントし合うことによって危険に対する感受性向上を図ることをねらいとしている。三菱化成㈱（現：三菱ケミカル㈱）水島工場の研究部門が行っていた1人KYTをヒントにして開発し、1983年（昭和58年）の研修会から実施した。

1日中、ずっと1人作業という作業者も多い。また何人かで一緒に働いていても実質的には1人作業というケースがほとんどである。その一人ひとりのKYの能力のアップが、チームKY能力のアップにもつながる。

(2) 実技の進め方
① 準　　備
1) 1チームを3人または4人に編成する。
2) とりまとめ役としてリーダーを置く。
リーダーはシートごとに交替して訓練する。
② 役割演技
1) 導　　入
リーダーは導入として整列・番号、挨拶、健康確認を行ったあと、シートを各人に配り、状況を読み上げる。リーダーは司会進行役となって時間管理に当たる。
2) 1人KYの実技（リーダーを除く各人が1人でイ～へを行う）
イ　第1ラウンド　どんな危険がひそんでいるか
まず自分の気づいたシートの危険箇所に△印をつける。

第12章　危険予知訓練（KYT）

三角KYTの要領で3～5項目程度、危険要因とそれによって引き起こされる現象（事故の型）についてのメモを記入する。

ロ　第2ラウンド　これが危険のポイントだ

特に重要と思う危険のポイントを1つにしぼり◎印とし、「危険のポイント　～なので～して～になる　ヨシ！」と1人でシートを指差し唱えて確認する。きびきびした態度で行うこと（以下ワンポイントKYTの要領）。

ハ　第3ラウンド　あなたならどうする

◎印項目に対する具体的で実行可能な対策を考える。

ニ　第4ラウンド　私はこうする

重点実施項目を1つにしぼって、行動目標を設定し、「行動目標　～を～して～しよう　ヨシ！」と1人でシートを指差し唱えて確認し、シートにメモする。

ホ　確　認

指差し呼称項目を1項目決め、イラストシートにメモし、3回唱え、シートを指差し、指差し唱和（タッチ・アンド・コール）「ゼロ災でいこう　ヨシ！」と唱え1人KYTの実技をしめくくる。

ヘ　メモをもとに第2ラウンド以降を「短時間KYメモ」に3行レポートする。

3）発表とチーム内反省

リーダーはメンバー全員にメモした3項目

・危険のポイント

・行動目標

・指差し呼称項目

を発表させる。

所要時間、KYの内容、役割演技などについて、リーダーが司会役となって、チーム内反省、相互コメントを行う。

チーム内反省終了後、リーダーが中心になって最も適切な指差し呼称項目を1項目決め、全員で

・指差し呼称項目を3回指差し唱和

・指差し唱和（タッチ・アンド・コール）（ゼロ災でいこう　ヨシ！）

を行って訓練をしめくくる。

Ⅵ　1人レベルのKYT

（3）　実技時間

　①　1人KYT実技……1分30秒〜2分程度

　②　チーム内反省・指差し呼称・指差し唱和（タッチ・アンド・コール）……5分以内

　　計7分以内

（4）　1人実技方式の場合の進め方

　①　1人のみが1人KYTを実技し、ほかのメンバーが金魚鉢方式で全員で観察し、コメントするやり方で進める。

　②　この場合にも、リーダーが中心となって司会進行役をつとめ、実技の時間を管理し、コメント終了後、指差し呼称項目を全員で指差し唱和（タッチ・アンド・コール）でしめくくる。

第12章　危険予知訓練（KYT）

１人ＫＹＴの進め方（手法まとめ）

準 備	1チーム3～4人	役割分担＝リーダー→司会進行、時間管理　　　　　　　　　　メンバー→1人ＫＹＴ実施
導 入		〔全員起立〕リーダー＝「これから1人ＫＹＴを行います」とメンバーに伝える　　　　　　リーダー＝整列・番号、挨拶、健康確認　　　　　　イラストシート配布→状況読み上げ
メンバーそれぞれ（1人ＫＹＴ）実施	1Ｒ　現状把握　どんな危険が　ひそんでいるか	"△印と記号メモ"記入（声を出しながら）　　　「～なので～して～になる」　3～5項目
	2Ｒ　本質追究　これが危険の　ポイントだ	(1)しぼり込み＝**危険のポイント**　1項目　　　　→◎印　　(2)危険のポイント→シートを指差して唱え確認　　　　「危険のポイント　～なので～して～になる　ヨシ！」
	3Ｒ　対策樹立　あなたなら　どうする	危険のポイントに対する具体的で実行可能な対策　　　　→メモ記入　2～3項目
	4Ｒ　目標設定　私はこうする	(1)しぼり込み＝**重点実施項目**　1項目　　(2)重点実施項目→**行動目標**　設定　　(3)行動目標→シートを指差して唱え確認　　　　「行動目標　～する時は～を～して～しよう　ヨシ！」
	確認	(1)**指差し呼称項目**設定　1項目　→「指差し呼称項目　○○　ヨシ！」（3回）　(2)指差し唱和（タッチ・アンド・コール）「ゼロ災でいこう　ヨシ！」
発表と反省		(1)1人ＫＹＴ結果発表　①危険のポイント　　　　　　　　　　　　②行動目標　　　　　　　　　　　　③指差し呼称項目　(2)チーム内反省　→相互コメント
確 認		(1)リーダー＝指差し呼称項目決定　　　　　　　→リーダー「指差し呼称項目　○○　ヨシ！」　　　　　　　→全員「○○　ヨシ！」（3回指差し唱和）　(2)指差し唱和（タッチ・アンド・コール）　　　リーダー「ゼロ災でいこう　ヨシ！」→全員「ゼロ災でいこう　ヨシ！」

Ⅵ　1人レベルのKYT

モデルシート

＜どんな危険がひそんでいるか＞

1人KYT

金属製サドルの穴あけ

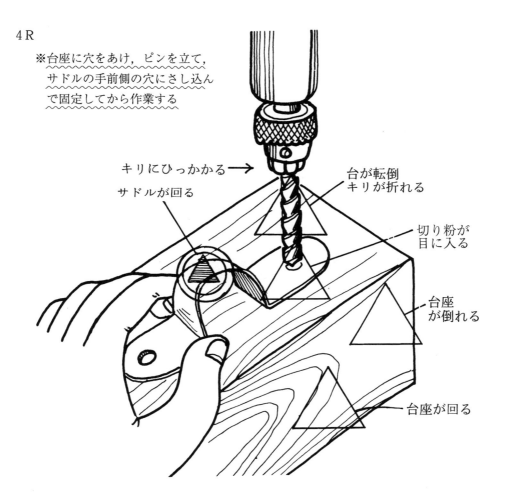

4R

※台座に穴をあけ，ピンを立て，サドルの手前側の穴にさし込んで固定してから作業する

キリにひっかかる→
サドルが回る

台が転倒
キリが折れる

切り粉が目に入る

台座が倒れる

台座が回る

状況

　あなたは、卓上ボール盤で、金属製サドルの穴を大きくしている。

273

第12章　危険予知訓練（KYT）

短時間KYメモ　（例）　（ワンポイントKYT、SKYT、1人KYT、自問自答カードKYT etc.）

日時　年　月　日	職場名	実施者名

作業名
金属製サドルの穴あけ

（1R…記入省略）

2R　危険のポイント（これが危険のポイントだ…1つにしぼる） 　　サドルを片手で支えながら穴をあけ、キリが重くなってサドルが回り、サドルの角で支えている手を切る　ヨシ！

（3R…記入省略）

4R　重点実施項目（危険のポイントに対してどうするか…1つにしぼる） 　　　　（記入省略） 　　　行動目標（〜する時は〜を〜して〜しよう　ヨシ！） 　　　金属製サドルの穴あけをするときは、サドルをピンで固定しよう　ヨシ！

確認　指差し呼称項目 　　　　　　サドルピン　固定　ヨシ！

実施後メモ（設備・機械・作業方法・保護具などで気づいた点） 　　　台座を固定すること

上司 　コメント	

〈記入上の注意〉　1. 危険のポイント
　　　　　　　　　2. チーム行動目標（1人KYTのときは行動目標）
　　　　　　　　　3. 指差し呼称項目
　　　　　　　の3点にしぼって記入する。

2　自問自答カード1人KYT

> （自問自答カード1人KYTのねらい）
> 　この手法は、KYT基礎4ラウンド法をベースとして、イラストシートを見て「～ないか？」と、「事故の型」ごとに"どんな危険がひそんでいるか"を探り、それらの中から危険のポイントを1つにしぼり、第3ラウンドを省略して直ちに行動目標、指差し呼称項目を設定していくもので、重要な危険を漏らさずチェックし、一人ひとりの危険に対する感受性を鋭くすることをねらいとしている。

（1）　手法の概要と由来

　1人で「自問自答カード」（278ページ参照）のチェック項目を1項目ずつ声を出して自問自答しながら危険を発見、把握する1人KYTである。1人KYTの問題点は、1人で早く実践しようとするために重要危険を見落とす可能性があることである。それを防ぐためにも自問自答項目のチェックは極めて効果がある。

　マツダ㈱第1機械部の1人SKY活動をヒントに、1985年（昭和60年）に創出した手法である。

（2）　なぜ3ラウンドを省略するのか

　自分で自分が起こす危険を正確につかむことができれば、対策はおのずと決まってくる。だから3ラウンドで改めて対策を出すことは思いきって省略する。

（3）　実技の進め方

①　チーム編成

　1チームを3～4人とし、2人が役割演技チーム、ほかのメンバーは観察チームとなる。役割演技チームのうち1人がリーダー、1人が実技者となる。

②　使用シート

　1人作業のシートを使う。

③　自問自答カード

　職場の話し合いで、あらかじめ事故の型別の自問自答のためのチェックカードを作成する。その職場の主要な作業（特に非定常作業）時に発生した災害、ヒヤリ・ハット事故を事故の型別でとらえ、カード化する。ゼロ災運動の研修会ではすでに

用意された「自問自答カード」を使用している。

④ 役割分担

役割演技チームは、1人がリーダー、1人が自問自答カード1人KYTの実技を行う。観察チームは、その実技を観察しコメントする（金魚鉢方式）。役割を順番に交替して行う。

⑤ 役割演技（観察チームは入らない）

1) 導　　入

リーダーは整列・番号、挨拶、健康確認を行ったあとKYTイラストシート、自問自答カードを配布する。シートの状況を読み上げ、実技者を指名する。

実技はすべて1人で口頭のみで行う。

2) 実　　技

第1ラウンド（現状把握）

　イ　カードの自問自答項目（事故の型別）を1項目ずつ「～ないか？」と順に読み上げながら、項目ごとにその事故を引き起こす危険要因を発見・把握していく。

　ロ　その事故を引き起こす危険要因があれば、シートの危険箇所を指差しながら「～して～になる」、「～なので～になる」、「～なので～して～になる」と、その項目ごとに"危険要因"とそれが引き起こす"現象（事故の型）"を唱える。

　ハ　その項目の事故を起こす危険要因がなければ「なし！」と唱える。

　ニ　危険を3項目～5項目出す。

第2ラウンド（本質追究）

危険のポイントを1項目にしぼり込み「危険のポイント　～なので～して～になる　ヨシ！」とシートを指差し、唱える。

第3ラウンド（対策樹立）

省略する（「第3ラウンド省略」と唱える）。

第4ラウンド（目標設定）

危険のポイントに対する行動目標を設定し、「行動目標　～する時は～を～して～しよう　ヨシ！」とシートを指差し、唱える。

確　　認

　イ　続いて指差し呼称項目（1項目）を決め「～ヨシ！」とシートを指差し、3回唱える。

　ロ　さらにシートを指差して指差し唱和（タッチ・アンド・コール）「ゼロ災で

いこう　ヨシ！」を行い、自問自答カード1人KYTをしめくくる。

3) <u>リーダーアドバイス</u>

実技者の実技が終わったら、リーダーは実技者に対しKYの内容を中心にアドバイスを与える。

4) <u>金魚鉢方式の活用</u>

自問自答カード1人KYTの役割演技が終わったら、観察メンバーは実技者の実技を中心にリーダーの役割演技も含めて金魚鉢コメントを行う（1人1分以内）。

観察ポイント：所要時間（全体の所要時間と実技者の実技時間）、KYの内容、実技者の声の大きさ・態度、リーダーのアドバイスの内容など。

5) <u>実技時間</u>

自問自答カード1人KYTの役割演技……3分～4分以内（実技者の実技は、1人で第1ラウンド～第4ラウンド、確認までを2分～3分、リーダーのアドバイスを1分以内で行う）

コメントも含めて全体を5分以内で終了し、役割を交替して訓練する。

（4）　自問自答カード作成上の注意

① 次の表は現在ゼロ災運動の研修会で使用している自問自答カードである。

② 自社→自職場→自作業のカードをつくること。その際チェック項目はあまり欲ばらないこと。

③ 過去の災害、ヒヤリ・ハットを事故の型別でとらえ、頻度の高いもの、ないし強度の高いものを限定的に選ぶ。

④ 安全上のチェックリストだけでなく、品質上、生産上のチェック項目を加えてもよい。

第12章 危険予知訓練（KYT）

表13 ゼロ災運動研修会使用

自問自答カード
1．はさまれないか
2．切れ、こすれないか
3．巻き込まれないか
4．落ちないか、転ばないか
5．やけどしないか
6．腰を痛めないか
7．感電しないか
8．その他ないか

自問自答カード１人ＫＹＴの進め方（手法まとめ）

準　備	1チーム3～4人	役割分担・役割演技チーム（リーダー・実技者） ・観察チーム
訓練内容		実技者は自問自答カードを1項目ずつ読み上げながら1人でＫＹ →実技終了後　リーダーがアドバイス →その後、コメント係が実技者の実技を中心にコメント
導　入		〔全員起立〕リーダー＝「これから自問自答カード１人ＫＹＴを行います」と実技者に伝える 　　　　　　リーダー＝整列・番号、挨拶、健康確認 　　　　　　　　　　　状況読み上げ、実技者指名

実技者1人で自問自答カードＫＹＴ実施			
	1Ｒ	現状把握 どんな危険が ひそんでいるか	「第1ラウンド！」 カードを1項目ずつ読み上げる「～ないか？」 ・危険要因があれば、イラストの危険箇所を指差して 　「～なので～になる」 　「～して～になる」　(3～5項目) 　「～なので～して～になる」 ・危険要因がないとき「なし！」
	2Ｒ	本質追究 これが危険の ポイントだ	(1) しぼり込み (1項目) ＝危険のポイント (2) 危険のポイント→シートを指差して唱え確認 　「第2ラウンド　危険のポイント　～なので～して 　　～になる　ヨシ！」
	3Ｒ	対策樹立	「第3ラウンド　省略！」
	4Ｒ	目標設定 私はこうする	(1) **行動目標**　設定 (2) 行動目標→シートを指差して唱え確認 　「第4ラウンド　行動目標！ 　　　～する時は～を～して～しよう　ヨシ！」
	確　認		(1) **指差し呼称項目**　設定 (1項目) →「指差し呼称項目　○○　ヨシ！」（3回） (2) 指差し唱和（タッチ・アンド・コール）「ゼロ災でいこう　ヨシ！」

リーダーアドバイス	ＫＹの内容、声の大きさ・態度	
観察コメント	金魚鉢方式	所要時間、ＫＹの内容、実技者の声の大きさ・態度 リーダーのアドバイスの内容

第12章 危険予知訓練（KYT）

モデルシート
　＜どんな危険がひそんでいるか＞

自問自答カード1人KYT
雨どい清掃

自問自答カード
1．はさまれないか
2．切れ，こすれないか
3．巻き込まれないか
4．落ちないか，転ばないか
5．やけどしないか
6．腰を痛めないか
7．感電しないか
8．その他ないか

状　況
　あなたは、テラスの雨どいにつまったゴミを、はしごを使ってシャベルで清掃している。

Ⅵ　1人レベルのKYT

シートNo.	自問自答カード1人ＫＹＴ実技手順　メモ（例）	
日時　年　月　日	職場名	実施者名

作業名
雨どい清掃

1Ｒ・切れ、こすれないか	1．雨どいに溜まったゴミが固まっているので、力を入れ差し込みすくおうとして、シャベルが滑り、雨どいの留め金で手をこする
・落ちないか、転ばないか	②．手前が取り終わったので、遠くも取ろうと体を横に乗り出し、はしごが動き、落ちる
	3．テラスの上にバケツを置いていたので、シャベルにすくい取ったゴミを片手に持ったまま、バケツを見ながら踏みさんを一段登ろうとして、踏み外して落ちる
・その他ないか	4．ゴミが雨どいの底にこびりついているので、上から力を込めてシャベルを何度も当てて、はがれて飛び散ったゴミの破片が目に入る

2Ｒ　これが危険のポイントだ…1つにしぼる
手前が取り終わったので、遠くも取ろうと体を横に乗り出し、はしごが動き、落ちる　ヨシ！

3Ｒ　…　省略
4Ｒ　　　　重点実施項目　　（記入省略）
行動目標（～する時は～を～して～しよう　ヨシ！）
雨どいのゴミを取る時は、はしごをこまめに移動させ、体の正面で作業しよう　ヨシ！

確認　指差し呼称項目
はしご位置　正面　ヨシ！

上司 コメント	

3 KY（自問自答）カード

（1） 危険に漏れはないか

　KYTの第1ラウンド「どんな危険がひそんでいるか」で危険を発見するときに、「〜なので〜になる」と"危険要因"とそれが引き起こす"現象（事故の型）"を想定しながら発言していく。みんなの衆知を集めてワイワイガヤガヤ話し合えば重要な危険が漏れるのを防げるが、短時間でかつ、1人で行うKYTの場合には、つい気づかず見落とす可能性も多い。

　そこで危険の発見漏れをなくすために工夫されたのが「自問自答KYカード」である。チームKYTのときにも、1人KYTのときにも活用できる。

（2） かもしれカード

　危険発見漏れや見落としを防ぐために、住友金属工業㈱（現：日本製鉄㈱）和歌山製鐵所で1981年（昭和56年）に「かもしれカード」を作成していた。チェック項目は20項目ある。

- 人はどうなるか
  1. はさまれるかも
  2. 巻き込まれるかも
  3. 当たるかも
  4. 落ちるかも
  5. ころぶかも
  6. やけどするかも
  7. 感電するかも
  8. ガス中毒になるかも
  9. 酸欠でやられるかも
  10. 有害物にやられるかも

- 物はどうなるか
  1. 動くかも
  2. 回るかも
  3. 飛ぶかも
  4. 落ちるかも
  5. 抜けるかも
  6. 燃えるかも
  7. 倒れるかも
  8. くずれるかも
  9. 爆発するかも
  10. 漏れるかも

（3） 1人SKYカード

　1982年（昭和57年）マツダ㈱第1機械部では異常処置者の1人SKYのためのカード（チェックリスト）を職場でつくっていた。

・これからする作業の危険ポイント
　1．はさまれることはないか
　2．切れ、こすれることはないか
　3．巻き込まれることはないか
　4．落ちることはないか
　5．転ぶことはないか
　6．腰を痛めることはないか
　7．感電することはないか
　8．やけどすることはないか

　これは、住金の「かもしれカード」の20項目にヒントを得て、1982年（昭和57年）にマツダ㈱第1機械部で異常処置という作業内容に合わせて6項目に縮め、「切れ、こすれ」と「腰痛」を加えて8項目にまとめたものである。このSKYカードは6cm×17cmの長方形のポケットサイズで、裏が磁石となっていて、異常報告を受けて現場に行ったら、まずカードを出して操作盤にはりつけ、1人SKYの手順で声を出して項目を大声で読み上げながら危険を予知するときのチェックリストである。

　チェック項目を自職種、自作業にマッチさせて8項目にした点、また1人KY活動をしているのが他人から見えるし聞こえる点がすばらしく、ゼロ災運動の研修会の自問自答カードは1985年（昭和60年）からこのマツダ方式のものを使っている。

（4）自分の作業の自問自答カード

　純粋に「事故の型別」でチェックしようというなら、厚生労働省統計分類の「事故の型」（20項目）を参考にして、自分の会社、自分の職場、自分の作業用のチェックリストを、過去の災害やヒヤリ・ハット事故を参考に、項目を限定して作成するとよい。なお、「腰を痛める」というのは事故の型別項目にはないが、職場の活動ではチェック項目の分かりやすさも大切である。厳密な分類にこだわる必要はない。

　ただし、項目はあまり多すぎるとチェックが面倒となる。どんなに完璧なチェックリストをつくっても、それが使われなければ全く無意味である。

　それぞれの職場や作業にマッチしたKYカードをぜひ作成して活用してほしい。職場の衆知を集めて、職場で自主的に自問自答カードを作成することが、危険予知の学習そのものであり、また活用にも直結するだろう。

4　1人4ラウンドKYT

> （1人4ラウンドKYTのねらい）
> 　この訓練は、1人で簡略のKYT基礎4ラウンド法の実技を行い、その結果を自己チェック表で自己評価することで自らの問題点に気づき、さらには、チームレベルでのKYTを充実させるため、特にリーダーおよびトレーナーの能力向上（正しいKYT指導、または効果のあるKYT指導）をねらいとしている。

（1）　訓練の概要

　チームによるKYTのみでは、危険のとらえ方など、効果の上がるKYTのやり方がどれだけ身についているか、個々に自らの力がどのようなレベルにあるのかを評価、判断するのは困難である。

　そこで、1人で簡略のKYT基礎4ラウンド法の実技を行い、その結果を自己チェック表で自己評価し、弱点に気づくことで能力を向上しようとするのがこの訓練である。

（2）　訓練の進め方

① 　実技シート、レポート用紙を準備する。
② 　個々に、簡略のKYT基礎4ラウンド法を行いレポート用紙に記入する。
　　・最初に作業状況を理解する（作業者になりきる）。
③ 　自己チェック
　　各人が自分のレポートを見ながら、自己チェック表の各項目をチェックする。

1　R	3項目以上
2　R	○印→◎印・アンダーライン　1項目
3　R	◎印に対し具体的で実行可能な対策　2～3項目
4　R	※印　1項目 チーム行動目標を設定
確　認	指差し呼称項目を設定

１人４R－KYTレポート

第１ラウンド＜どんな危険がひそんでいるか＞　→　３項目以上
危険要因（不安全状態と不安全行動）と現象（事故の型）を想定する　［～なので～して～になる］
第２ラウンド＜これが危険のポイントだ＞　→　○印→　◎印・アンダーライン　１項目
重要危険に○印。さらにしぼり込んで特に重要と思われる"危険のポイント"に◎印・アンダーライン
1．
2．
3．
4．
5．

第３ラウンド＜あなたならどうする＞　→　具体的で実行可能な対策　２～３項目
第４ラウンド＜私たちはこうする＞　→　重点実施項目　※印・アンダーライン　１項目

◎印のNo.	※印		具体的で実行可能な対策
		1	
		2	
		3	
チーム行動目標 ［～する時は～を～して 　～しよう］			
指差し呼称項目　［１項目］			

第12章　危険予知訓練（KYT）

１人４ラウンドＫＹＴ 自己チェック表

			自己チェック項目	解　　説	はい	いいえ
第1R	<現状把握>どんな危険がひそんでいるか	①	危険の項目数は３項目以上でたか？	―		
		②	「危険要因」をとらえているか？	「危険要因」とは、不安全な行動と不安全な状態のことである。不安全な状態（不安全な行動）だけでは、危険要因をとらえられていない。		
		③	「危険要因」を「～なので～して」と"具体的"にとらえているか？	"具体的"とは「アリアリと目に浮かぶこと」である。「悪い」「ムリ」「不安定」などの表現は"抽象的"な表現である。		
		④	「危険要因」を「～なので」と"肯定的"にとらえているか？	"肯定的"とは、「○○なので～」とか「○○しているので～」と表現することである。「保護具を付けていないので～」とか「～していないので～」は、"否定的"な表現（対策の裏返し）である。		
		⑤	「現象」を「～になる」と"事故の型"で言い切っているか？	"事故の型"とは「落ちる」「ころぶ」「切る」などである。事故の"結果"「ケガをする」とか、「危険（おそれ）がある」などの表現は不要である。		
第2R	<本質追究>これが危険のポイントだ	①	「危険のポイント」を１項目に絞り込むときに"重要度"を考慮したか？	"重要度"とは「対策の緊急性、発生の可能性・頻度、結果の重大性」のことである。		
		②	「危険のポイント」にアンダーラインを引く前に、もう一度、"表現の見直し"をしたか？	"表現の見直し"とは「行動（動作）と状態が十分に明らかになっているか」ということである。		
第3R	<対策樹立>あなたならどうする	①	対策の項目数は、２項目以上でたか？	―		
		②	対策は"具体的""前向き"、"実行可能"か？	"具体的"、"前向き"、"実行可能"とは、作業のやり方だけではなく、よい状態をつくる行動を「～する」と表現することである。「注意する」、「整理整頓する」などは"抽象的"であり、「～しない」は"後ろ向き（禁止的・否定的）"であり、実行しないことである。		
第4R	<目標設定>私達はこうする	①	重点実施項目は、「ホンネで実行しよう」という内容に絞り込んだか？	"重点実施項目"とは、その場で危険が解消される対策のことであり、"ホンネで実行しよう"とは、自分が、「本当にデキル・ヤルゾ！」という実行可能な内容である。「～させる、～してもらう」などは、他人頼みである。		
		②	チーム行動目標は、「～する時は～を～して～しよう」と"前向き"に表現してあるか？	"～する時は"とは、明確に場面を特定することであり、"～を～して～しよう"とは、重点実施項目をどのように実行するかを具体化して表現することである。「～しないようにしよう」などは、"禁止的・否定的"な表現である。		
確認	指差し呼称項目設定	①	指差し呼称で確認する対象が、ハッキリ表現されているか？	指差し呼称項目は、チーム行動目標を「ただ短くしただけ」のものではなく、「危険のポイントが解消されたこと」が"対象"と"状態"または、"自分の行動"で確認できるように表現することである。（例）「台車位置　枠の中　ヨシ！」		
気づきメモ自己チェックして、気づいたことをメモして下さい。			・ ・			

Ⅶ 交通KYT

1 交通KYT基礎4ラウンド法

(1) 交通KYT基礎4ラウンド法の考え方

　これまで紹介したKYTは全てKYT基礎4ラウンド法に根拠を置いた手法である。KYT基礎4ラウンド法は、主に一般作業向けの手法で、チーム内の合意で危険のポイントと重点実施項目をしぼり込み、行動目標を決めるやり方である。

　以前の交通KYTは、このKTY基礎4ラウンド法をベースにした短時間KYT手法を用いて運転場面のイラストシートを使用して行っていたものである。しかし、この手法を用いて、交通場面での危険予知を行うには、いくつかの問題があった。例えば、実際の運転中では危険だとして出された事柄は、眼前に迫ってくれば全て例外なく瞬時に回避していかなければならない。そのためには、危険をしぼり込むというよりは、予知された危険全てに対して、対策が必要になる。

　また、運転行動における一人ひとりの行動変容を促すためには、予知された危険全てについてその一つひとつの危険につながる「行動」や、その行動を取ろうとした「判断」の問題点に各人が気づく方法が求められる。こうした点を踏まえて、平成8年から新たに開発されたのがこれから紹介する交通KYT基礎4ラウンド法である。

　この新しい交通KYT手法の特徴は、次の課題にこたえるものとなっている。

　第1に、車の運転の場合、走行時には道路状況が時々刻々と変化することである。したがって、イラストシートの状況設定の中で危険として出された事柄全てが、現実にはほぼ同時的・複合的に起こることもある。このため、イラストシートの状況設定の中で危険のポイントをしぼり込まず、予知された危険すべてに対応していかなければならない。

　第2に、交通事故で、ぶつかったり、追突したり、接触したりする相手はほかの車（乗用車、トラック、バス、二輪車、自転車ほか）や歩行者（大人、子供、老人ほか）など多様ということである。そして、その相手がどのような動きをするかは、究極のところ他人にはうかがい知れないものである。そのため、これらの相手と生じる危険から回避するためには、いろいろな危険パターンを身につけておき、自分自身が危険を予知して、それを回避して行かなければならない。つまり「相手に対策を求めることはできない」のである。

第12章　危険予知訓練（KYT）

　第3に、運転というスピード感覚の要求される場面では、注意力を一点だけに限定せず、全体を流れとして見ること、すなわち流して全体を見ることが、ひそんでいる危険を「かもしれない」と早め早めに読み取り、瞬時に対応するための方法として最善だという指摘がある。こうした指摘は、必ずしも危険のポイントと対策をしぼり込むやり方とは相容れない。つまり、車の運転では分散的注意も集中的注意もともに重要であって、注意配分の上手下手が安全運転の決め手となるということである。運転は経験によって上達するとはいえ個人差があり、注意を効率的に配分する能力は人によって異なり、一様ではない。これが車の運転の安全性の点で、人による格差が生じる重要な要因とされる。こうした個人差を考慮すると、交通KYTでは、イラストシートの場面の中であらゆる危険を総点検し、各人なりの運転面での弱点に気づいてもらうために、顕在・潜在危険の把握は網羅的に体験しておくことのほうが重要である。これは要するに、車は究極のところ1人の判断と責任の下にそれぞれの技術レベルで運転されるものであるから、交通KYTは各人なりの気づきを最優先に行われるべきであるということである。

　以上の点から、交通KYTが目指すのは、「自分の運転行動」やその行動を取った「判断」の問題点に気づき、自分の行動変容に結びつけることなのである。

　こうした危険予知活動を通じて、車の運転の場面場面に応じて、どのあたりにどのような重要な情報が存在するか、自分の弱点はどこにあるかについて、あらかじめ体得しておくことにより、実際の場面では短時間に十分な情報を少ない負担で認知することができ、より安全な運転も可能となる。

（2）　交通KYTにおける危険要因のとらえ方と表現の仕方

　走行中のドライバーに求められるのは、瞬時に周囲の状況をとらえ、危険があればそれを回避するための最適な「判断」と「運転行動」の連続である。

　車の運転の場合は一般の作業と異なり、自分の「判断」とそれに基づく「運転行動」と、自分以外の運転者・歩行者の動きや道路状況などの「好ましくない状態」とが連動して危険が迫ってくる。そこで、第1ラウンドで危険要因を具体的にとらえ、第2ラウンドで危険要因を明確化することによって、危険に対する感受性を高めていくことがあらゆる運転行動の出発点ともなる。

　以上のことから、交通KYTにおいて危険要因を的確にとらえていくためには、作業KYTの場合とは違ったとらえ方と表現の仕方が必要とされることが分かる。

　次に、交通KYTにおける〈第1、第2ラウンドの危険のとらえ方と表現の仕方〉を

紹介する。

《第1、第2ラウンドの"危険"のとらえ方と表現の仕方》

<第1ラウンド>
1．イラストシートの中の運転者になりきろう
　1Rの現状把握では、イラストシートの中の運転者になりきって、自分が運転しているつもりでシートを見つめる。

2．"危険要因""現象"の組合せで表現しよう
　〔危険要因〕「〜なので〜して〜と」＋〔現象〕　「〜する」
　　　　　　　　　　　　　　　　　　　　　　　「〜になる」

3．"現象"は"事故の型"で言い切ろう
　危険な運転行動によって引き起こされるであろう"現象"を"事故の型"でとらえ、次のようにズバリ言いきる。

> ぶつかる　接触する　巻き込む（巻き込まれる）　追突する（される）
> はさまれる　転落する　落ちる　etc

　○「〜かもしれない」「〜の危険性がある」「〜の恐れがある」などはいらない。
　○事故の結果〔ケガ（ねんざ・骨折）、死亡〕については発言する必要はない。

<第2ラウンド>
4．危険要因と現象を明確化しよう
　"危険要因"と"現象"を明確化させるため、"危険要因"を［自分（"自分の判断"と"それに基づく運転行動"）］＋［相手（自分にとって好ましくない状態）］で表し、"自分の判断"の下に実線（―――）、"運転行動"の下に波線（〜〜〜〜）、［相手］の下に破線（-------）を引き、さらに"現象"の下には二重線（＝＝＝）を引く。

第12章　危険予知訓練（KYT）

　　危険要因　＝　　［自分］　　　　　　　　＋　　　　　［相手］
　　　　　　　　　　［自分の判断と　　　　　　　　（自分にとって好ましくない状態）
　　　　　　　　　　　それに基づく運転行動］　　　［他車・歩行者の行動、道路状況など］

　　現象　＝　事故の型

となる。以上を図示すると次のようになる。

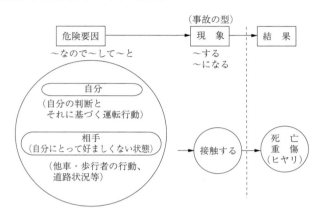

5．"危険要因"を掘り下げよう

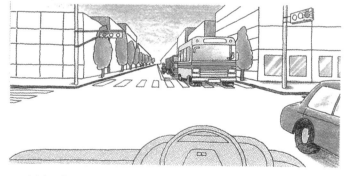

状　況：
あなたは対向車線の渋滞している交差点でバスの運転者が先に行くように合図してくれたので交差点を右折しようとしている

＜例えば＞

(1) イラストを見て、どのような相手　　　バスの陰から進行してくるバイク
　　（好ましくない状態）と現象が思　　　　　　　相手（好ましくない状態）
　　い浮かびますか。　　　　　　　　　とぶつかる。
　　　　　　　　　　　　　　　　　　　　　現　象

(2) その時、あなたはどのような運転　　　加速して右折する。
　　行動（例：スピード、ハンドル操　　　（自分の）運転行動
　　作）をしていますか。

(3) なぜ「加速して右折しようとしている」のですか。つまりその時の判断はどうしてですか。

渋滞で待ちくたびれていたところに、運転者が先に行くように合図してくれたので、急いで曲がろうと思った。
(自分の)判　断

(4) まとめると右のようになる。

"自分"（判断）————————→ 先に行くように合図してくれたので、急いで曲がろうと
　　　　（運転行動）————————→ 加速して右折したところ、
"相手"　　　————————————→ バスの陰から進行してくるバイクと
"現象"　　　————————————→ ぶつかる。

6．"危険要因"の運転行動を肯定的に表現しよう

（例）　{ 一時停止していないので〜
　　　　　徐行をしていないので〜 }

というように、思い浮かべた対策を「〜してないので」と否定的に表現した発言がよく出る。

しかし、これでは、危険要因の中身（危険の様子、そのときの運転行動など）が見えてこない。

例えば { 前車にぴったりついて交差点に入ったので〜
　　　　　スピードを出していたので〜 } など、運転行動がアリアリと分かるように肯定的に表現する。

（3）　交通KYT基礎4ラウンド法の進め方

① 準備
　1) 準備するもの　イラストシート、模造紙・レポート用紙、黒赤マジック（あるいはホワイトボード・マーカー）
　2) チーム編成　1チーム5〜6人
　　　　　（リーダー、書記、レポート係、発表者、コメント係）

② 手順と要領
　1) 導　入
　　　全員起立して円陣を組み、リーダーは、整列・番号、挨拶、健康確認を行う。

第12章 危険予知訓練（KYT）

2) **第1ラウンド　どんな危険がひそんでいるか**

　リーダーは、イラストシートの状況を読み上げ、メンバーの発言を促す。イラストシートの状況の中にひそむ危険要因と現象を、「～なので～して～と～する」と3項目以上出す。

3) **第2ラウンド　これが危険のポイントだ**

　出された危険についてチーム内で話し合って「自分の判断とそれに基づく運転行動」「相手」「現象」をアンダーラインを引きながら明確化し、危険の内容が同じものがあれば、みんなの話し合いで1つに整理して○印をつけ危険のポイントとする。

4) **第3ラウンド　あなたならどうする**

　第2ラウンドで整理された危険のポイントの最初の1項目について、「自分の判断とそれに基づく運転行動」に対する具体的で実行可能な対策を出していく。

5) **第4ラウンド　私達はこうする**

　対策の中からしぼり込みを行い重点実施項目を決め、それをもとにチーム行動目標を設定し、指差し唱和で確認する。

6) **確　認**

　その危険について実際に呼称して確認すべきポイントを指差し呼称項目として設定し、3回指差し唱和する。

　指差し呼称項目を設定する場合には、原則として［相手（自分にとって好ましくない状態）］が"ないこと"または"解消されたこと"を確認する項目（例えば「自転車なし　ヨシ！」とか「自転車通過　ヨシ！」）を設定するものとし、"自分の運転行動"については第4ラウンドのチーム行動目標（例えば「対向車が来たときは自転車の手前で減速し左に寄せよう　ヨシ！」）で解決する。

　ただし、相手が「ガードレールとか塀」の場合などのときには、自分の運転行動を確認する指差し呼称項目とすることもありうる。

　（※以下、第2ラウンドで整理された危険要因と現象の各項目について、4）～6）を繰り返す。）

7) **指差しの唱和（タッチ・アンド・コール）**

　「ゼロ災運転でいこう　ヨシ！」でしめくくる。

③ **発表・コメント**

　2チームでペアとなり、相互発表・コメントを行う。

Ⅶ　交通KYT

交通KYT基礎4ラウンド法の進め方（手法まとめ）

導　入	〔全員起立〕リーダー　＝　整列・番号、挨拶、健康確認	
1　R	現状把握 どんな危険が ひそんでいるか	リーダー　＝　シートの状況読み上げ "危険要因"と引き起こされる"現象（事故の型）" 自分＜判断・運転行動＞・相手＋現象 「～なので～して～と～する」　3項目以上
2　R	本質追究 これが危険の 　　　ポイントだ	(1)　危険要因の掘り下げ 　　　判断・運転行動・相手＋現象の明確化 (2)　危険のポイントの整理 　　　→　○印　＝　危険のポイント

○印がついた全項目について、1項目ごとに3R、4R、確認を繰り返す。

3　R	対策樹立 あなたならどうする	判断と行動に対する具体的で実行可能な対策
4　R	目標設定 私達はこうする	(1)　しぼり込み 　　　→※印・アンダーライン　＝　重点実施項目 (2)　→チーム行動目標　設定 　　　指差し唱和 　　　リーダー「チーム行動目標 　　　　　　　　　～の時は～して～しよう　ヨシ！」 　　　→全員「～の時は～して～しよう　ヨシ！」
確　認	指差し呼称項目　設定　→指差し唱和 　　　　リーダー「指差し呼称項目　～ヨシ！」　→全員「～　ヨシ！」（3回）	

指差し唱和（タッチ・アンド・コール）
　　　リーダー「ゼロ災運転でいこう　ヨシ！」→　全員「ゼロ災運転でいこう　ヨシ！」

模造紙の書き方

```
シート2　　3チーム
1R　2R　　　　　　　　　　3R　4R　　　　チーム行動目標　　㊞
①　──　なので　～　して　※1.～する　　～の時は～して　　　～ヨシ！
　　──　と　～　する　　　　2.～する　　～しよう　ヨシ！
②　──　……　～　……　　※1.～する　　～の時は～して　　　～ヨシ！
　　──　…　～　……　　　　2.～する　　～しよう　ヨシ！
3　　──　……　～　……
　　　──　……　～　……
④　──　……　～　……　　※1.～する　　～の時は～して　　　～ヨシ！
　　──　…　～　……　　　　2.～する　　～しよう　ヨシ！
　　　　　　　　　　　　　※3.～する
```

◎区分線の引き方
　　［自分の判断］には、実線（―――）［自分の運転行動］には、波線（〰〰〰）［相手（好ましくない状態）］には、破線（-----）［現象］には、二重線（＝＝＝）

第12章　危険予知訓練（KYT）

モデルシート
＜どんな危険がひそんでいるか＞

交通ＫＹＴ基礎４Ｒ法
信号のない交差点左折

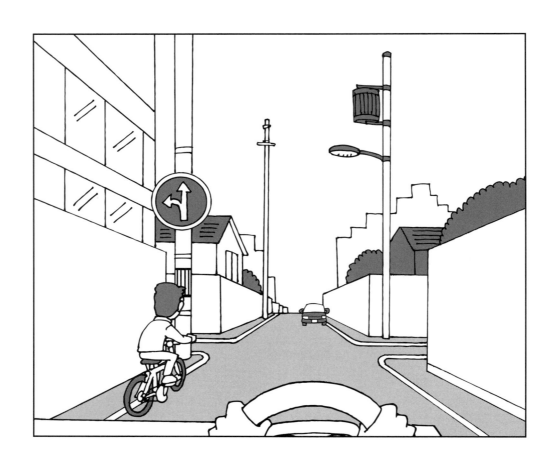

状　況
　　あなたは、午後２時ごろ人かげのない裏道の信号のない交差点を左折しようとしている。

Ⅶ　交通KYT

交通危険予知訓練レポート用紙（例）

シートNo ＿＿＿＿＿＿＿　　　　　　　　　とき　年　月　日　ところ

チームNo.	チーム名	リーダー	書記	レポート係	発表者	コメント係	その他のメンバー

1R ＜判断・運転行動＞ 　　・＜相手＞＋現象 2R　判断・運転行動・相手＋現象の明確化 　　危険のポイントの整理○印	3R　あなたならどうする 4R　重点項目の絞り込み→※	チーム行動目標 〜して〜しよう　ヨシ！	指差し呼称項目 〜ヨシ！
①自転車がスピードを落としたので、自転車より先に左折しようと、右にふくらみながらスピードを上げて、右側方から追い越そうとするバイクに接触する。	※1.　自転車を先に行かせる 2.　減速してバイクを先に行かせる	信号のない交差点の手前に自転車がいる時は、先に行かせてから左折しよう　ヨシ！	左側　自転車なし　ヨシ！
②交差点までの距離が対向車より近いので、自転車より先に左折しようと、スピードを上げて、電柱の陰から飛び出してきた子どもとぶつかる。	1.　自転車を先に行かせる ※2.　減速して手前で停まる	見通しの悪い交差点を左折する時は、手前で一旦停まり左側を見よう　ヨシ！	左側　人なし　ヨシ！
③交差点までの距離が対向車より近いので、自転車より先に左折しようと、スピードを上げて、右側から飛び出してきた自転車とぶつかる。			
④右側にふくらみながら左折しようとして、右側から飛び出してきた自転車とぶつかる。	※1.　左折時手前で一旦停まる 2.　スピードを落とす	見通しの悪い交差点を左折する時は、左折時手前で一旦停まって右側を見よう　ヨシ！	右側　自転車なし　ヨシ！

上司（コーディネーター）コメント欄

第12章　危険予知訓練（KYT）

2　ストレートKYT

（1）　ストレートKYTの考え方

　交通KYTの目的は次の2つである。
　第1は、場面場面に応じた危険要因を自らの危険感覚に応じてしっかりと認識し、危険回避のためのノウハウを判断母型として頭に叩き込み、体得していくことである。
　第2は、できるだけ数多くの事例やイラストシートをこなして危険回避のための判断材料を増やしていくことである。
　そのためには、短時間に早く誰もが手軽にできる、実践的な手法でなければならない。
　ストレートKYTはこれらの点に着目し、短時間に分かりやすく数多くのイラストシートをこなしていく中で、危険感受性がおのずと磨かれていくことをねらいとするものである。そして、各人が気づきの足りなかった危険要因をそれぞれマークしてもらうことになる。
　交通の場合、極論すれば、第1ラウンドの危険要因さえ的確につかむことができれば、KYTは事実上終わったともいえる。なぜならば、その対策は車を運転する者ならば反射的に出てくるもので、実際上も対策はそうしたものを確認する場合が多いからである。こうした点を踏まえると、交通KYTでは第1ラウンドが全てといっても過言ではなく、危険感受性は第1ラウンドで危険要因を中心に話し合っていくことで自然と磨かれていく。
　また、交通の場合、一般作業向けのKYTのようにラインが共同して作業を行うことを前提とするものではなく、ラインから離れた所で一人ひとりの判断と責任で運転行動をとっていかなければならないのが通例であり、各人の気づきに基づいて自覚し、実践に向けての意欲を導き出すためのKYTであることが重要である。
　ストレートKYTは、リーダーの誘導の下に、交通KYT基礎4ラウンド法での＜第1、第2ラウンドの危険のとらえ方と表現の仕方＞を生かしながら、行われるものである。ただし、「危険のとらえ方と表現の仕方」を全員に厳格に求め過ぎると、表現にとらわれて、各人の気がついた危険要因が出にくくなり、実用向きではないことがある。そこで、この手法では、メンバーから大ざっぱに出された危険要因と現象をリーダーが的確な表現にまとめてメンバーに伝え、直ちにメンバーに対策を求めていくこととしている。そのため、リーダー以外のメンバーにはKYTの技法面でそれほど負担をか

けず、また、どの職場でも「やさしく　早く　正しく　誰もができる」新しい実践的な手法となっている。

（2）　実技の進め方
①　役割演技（観察チームは入らない）

1) <u>導　入</u>
　　全員起立して円陣を組み、リーダーは、整列・番号、挨拶、健康確認を行う。

2) <u>現状把握</u>
　　リーダーはイラストシートの状況を読み上げ、メンバーに発言を促す。
　　メンバーはそれをのぞき込む形で、あまり表現にとらわれずに気づいた危険要因と現象を出す。
　　リーダーは、メンバーに問いかけて、判断・運転行動、相手、現象を引き出し、口頭で明確化してメンバーに伝える。〈第１、第２ラウンドの危険のとらえ方と表現の仕方、参照〉

3) <u>対　策</u>
　　リーダーは、現状把握で出された危険要因と現象に対する具体的で実行可能な対策をメンバーに求め、それをもとにチーム行動目標を設定し、指差し唱和で確認する。

4) <u>確　認</u>
　　リーダーは、その危険について実際に呼称して確認すべきポイントを指差し呼称項目として設定・指示し、３回指差し唱和する。

（※以下、イラストシートの中にひそむほかの危険要因と現象について、２）〜４）を繰り返す。（２項目以上））

5) <u>指差し唱和（タッチ・アンド・コール）</u>
　　「ゼロ災運転でいこう　ヨシ！」でしめくくる。

②　金魚鉢方式の活用
　　役割演技が終わったら、観察チームが金魚鉢コメントを行う（１人１分以内）。
　　観察・コメント項目：所要時間、KYの内容、リーダーシップ、声の大きさ・態度

第12章　危険予知訓練（KYT）

ストレートＫＹＴの進め方（手法まとめ）

導　入	〔全員起立〕 リーダー→「これからストレートKYTを行います」と 　　　　　メンバーに伝える。 リーダー→整列・番号、挨拶、健康確認	○ メンバー ● リーダー
現状把握 どんな危険が ひそんでいるか	リーダー→状況読み上げ メンバー→重要危険を出す リーダー→"危険要因"と引き起こされる 　　　　　"現象"で表現を整理 　　　　　（判断と運転行動を引き出す）	○　● メンバー　リーダー
対　策 私達はこうする	メンバー→具体的で実行可能な対策 リーダー→チーム行動目標　設定→指差し唱和 リーダー「チーム行動目標　〜の時は〜して〜しよう　ヨシ！」 全　　員「〜の時は〜して〜しよう　ヨシ！」	
確　認	リーダー→指差し呼称項目　設定・指示→指差し唱和 リーダー　「指差し呼称項目　〜ヨシ！」 全　　員　「〜ヨシ！」（3回）	

以上繰り返し　（2項目以上）

	指差し唱和（タッチ・アンド・コール） 「ゼロ災運転でいこう　ヨシ！」

観　察 コメント 金魚鉢方式	(1)　所要時間 (2)　ＫＹの内容 (3)　リーダーシップ (4)　声の大きさ・態度など

モデルシート
<どんな危険がひそんでいるか>

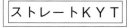
交差点右折

状況
　あなたは前方の乗用車に続いて交差点を右折しようとしている。

ストレートＫＹＴレポート（例）（通常は口頭で行う）

	現　状　把　握	対　　策	確　　認
1	歩道の左右に人が見えないので、右折中の前車に追いついた後追従して、小走りで横断歩道に入ってきた歩行者に道を譲ろうと停まった前車に追突する。	右折しようとしている前車に交差点で追いついた時は、減速して前車の動きをよく見よう　ヨシ！	前方右折車　歩道通過 　　　　　　　ヨシ！
2	交差点の手前で前方に対向車が見えないので、そのまま追従して、横断歩道に左折して走り込んできた自転車とぶつかる。	交差点の手前から前車に追従し右折しようとする時は、停止線で一旦停まってから右折を始めよう　ヨシ！	右折前方横断歩道付近　自転車なし 　　　　　　　ヨシ！
3	対向車より交差点までの距離が短いので、右折する前車が交差点に入った後もそのままのスピードで追従して、近づいてきた対向車に進路を譲ろうと急停車した前車に追突する。	対向車のある交差点を右折する車に追従する時は、一旦停止し、前車、対向車の通過を待とう　ヨシ！	前車、対向車通過 　　　　　　　ヨシ！

3　交通自問自答カード1人KYT

（1）　交通自問自答カードKYTの考え方

　交通自問自答カード1人KYTは、イラストシートを見て、1人で下表のような「交通自問自答カード」のチェック項目を自問自答しながら、どんな危険がひそんでいるかを探り、それぞれの危険に対して行動目標と指差し呼称項目を設定していく手法である。

　こうした手法を通じて、一人ひとりの運転者の危険感受性がおのずと鋭くなることにより、「かもしれない運転」に行動変容していくことが期待される。

交通自問自答カード(1)

1. 前方ヨイカ（ないか）
2. 右側ヨイカ（ないか）
3. 左側ヨイカ（ないか）
4. 後ろヨイカ（ないか）
5. そのほかヨイカ（ないか）
   （上・下）

交通自問自答カード(2)

1. ぶつからないか／ぶつけられないか
2. 接触しないか／されないか
3. 巻き込まないか／巻き込まれないか
4. 追突しないか／されないか
5. そのほかないか

（2）　交通自問自答カード1人KYTの進め方

　1チームを3～4人に編成し、1人がリーダー、1人が交通自問自答カード1人KYTの実技を行い、ほかのメンバーは、その実技を観察しコメントする（金魚鉢方式）。役割を順番に交替して行う。

交通自問自答カード1人KYTの進め方（手法まとめ）

導　入	リーダー⇨「これから交通自問自答カード1人KYTを行います」と実技者に伝える リーダー⇨整列・番号、挨拶、健康確認 　　　　　シートの状況読み上げ 　　　　　実技者指名

実技者1人で自問自答カードKYT実施	現状把握	自問自答カードを1項目ずつ読み上げる 「～ヨイカ!?」または「～ないか!?」 　　　⇩ 「～なので～して～と～する」 危険要因がないとき「ヨシ！」または「なし！」
	対策	対策→行動目標　設定 「行動目標　～の時は～して～しよう　ヨシ！」
	確認	指差し呼称項目　設定 「指差し呼称項目　～ヨシ！」（3回）
	以上繰り返し	
	指差し唱和（タッチ・アンド・コール）　「ゼロ災運転でいこう　ヨシ！」	

リーダーアドバイス	(1)　KYの内容 (2)　声の大きさ・態度

観察コメント金魚鉢方式	(1)　所要時間（全体の所要時間と実技者の実技時間） (2)　KYの内容 (3)　実技者の声の大きさ・態度 (4)　リーダーのアドバイスの内容、声の大きさ・態度など

第12章 危険予知訓練(KYT)

モデルシート
<どんな危険がひそんでいるか>

交通自問自答カード1人KYT
信号のある交差点直進

1．前方ヨイカ(ないか)
2．右側ヨイカ(ないか)
3．左側ヨイカ(ないか)
4．後ろヨイカ(ないか)
5．そのほかヨイカ(ないか)
　　(上・下)

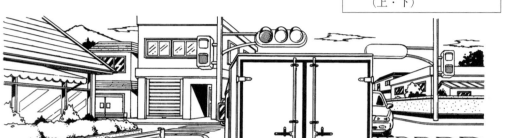

状 況

　あなたは直進するためトラックの後を追従している。片側1車線の交差点で信号が「青」に変わったのでウインカーを出していたトラックが左折を始めた。

交通自問自答カード1人KYTレポート(例)(通常は口頭で行う)

	現　状　把　握	対　　策	確　認
1	前を走っているトラックがほぼ左折し終えていたので今なら行けると、トラックにあわせ落としていたスピードを上げるため、アクセルを踏み込み、交差点を通過しようとして、左折し終わったトラックに続いて右折してきた対向車とぶつかる。	交差点を左折し終わったトラックの後方から、直進で交差点へ進入する時は、交差点で右折待ちをしている対向車がいないか見よう　ヨシ！	停止右折車なし　　　　　　　　ヨシ！
2	前を走っているトラックがほぼ左折し終えていたので、走ってきたままの速度で、右に寄せながら交差点へ進入しようとして、右後方から追い越してきたバイクとぶつかる。	右折途中のトラックの後ろの空いたスペースを使い、追い越しをしようとセンターラインに寄せる時は、ルームミラーとドアミラーで右後方を見た後、ドアの右側も直接見てから寄せよう　ヨシ！	右側方バイクなし　　　　　　　　ヨシ！
3	左側の横断歩道付近に歩行者も自転車も見えないので、左折を始めたトラックに追従したまま走行し、急な歩行者・自転車の横断で止まったトラックに追突する。	交差点の手前で横断歩道を横切り左折するトラックがある時は、手前で減速しトラックとの間を開けよう　ヨシ！	トラックとの距離確保　　　　　　　　ヨシ！

4　交通1人4ラウンドKYT

（1）　交通1人4ラウンドKYTの考え方

　チームによるKYTのみでは危険のとらえ方など、効果の上がるKYTのやり方がどれだけ身についているか、個々に自らの能力が、どのようなレベルにあるのか評価、判断するのは困難である。

　そこで、1人で簡略の交通KYT基礎4ラウンド法の実技を行い、その結果を自己チェック表で自己評価することで問題点に気づき、自らの能力を向上させ、さらには、チームレベルでのKYTを充実させるための訓練である。特に、リーダーおよびトレーナーの能力向上をねらいとしている。

（2）　交通1人4ラウンドKYTの進め方

① 実技シート、レポート用紙を準備。
② 個々に、簡略の交通KYT基礎4ラウンド法を行いレポート用紙に記入する。
　　・最初に運転状況を理解する。（運転者になりきる）

1 R	3項目以上
2 R	危険要因の掘り下げ、明確化 　・判　　断＿＿＿＿　　　・運転行動〜〜〜〜 　・相　　手＿＿＿＿　　　・現　　象＿＿＿＿ 危険のポイントの整理　○印

　　○印がついた項目について、3R、4R、確認を繰り返す。

3 R	○印に対する具体的対策
4 R	※印1〜2項目 チーム行動目標を設定
確　認	指差し呼称項目を設定

③ 自己チェック
　　各人が自分のレポートを見ながら、自己チェック表の各項目をチェックする。

第12章 危険予知訓練（KYT）

交通1人4ラウンドKYT自己チェック表

			自己チェック項目	解　　説	はい	いいえ
第1R	<現状把握>どんな危険がひそんでいるか	①	危険の項目数は3項目以上出たか？	―		
		②	「危険要因」と「現象」とでとらえているか？	「避けきれずぶつかる」、「スリップして接触する」などだけでは「現象」のみで、要因が不足		
		③	「危険要因」を「〜なので〜して〜」と"具体的"にとらえているか？	[自分]と[相手]で表現しているか		
		④	「現象」を「〜になる」と"事故の型"で言い切っているか？	・"事故の型"とは「ぶつかる」「接触する」など ・「ケガをする」など事故の"結果"や、「危険（おそれ）がある」などは不要		
		⑤	「危険要因」を「〜なので」と"肯定的"にとらえているか？	「一時停止していないので〜」、「徐行していないので〜」、「確認していないので〜」など「〜していないので〜」は、対策の裏返しで"否定的"		
第2R	<本質追究>これが危険のポイントだ	①	「危険要因」の掘り下げは十分か？	[自分"自分の判断"と"それに基づく運転行動"]と[相手（自分にとって好ましくない状態）]が、明らかになっているか		
		②	「危険要因」の内容を考えて◯印項目を整理したか？	"自分の判断"と"それに基づく運転行動"が異なる項目に◯印をつけているか		
第3R	<対策樹立>あなたならどうする	①	対策の項目数は、2項目以上出たか？	―		
		②	"具体的""前向き"、"実行可能"か？	・「注意する」などは"抽象的" ・「〜しない」は、後ろ向き（禁止的・否定的） ・「できそうもないこと」ではなく ・"自分の判断"と"それに基づく運転行動"に対する対策になっているか		
第4R	<目標設定>私達はこうする	①	※印項目は、「ホンネで実行しよう」という内容になっているか？	・相手に期待するでなく、私の立場で行うことになっているか ・タテマエ、キレイゴトではなく、日常の自分自身を振り返ってみて「本当にデキル・ヤルゾ！」というものか		
		②	チーム行動目標は、「〜の時は〜して〜しよう」と"前向き"に表現しているか？	・「〜しないようにしよう」など"禁止的・否定的"ではなく、どのようにするかが明らかになっているか ・「〜の時は」と状況を細分化しているか？ ・重点実施項目を、さらに具体化しているか？		
確認	指差し呼称項目設定	①	指差し呼称で確認する対象が、ハッキリ表現されているか？	・指差し呼称項目は、チーム行動目標を「ただ短くしただけ」のものではない ・[相手（自分にとって好ましくない状態）]が、「ないこと」または「解消されたこと」が確認できる内容か？		
気づきメモ 自己チェックして、気づいたことをメモして下さい。			・ ・ ・			

Ⅷ　ミーティングKYT

1　短時間ミーティングSS訓練

（1）　短時間ミーティングSS訓練とは

　短時間ミーティングSS訓練は、短時間に、いきいきと充実したKY活動を含むTBMを、その時その場に即してチーム全員で自主的にシナリオ創作し、役割演技し、体験学習するものである。

　そのために、始業時10分間のモデルケースを設定し、チーム全員が漏れなく役割を分担し、KYT活用技法、特に作業指示STK訓練、適切指示即時KYT、ワンポイントKYTなど、すでに研修した手法を組み込み、きびきびとしたTBMをつくり上げ、「これならうちの職場でもできる」と実感して、日々の実践につなげようとするものである（この訓練は即時即場的に、その時その場に即して行われることが望ましいので、即時即場＝SS訓練と名づけた）。

（2）　5分間コース

　この10分間ミーティング訓練は、5分間のモデルケースに短縮することもできる。この10分間コースを自分の事業場の業種業態に合わせて演技内容を簡略化し、時間を縮めて7分間コース、あるいは5分間コースにするなど、独自のモデルケースをつくって訓練してほしい。また現場到着時3分間ミーティングとか終業時5分間ミーティングのモデルケースもつくって、併せてシナリオ役割演技訓練するのも実践的である。5段階やその中の実技の順序なども、自分の事業場向きに、自由に組み替えてほしい。現場でいいミーティングが行われるには、こういうミーティング訓練をしっかり反復実施することが必要である。

（3）　訓練の進め方

　① チーム編成
　　1）2チームを1組（ペア）、または1チームを2つのサブチームに小分けしてペアとし、金魚鉢方式の役割演技で実施する。
　　2）1チームの人数は4人～5人程度がよい。

② 役割分担
　1）チーム内で全員役割を分担する。
　2）チームの人数が役割数より少ないときは、1人で2役3役を兼ねる。
③ TBM 5段階
　短時間ミーティングを別表「短時間ミーティングSS訓練進め方要領」（308ページ）に従って実演する。
　TBM 5段階とは通常のTBMのプロセスをモデル化したもので［1）導入、2）点検整備、3）作業指示、4）危険予知、5）確認］をいう。
④ あら筋相談
　1）職長Aの役割を担当する者が司会者となって、これから行うミーティングのおよその業種や職種を決め、全員で10分間ミーティングのあら筋について相談する。
　2）各人おのおの自分の役割についてアイディアを出しメモする。ただしTBMの一貫した流れを損わないようにする。
　3）何をやってもよいが、全体を10分以内にまとめる。
　4）アドリブ（即席演技）歓迎。
⑤ リハーサル
　1）あら筋がまとまったらチームでリハーサル（練習）を行う。
　2）できるだけ小さな円陣で行う。
　3）姿勢を正して、明るく大声できびきびと演技する。
　4）職長が司会役となって、修正すべき点があれば修正する。特に全体がバラバラにならないように注意。
　5）リハーサルは10〜15分程度とする。
⑥ 訓練実施
　1）本番のミーティングは必ず10分以内で演技し、金魚鉢方式で観察チームからコメントを受ける。
　2）演技を交替し、観察チームが演技し、先に演技したチームがコメント側にまわる。メモなど何も持たずに本物らしく演技する。
⑦ チーム内反省
　・2チームの演技とコメント終了後、所定のレポート用紙でレポート（各人分担部分を記入）し、そのあとチーム内で短時間ミーティング訓練について反省し懇談する。

（4） 金魚鉢コメント・チェックポイント

・観察チームによる金魚鉢コメントは5分以内に行う（A：所要時間　B：KYの内容　C：役割演技）。
・あらかじめ観察のチェックポイントを決めて、ワンポイントないしツーポイントのコメントをするとよい（1人30秒から1分以内）。

チェックポイントとしては

A：所要時間
　所定時間内（10分間）でできたか。できなかったとすればなぜか。

B：KYの内容
① TBM全体の流れ、まとまりはどうだったか。
② 分担した役割に創意工夫が発揮されたか、特にどの演技がすばらしかったか。
③ 作業指示は適切であったか。特にKYのポイントはどうだったか。
④ ワンポイントKYTはどうだったか。
⑤ 個別KYと復唱は的確であったか。

C：リーダーシップ、声の大きさ・態度など
① メンバーの声は大きかったか。明るくきびきびと演技したか。
② 職長のリーダーシップはどうだったか。
③ チームワークはどうだったか。チームに一体感・連帯感が感じられたか。
④ チームにヤロウ・ヤルゾの一致した気構えが感じられたか。

第12章　危険予知訓練（KYT）

短時間ミーティングSS訓練の進め方要領

ミーティング5段階	分担	担当	役割	所要時間	演技内容
第1　導入	A 職長 ①		整列・番号 一斉挨拶	10秒 (5)	一列または円陣に整列・番号（点呼）「おはようございます」、「ゼロ災でいこう ヨシ！」
	B 輪番		健康確認 職場体操	40秒 (20)	全員または特定者への健康問いかけ、自己申告、体操は1～2動作のみ重点的に
	C 週番		月間目標唱和 安全週番報告	30秒 (15)	月間または週単位の安全衛生チーム行動目標を唱和、他職場の事故報告、パトロール結果報告
	D 輪番		30秒スピーチ	30秒 (30)	新聞・テレビのニュースなど、関心ある話題について30秒でスピーチ、何かを出題して考えさせ答えさせるなど
第2　点検整備	E 輪番		服装相互点検、防具・工具・保護具・器材、車両などの指差し呼称点検	60秒 (30)	2列に向き合って、「ヘルメット　ヨシ！」、「あごひも　ヨシ！」…「安全靴　ヨシ！」などと相互に指差し呼称点検、チェック表による器材車両などの呼称点検、その結果報告（職長に）
第3　作業指示	A 職長 ②		朝の挨拶 伝達・連絡事項	30秒 (15)	今月、今日の生産目標、会社状況など、要点を分かりやすく、全員、あるいは個人への伝達・連絡
			今日の作業指示 5W1H	120秒 (60)	職長も現場に一緒に行って作業するケース（適切指示即時KY方式） なぜ　　　　Why いつ　　　　When どこで　　　Where ｝作業指示メモを活用 なにを　　　What だれがだれと　Who どのように　　How 質疑応答Q&A
第4　KY	A 職長 ③		KYテーマ選定	20秒 (10)	今日の作業指示の中で、特に問題（危険）のある作業のステップ、動作を選定し、KYテーマとする シートを選んでもよい

VIII　ミーティングKYT

第4 K　　Y	F 輪 番		ワンポイント KYT （または SKYT）	140秒 (60)	口頭のみでワンポイントKYTを行う 第1ラウンド（3〜5項目） 第2ラウンド 　（危険のポイント（1項目） 　　　　　　　　……指差し唱和） 第3ラウンド 　（2〜3項目） 第4ラウンド 　（重点実施項目1項目） 　（チーム行動目標指差し唱和） 確認 指差し呼称項目 　（3回指差し唱和） SKYTの場合には、チームの話し合いは2Rまででとはリーダー指示
	A 職 長 ④		個別KY 復唱	10秒 (10)	特定者に対し、「今日の作業では、特に〇〇君は〇〇するように」と指示を追加し、復唱させる
第5 確　認	G 輪 番		30秒黙想	30秒 (30)	30秒間の黙想を実施（瞑想・呼吸・弛緩）
	H 輪 番		重点指差し呼 称項目	10秒 (5)	職場、職種の重点指差し呼称項目（3項目）の1つを唱和
	A 職 長 ⑤		まとめ・確認 指差し唱和 （タッチ・ア ンド・コー ル）	20秒 (10)	職長から本日のミーティングの重要ポイントを再確認したあと、円陣で「ゼロ災でいこう　ヨシ！」と指差し唱和（タッチ・アンド・コール）を行ってしめくくる
				計550秒 (300)	（　）内は5分間モデルのケース

第12章　危険予知訓練（KYT）

短時間ミーティングＳＳ訓練の進め方（手法まとめ）

準　備	チ ー ム 編 成	チーム分割（4～5人）リーダー決定
あら筋相談 職長役(A) ↓ 司会進行 時間管理 （15分以内）	(1) 役割分担 　　業　　種 ⎫ 　　職　　種 ⎬決定 　　作　　業 ⎭ 　　イラストシート (2) 演技内容シナリオ作成 (3) 職長(A)取りまとめ	参考→レポート用紙 参考→研修会ですでに使用したシートを活用 (1) 役割分担→各自の役割についてアイデア→メモ (2) ポイント 　① 全体の流れ 　② 組み立て（5段階） 　③ 所要時間10分以内 参考 ⎧・「短時間ミーティングSS訓練の進め方要領」 　　 ⎨ 　　 ⎩・5分間ミーティング・モデル・シナリオ
リハーサル （15分以内）	(1) あら筋による演技 (2) あら筋修正 〔全員起立〕	① 所要時間内にできるか。 ② 内容に修正すべき点はないか。 ③ 職長(A)が中心→調整、本番に備える。
本番演技 （20分以内）	(1) 演技（10分×2）以内	メモは参考程度に。大声できびきび演技アドリブを入れてもよい。
観察・コメント （10分以内）	(2) 観察チーム―全員コメント（5分×2）	金魚鉢方式（ペアチーム）
チーム内反省 （10分以内）	(1) 反省、感想コメント (2) レポート提出	各自役割分担部分記入

Ⅷ　ミーティングKYT

短時間ミーティングSS訓練レポート

チーム名（　　　　　　）
チームNo.（　　　　　　）

A	B	C	D	E
F	G	H	I	J

とき　・　・
ところ

役割分担と演技内容

TBM 5段階	分担	担当者	役割	演技内容のあらまし
第1 導入	A-F 職長		整列・番号 一斉挨拶	
	B-G 輪番		健康確認 職場体操	
	C-H 週番		月間目標唱和 安全週番報告	
	D-I 輪番		30秒スピーチ	
第2 点検整備	E-J 輪番		服装相互点検、防・工・保護具、器材、車両などの呼称点検	
第3 作業指示	A-F 職長		朝の挨拶 伝達、連絡事項	
			今日の作業指示 5W1H	なぜ Why／いつ When／どこで Where／なにを What／だれがだれと Who／どのように How
				質疑応答（Q&A）　　復唱 D-I
第4 KY	A-F 職長		KYテーマ選択	
	B-G 輪番		ワンポイント KYT	1 R　〈記載不要　アドリブで実施〉／2 R／3 R／4 R
	A-F 職長		個別KY 復唱	
第5 確認	E-J 輪番		30秒黙想	
	C-H 輪番		重点指差し呼称項目	
	A-F 職長		まとめ・確認 指差し唱和 （タッチ・アンド・コール）	

311

2　5分間ミーティングシナリオ役割演技訓練

（1）　訓練の概要（略称シナリオ訓練）

　始業前5分間ミーティングのシナリオを作成し、そのシナリオを数人のメンバーできびきびと役割演技（ロール・プレイング）することによって、「5分間でもこれだけ充実したミーティング（TBM-KY）を行うことができる」ということを体験学習してもらうことをねらいとして、1983年（昭和58年）に開発された手法である。

　進め方の説明も含め20分もあればできるので、KYT 1日コースのカリキュラムに組み込むことができ、TBM 5段階の意義を体験学習してもらえる。

（2）　シナリオ作成

　中災防では、短時間TBM 5段階［①導入、②点検整備、③作業指示、④危険予知、⑤確認］をベースにした数種の「5分間ミーティングシナリオ」を作成している。

　しかし、そのような既成のものでなく、やはり自分の会社、職場、職種にピッタリしたシナリオを、独自に作成して役割演技訓練を実施することが望ましい。314ページに紹介するモデルシナリオはその叩き台になるだろう。

（3）　訓練の進め方

① 役割分担　シナリオの中の役割A（監督者役）とBCDEの分担を決める。
② 下読み　シナリオにひととおり目を通す。特に自分のセリフを確認しておく。
③ 本読み　シナリオのとおりに「本読み」していく。ただし、名前は、A君、B君ではなく、固有名詞で呼ぶ。立ったままで円陣をつくりその役割になりきって、動作をつけながら、大きな声でシナリオを読み合わせる。
④ 本番　2回目だから、できるだけ本物らしくきびきびと演技する。
⑤ この訓練は、1会場で多数チームに同時にいっせいに演技するやり方で実施する。ワイワイガヤガヤの騒音の中で「恥ずかしさ」、「照れくささ」がなくなり、役割になりきれる。

Ⅷ　ミーティングKYT

（4）　金魚鉢方式の活用

下読み、本読み、本番をひととおり実施したあと、2組がペアになり、金魚鉢方式で交互にシナリオを役割演技し、交互に観察・コメントし合うのもよい訓練になる。

（5）　短時間ミーティングSS訓練

このシナリオ役割演技訓練を行ってから、自主的にシナリオを作成して演技する"短時間ミーティングSS訓練"を行うとよい。

5分間ミーティングシナリオ役割演技訓練の進め方（手法まとめ）

準　備 30　秒	1．モデルシナリオ使用 2．役割分担を決める 　全員起立して行う	1．モデルシナリオの5役（A、B、C、D、E）に合わせてメンバーの役割を決める 2．4人の場合は1人2役をつくる
下　読　み 1　分	1．シナリオにひととおり目を通す 2．TBM5段階を理解し自分のセリフを確認する	
本読み1回 （リハーサル） 5　分	1．立ったままで円陣をつくる 2．役割演技を行う	1．動作をつけて大声でシナリオを読み合わせる 2．モデルシナリオのセリフの中のA、B、C、D、E君はメンバーの個有名詞で呼ぶ
本番1回 5　分	1．立ったままで円陣をつくる 2．本物らしく大声できびきびと役割演技する 3．アドリブを入れてもよい	1．短時間ミーティングの感じを体験学習する 2．短時間ミーティングSS訓練の導入訓練とする
金魚鉢方式	2チームがペアとなり、交互に役割演技し、観察・コメントし合うこともよい	

第12章　危険予知訓練（KYT）

５分間ミーティング役割演技シナリオ（例）

（作業：製造業の運搬作業）

第１段階 導　入			
	▶		整列する
整列・番号	A		「整列（円陣に集合）番号（メンバー　１～４、５）、おはようございます。ただ今からミーティングを行います。構えて　ゼロ災でいこう　ヨシ！」
一斉挨拶	全　員		「ゼロ災でいこう　ヨシ！」
健康確認	A		「カゼがはやっていますね。Eさん昨日カゼ気味だといっていましたが今朝の調子はどうですか？」
	E		「昨日早目に寝ましたので今朝はすっかりよくなりました」
職場体操	B		「今日は私がリーダーです。八段錦の第七段を行います」
	▶		全員広がって八段錦の第七段
	▶		もとの円陣にもどる。
月間目標指差し唱和	C		「それでは、月間チーム行動目標を唱和します。チーム行動目標　製品は通路に平行にカドをそろえて３段に積もう　ヨシ！」
	全　員		全員「製品は通路に平行にカドをそろえて３段に積もう　ヨシ！」
安全週番報告	C		「昨日の安全パトロールの結果報告です。製品置場はよく整理整頓されていました。今後もこの調子でがんばりましょう」
	全　員		全員「ヨシ！」
30秒スピーチ	D		「今日の30秒スピーチは私の担当です。今朝車で出勤途中のことですが、交差点で信号待ちで停止しているときに右隣にいた車が動き出したので、ついつられて、私も走り出そうとしました。その時ハッと気づいたら、まだ高齢の女性が歩いていて、あわてて急ブレーキを踏みヒヤリとしました。信号と右・左の指差し呼称確認を必ずやろうと思いました」

		A	「Dさん大変よい話だと思います。家庭でも通勤時にもどんなときにも、要所要所で指差し呼称をする習慣を浸透させましょう」
		全員	「ヨシ！」
第2段階 点検・整備			
服装・保護具の 相互点検		E	「それでは、服装や保護具の相互点検を行います」
		▶	A・B・C・D2人ずつ向かい合って呼称点検する。
		E	「ヘルメットよいか？」
		全員	「ヘルメット ヨシ！」
		E	「あごひもよいか？」
		全員	「あごひも ヨシ！」
		E	「袖口よいか？」
		全員	「袖口 ヨシ！」
		E	「脚はんよいか？」
		全員	「脚はん ヨシ！」
第3段階 作 業 指 示			
伝達連絡事項		A	「掲示にもありましたが、今日も外部の業者が入って第3号機の点検修理を行っていますので近づかないようにして下さい」
		全員	「ヨシ！」
作業指示			（5W1Hで伝達する）
		A	「さて、今日の作業ですが、大型コイル20個を第3工場に搬入します。作業指揮は、私が行います。クレーン作業はBさん、Dさんとでお願いします。BさんにはCさん、DさんにはEさんが補助者としてついて下さい。それから搬入前に全員で第3工場の搬入場所、クレーンの通路など搬入作業が安全に行えるように片づけて段取りします。そのほかはいつものとおりです」
			「何か分からないことはありませんか？」
		B	「そのコイルは何時に入ってきますか？」

第12章 危険予知訓練（KYT）

		A	「午前10時です」
		C	「そうしますと10時までに段取りをしておく必要がありますね」
		A	「そうです」
第4段階 K Y （SKYT）		A	「では今日の作業に関連したSKYTをこのクレーン地切りの状況で行います。Bさんがリーダーになって進めてください」
第1R		B	「このシートにどんな危険がひそんでいますか？」
		C	「左手で荷の横のワイヤーを握っているので、ワイヤーが張ったとき手をはさむ」
		E	「ワイヤーを直しながらスイッチ操作をしているので押し間違えて、荷が振れて足に当たる」
		A	「吊り荷とフックの芯がずれていて、地切りのとき荷が振れて当たる」
		C	「素手で玉掛けしているのでワイヤーを握ったとき素線がささる」
		D	「勢いよく引き上げたとき、荷が揺れて、荷の角でワイヤーが切れる」
		E	「吊り角度が大きいのでワイヤーに荷重がかかりすぎ切断する」
第2R		B	「いろいろ危険が出ましたが、危険のポイントはどれでしょうか。ワンポイントにしぼりましょう」
		C	「吊り荷とフックの芯がずれていて、地切りのとき荷が振れて当たるではどうですか？」
		全　員	「それでいこう！」
危険のポイント 唱和確認		B	「危険のポイント　吊り荷とフックの芯がずれていて地切りのときに荷が振れて当たる　ヨシ！」
		全　員	「吊り荷とフックの芯がずれていて、地切りのとき荷が振れて当たる　ヨシ！」
		B	「いま確認したように危険のポイントを"地切りのとき

316

チーム行動目標	B	荷が振れて当たる"とすればチーム行動目標は"吊り上げのときは2方向から芯を確認しよう"にしたいと思います」 「チーム行動目標　吊り上げのときは2方向から芯を確認しよう　ヨシ！」
	全　員	「吊り上げのときは2方向から芯を確認しよう　ヨシ！」
指差し呼称	B	「指差し呼称項目は「吊り荷センター　ヨシ！」でいきます　3回　指差し唱和しましょう」 「指差し呼称項目　吊り荷センター　ヨシ！」
	全　員	「吊り荷センター　ヨシ！」（3回）
個別ＫＹ	A	「Cさん今日の作業では特に大声で連絡合図するようにして下さい」
	C	「はい、私は大声で連絡合図します」
第5段階 **確　認**		
30秒黙想	D	「それでは30秒黙想を行います。始め——止め」
指差し呼称項目 指差し唱和	E	「今月の重点指差し呼称項目の指差し唱和を行います　指差し呼称　3段積み　ヨシ！」
	全　員	「3段積み　ヨシ！」（3回）
まとめ確認 タッチ・アンド・コール	A	「それでは、今日の大型コイル搬入作業を要所要所で指差し呼称確認しながら安全に確実に行ってください。それではタッチ・アンド・コールを行います。ゼロ災でいこう　ヨシ！」
	全　員	「ゼロ災でいこう　ヨシ！」

（6） 短時間ミーティングTBM－KY訓練

職場内短時間ミーティングで「現場力」を高めるためには、全員の一言スピーチを組み込むなど、指示者とメンバーで双方向に進めるTBM－KYのシナリオを職場、職種に合わせて独自に作成し、役割演技訓練を行うとよい。

（進め方）
① 小さな円陣をつくる。
② 指示者役1名と作業者役2名で、相手の顔を見ながら、自分の普段の言葉づかいに置き換えるなど、職場を想定して、本物らしく演技する。
③ 「Aさん、Bさん」はそれぞれ個有名詞で呼ぶ。

短時間ミーティングTBK－KY訓練シナリオ（例）

始業時間		始業時ミーティング
（メンバーへ集合の声かけ）	指示者A	「朝礼の時間になりました。集合してください。小さな円陣をつくってください。」
導入 （健康確認、問いかけ）	A	「整列、番号（1、2、3）、おはようございます。」 ⇒右からか、左からか、合図する
	B、C	「おはようございます。」
	A	「Cさん、少し咳込んでいるようだけど、カゼでもひいたの？」 ⇒必ず個有名詞で呼ぶ
	C	「ええ、おとといの疲れから、リビングでうたた寝をしていて、寒くて目が覚めて、どうもそこからです。」
	A	「つらくありませんか？」
	C	「はい、大丈夫です。」
	A	「風邪は万病の元ですから、しっかり養生して治してください。」
	C	「はい、分かりました。ありがとうございます。」
一言スピーチ （5～10秒全員スピーチ）	A	「それでは、全員、一言スピーチをお願いします。話題はなんでもいいです。Bさんから始めてください。」
	B	「はい。みなさんおはようございます。」
	A、C	「おはようございます。」

	B	「私は今日も、決められた手順どおり作業を行おうと思います。」
	A	「そうですね。作業の成功は手順を守ることですからね。よろしくお願いしますね。」
		⇒メンバーの発言をフォローし、実践への橋渡しを行う。「そうですね」あるいは「なるほど、それはよいことだ」などと言葉をかける
	B	「はい、分かりました。」
	C	「みなさん、おはようございます。」
	A、B	「おはようございます。」
	C	「私は指差し呼称をしっかりやろうと考えています。」
	A	「なるほど。行動の要所要所での確認は安全に必要なことです。お願いしますね。」
	C	「はい、実践します。」
		―指示者は最後に、全員一言スピーチのまとめのスピーチ―
	A	「全員スピーチありがとう。各自が決めたことを実行して安全な作業に努めましょう。」
	B、C	「はい。」
適切作業指示 KYミーティング （作業指示）	A	「さて、今日の作業ですが、まず始めにやってもらう作業の指示を行います。そのあとについては、この作業が終わったところで指示します。」
	B、C	「はい。」
	A	「途中分からないことがありましたら遠慮なく質問してください。」
	B、C	「はい。」
	A	「倉庫に古くなった金属製の書棚が長いこと置いてあるのを知っていますね？」
	B、C	「はい。」
	A	「とうとうあれを廃棄処分することになりました。このあとすぐ倉庫から搬出口まで台車を使って運んでください。運ぶだけでいいですから。それから、書棚の重さは60キロあります。」

（分担）	A	「Bさんがリーダーで、Cさんも一緒に出かけて、現場でBさんの指揮を受けてください。」
（方法手順）	A	「方法手順ですが、まず二人で書棚の上のホコリをふきとってください。ふき終わったところでBさんが書棚を傾けて、Cさんは反対側で支えます。 　そこへBさんが、書棚の底に台車を押し込み、取っ手を押さえたところで、声を掛け合って載せてください。 　運ぶときは、Bさんが後ろから台車を押す、Cさんは前の横から、そうだね、扉側から書棚を支えて、前を誘導しながら運んでください。 　それから、保護具は、ゴム引きの軍手と安全靴を使ってください。 　以上の指示で何か分からないことはありませんか？」
	B、C	「特にありません。」
（復唱）	A	「そうですか。それではBさん、私の指示を復唱してください。」
	B	「はい復唱します。私がリーダーとなって、メンバーのCさんと古くなった金属製の書棚を廃棄処分するので、この後すぐ、台車を使って書棚を倉庫から搬出口まで運びます。重さは60キロです。方法手順は、まず、2人で書棚の上をふいたあと、私が書棚を傾けて、Cさんが反対側で支えます。そして、私が書棚の底へ台車を押し込み、取っ手を押さえたところで、声を掛け合って載せます。運ぶときは、私が後ろから台車を押し、Cさんが前の横、扉側で支え、誘導をしてもらいます。 　保護具は、ゴム引きの軍手と安全靴を使います。」
（危険予知）	A	「そのとおりです。ところで、これから行う作業で、みなさんが気づいた危険はありませんか？」
	C	「ハイ！　そうですね。書棚を載せる時と、運ぶ時扉が開いたり閉じたりして、つい、何気なく添えている手をはさむ危険がありそうです。」

Ⅷ ミーティングKYT

	A	「なるほど。何気なく置いている手をね。おぉ痛そうだな。それはありそうだね。 　他には何かありませんか？」
	C	「特にありません。」
（危険のポイント）	A	「それでは、他に特にないようだから、この扉に手をはさむということを危険のポイントにしましょうか？どうですか？」
	B	「良いと思います。」
	C	「私もです。」
	A	「それでは、これを危険のポイントにします。指差し唱和しましょう。構えて！」
		⇒メンバーは指示者の構えを合図に、「ヨシ！」と左手腰、指差し唱和の姿勢で構える
	A	「危険のポイント！　書棚を台車に載せるときと運ぶとき、扉が開いたり、閉じたりして、添えている手をはさむ　ヨシ！」
	全員	「書棚を台車に載せるときと運ぶとき、扉が開いたり、閉じたりして、添えている手をはさむ　ヨシ！」
（目標設定）	A	「対策はどうしたらよいと考えますか？」
	C	「扉の鍵のところを押さえるというのはどうでしょう。」
	A	「Bさんは、何かありませんか？」
	B	「台車に載せる前に、ガムテープで扉を止めたらどうでしょう。」
	A	「なるほどね。私も出したいところだけど、危険要因へ具体的で実行可能な対策案を出してくれたので、重点実施項目へ絞りこもう。どうだろう。」
	B	「ハイ！ガムテープで、上、中、下、と貼れば開きは止められると思います。」
	C	「私もそう思います。」
	A	「そうですね。それでは、重点実施項目は「載せる前に扉開き止めガムテープを貼る」にしよう。いいですね？」
	B、C	「はい！分かりました。」

		A	「重点実施項目を具体化したチーム行動目標は『書棚を台車に載せるときは、載せる前に扉開き止めのガムテープを貼ろう　ヨシ！』にします。いいですね？」
		B、C	「はい！分かりました。」
		A	「それでは、チーム行動目標を指差し唱和しましょう。構えて！」
			⇒メンバーは指示者の構えてを合図に、「ヨシ！」と左手腰、指差し唱和の姿勢で構える
		A	「チーム行動目標書棚を台車に載せるときは、載せる前に扉開き止めのガムテープを貼ろう　ヨシ！」
		全員	「書棚を台車に載せるときは、載せる前に扉開き止めのガムテープを貼ろう　ヨシ！」
（確認）		A	「次に指差し呼称項目の設定に入ります。この場合には、テープで止めた後、開かないことを安全確認の対象に捉えなくてはなりません。『扉　テープ止め　ヨシ！』ではどうでしょう。」
		B	「そうですね。現場で、指差し呼称で『扉　テープ止め　ヨシ！』と危険のポイントの危険がなくなったことを安全確認するんですよね。私もそう思います。」
		C	「私もそう思います。」
		A	「それでは、指差し呼称項目を唱和確認して頭の中へしっかり叩き込みましょう。 　構えて！」
			⇒メンバーは指示者の構えてを合図に、「ヨシ！」と左手腰、指差し唱和の姿勢で構える
		A	「指差し呼称項目　扉　テープ止め　ヨシ！」
		全員	「扉　テープ止め　ヨシ！　扉　テープ止め　ヨシ！　扉　テープ止め　ヨシ！」
	タッチ・アンド・コール		**－話し合い終了、決めたこと実践への一体感・連帯感盛り上げ－**
		A	「はい、ご苦労様でした。これで始業時ミーティングを終わります。『ゼロ災でいこう　ヨシ！』とタッチ・アンド・コールで元気よく締めましょう。 　手重ね型でいきましょう。 　構えて！」

Ⅷ　ミーティングKYT

		⇒メンバーはヨシ！と、気合を入れ、指示者と手重ね型をつくる
	A	「ゼロ災でいこう　ヨシ！」
	全員	「ゼロ災でいこう　ヨシ！」
	A	「それでは作業を開始してください。」
	B	「さあ、掛かろう。」
	C	「はい、始めましょう。行きましょう。」
		（シナリオ役割演技が終了したら、感想を話し合う）

第12章　危険予知訓練（KYT）

Ⅸ　実践的な現場の先取り手法

1　災害事例KYT

（1）　先取りが目的

　一般に災害原因の分析や究明は複雑なため、現場で、職場レベルで簡単に行うわけには行かないのが実情である。しかし、最近では、災害やヒヤリ・ハット事例が発生すると、関連職場でその災害を再び発生させないために、どうしたらよいかを話し合う事業場が増えてきた。

　これは、職場レベルでの事例検討がメンバーの災害に対する感受性を鋭くし、それが同種災害や類似災害の防止につながるからである。

　ここに紹介する手法はKYTや問題解決法と同様の「4ラウンド法」によって、みんなの話し合いで、比較的短時間の討議で災害原因の核心に迫ろうというケース・スタディの一つである。

　「事故の型」とか「起因物」、「加害物」などの分類や当てはめにこだわらず、現場の小集団で行う実践的な手法といえよう。メンバーのヒヤリ・ハット体験や他職場の災害事例などを検討してもよい。職長、班長、グループリーダーを中心にした、文字どおり第一線の職場における災害事例検討会で用いることを念頭においている。

　全体の時間配分は、発生概要の把握と、事実の確認が20分、問題点の発見と重要問題の決定が10分、対策の樹立が15分、重点実施項目決定と実施計画策定が15分程度とみてよい（合計1時間以内）。慣れてくれば30分以内で実施できる。極めて現場向きの手法である。

（2）　実施上の注意点
　①　討議主体を明確にすること

　　　研修会で行う場合は、討議するメンバーの立場を監督者とするか、職場の作業者とするかで、当然対策や目標が違ってくる。したがって、討議主体を明確に設定してから話し合いを開始しよう。職場で行う場合には、もちろん職場小集団として作業者レベルでどうすべきかを検討することになる。

　②　重点実施事項はⅠ・Weの立場で

　　　対策はいろいろあっても、チームとして職場として、Ⅰ・We（私、我々）の

立場で自主的に解決可能なものを※印にしぼり込む。かりに、他人に解決を依頼せざるを得ないケースならば「依頼したことを実施するために自分はどうするか」また「依頼した対策が実施されるまでの間、次善三善の策はないか、自分たちは何をやるか」まで話し合う必要がある。——あくまでも実施主体はⅠ・Weである。

③ 検討に値する災害事例を準備する

　この検討法は、通常文章化（イラスト化）された他事業場や他職場の災害事例やヒヤリ・ハット事例を使って、短時間のミーティングで、それを前向きに先取りに生かそうというもので、あくまで現場向き、職場レベル向きの安全先取り手法である。

　実際に災害が発生したときは、その事業場のライン・スタッフは十分に時間をかけて、細かく状況を把握し、原因を調査分析してその再発の完全防止に努めるべきである。

　この4ラウンド法による災害事例KYTは現場向きの簡略法であるが、客観的な災害原因の把握もさることながら、「チームとしてこうしよう」という先取りのための行動目標設定に重点がある。このため、4ラウンドの検討に値するような良い事例を、数多く現場に提供するのも、スタッフのこれからの重要な仕事の一つである。

④ KYTと関連づける

　災害事例KYTを行う前に、その災害事例の発生一歩手前の状況を描いたイラストシートを使って、事前に短時間KYTを行うことがある。これは災害発生前の危険を幅広く多角的に前もって把握するためで、「実はこの状況の直後に、実際にこういう災害が発生したのです」として、文章化した災害事例を示して、災害事例KYTを行う方法もある。

　災害事例KYTは、すでに実際に災害が発生しているので、その原因が限定され、そのほかの数多くの潜在危険要因が消されてしまうことがある。災害事例KYTも一般の短時間KYTと同様に、できるだけ幅広く多角的に危険をとらえて、対策に結びつけるように心がけたい。

第12章　危険予知訓練（KYT）

災害事例ＫＹＴの進め方（手法まとめ）

段階	ラウンド	項目	内容
準　備		1チーム5～6名	テーマ＝災害事例、ヒヤリ・ハット事例 役割分担 　（リーダー・書記・レポート係・発表者・コメント係）
導　入			〔全員起立〕リーダー＝「これから災害事例KYTを行います」とメンバーに伝える リーダー＝整列・番号、挨拶、健康確認
1 R		現状把握 どんな危険な 事実があったか	(1) リーダー→全文を読む (2) 災害発生に関連ある事実（想像は不可） 　　　　　　　　　　　　　　　（5項目以上）
2 R		本質追究 これが災害原因 のポイントだ	(1) 災害原因と思われる項目→○印 (2) ○印項目→しぼり込み（2項目程度） 　　　（衆目評価法を使う） 　　　→◎印・アンダーライン＝災害原因のポイント (3) 災害原因のポイント→指差し唱和 　　リーダー「災害原因のポイント　～である　ヨシ！」 　　全　　員「～である　ヨシ！」
3 R		対策樹立 あなたならどうする	災害原因のポイントに対する、具体的で実行可能な対策 　→（各3項目程度）（全体で5～7項目）
4 R		目標設定 私達はこうする 　なぜ　　Why 　誰が誰に　Who 　なにを　　What 　いつ　　　When 　どこで　　Where 　どのように　How	(1) しぼり込み（各1項目） 　　→※印・アンダーライン＝重点実施項目 (2) 重点実施項目→5W1Hでチェックし具体化 　　実行主体→私・我々が (3) 5W1H→チーム行動目標設定（各1項目） 　　行動内容がありありと目に浮かぶ具体的な目標 (4) チーム行動目標→指差し唱和 　　リーダー「チーム行動目標 　　　　　　　～する時は～を～して～しよう　ヨシ！」 　　→全　員「～する時は～を～して～しよう　ヨシ！」
確　認			(1) 指差し呼称項目　設定（各1項目） 　　→リーダー「指差し呼称項目　○○　ヨシ！」→全員「○○　ヨシ！」（3回唱和） (2) 指差し唱和（タッチ・アンド・コール） 　　リーダー「ゼロ災でいこう　ヨシ！」→全員「ゼロ災でいこう　ヨシ！」
発　表 コメント		2チームペアで相互 発表・コメント	発表者→1R～4R流して読む コメント係→相手チームの発表についてコメント

災害事例KYT事例　シートパイルの下敷きになって死亡

〔災害発生状況〕

　Aは護岸(こがん)工事に使用するシートパイル（１本の長さ６m、重さ300kg）約10tを、３軸大型トラック（10.5t車・自重８t）に積載し、道幅約５mの堤防上を工事現場に向かっていた。前日の雨で路肩がゆるんでいたため、トラックの右後車輪がめり込み、脱出不能となった。同時に、荷台が傾き、積荷のシートパイルも荷崩れを起こした。Aはクレーン車を呼んで引き出すことにした。クレーン車の運転者Bはトラックの後方から、荷台後部右端に径15mmのワイヤーロープをかけ、クレーンで吊り、トラックを上方に引き上げるとともに前方に引き出そうとしたところ、ワイヤーロープが切断し、トラックが元の状態に落ち込んだ。その衝撃で、トラック荷台上に乗って運転者Bに合図をしていたAは、地上に転落した。荷崩れ状態になっていたシートパイルの一部が、Aの上に落下し、胸部腰部を強打されて死亡した。

図47

第12章　危険予知訓練（KYT）

災害事例KYTレポート（例）

事故・災害事例テーマ	シートパイルの下敷になって死亡	とき　・　・
		ところ

チームNo.-サブチーム	チーム名	リーダー	書記	レポート係	発表者	コメント係	その他のメンバー

第1ラウンド・現状把握＜どんな危険な事実があったか＞　事故・災害発生に関連する事実（危険）をもれなく把握する。
第2ラウンド・本質（原因）追究＜これが災害原因のポイントだ＞　"重要かつ根本的な原因だ"と思われる事実に○印。
　　　　　　　　　　　　　　　　　　　　　　　　　　　　　　さらにしぼり込んで"特に重要だ"と思われる事実2項目程度に◎印。

事故・災害発生に関連する事実（危険）	事故・災害発生に関連する事実（危険）
①．雨で路肩がゆるんでいた	10．Aが地上に転落した
2．右後車輪がめり込み、脱出不能となった	11．シートパイルの一部がAの上に落下した
3．荷台が傾いた	12．Aは胸部・腰部を強打された
④．積荷のシートパイルが荷崩れを起こした	⑬．トラックとシートパイルの重さは計約18tあった
5．ワイヤーロープの径が15ミリであった	
6．上方に引き上げるとともに前方に引き出すようにした	
⑦．ワイヤーロープが切断した	
8．トラックが元の状態に落ち込んだ	
⑨．Aはトラックの荷台上でクレーン運転手に合図していた	

第3ラウンド・対策樹立＜どうしたらよいか＞　◎印項目に対する具体的で実行可能な対策を考える。
第4ラウンド・目標設定＜私達はこうしよう＞　具体策のうち、重点実施項目として各1項目にしぼり込み※印。それぞれ5W1Hでチェックし手順化する。

◎印のNo.	※印	具体策	◎印のNo.	※印	具体策
4	※	1．シートパイルには2カ所以上ロープをかけ、荷台に固定する	9	※	1．地上に降りて合図する
		2．角材を4本以上立て、この間にシートパイルを固定する			2．クレーンの作業半径の外で合図する
7	※	1．シートパイル全体の重量とトラックの自重をクレーン運転者に連絡する 2．シートパイルをまずおろしてからトラックを動かし、動かし終わってから再び荷を積む			そのほか気づいたこと

5W1H	重点実施項目※印のNo.（9-1）		重点実施項目※印のNo.（　）	上司（コーディネーター）コメント
Why（なぜ）	荷台から転落しないため			
Who（だれがだれに）	トラック運転手はクレーン運転手に			
What（なにを）	合図を		（略）	
When（いつ）	トラックから積荷をおろす前に			
Where（どこで）	地上に降り			
How（どのように）	クレーンの作業半径の外に位置して行う			
チーム行動目標（～を～して～しよう）	トラックから積荷をおろす時は、地上に降りクレーン運転手に合図しよう　ヨシ！			
〔確認〕指差し呼称項目	合図位置　地上ヨシ！			

2 単位作業KYT（ステップKYT）

（1） 単位作業KYTとは

単位作業とは、作業手順（標準）の中の４～５ステップからなる作業のひと区切りをいう。

単位作業KYTは、月例ミーティングのときなどに"問題のある単位作業"を選び、その単位作業のステップごとに、あるいは、その中の"特に問題のあるステップ"をテーマとして行う。ステップをテーマとするときは「ステップKYT」ともいう。

"問題のある単位作業"とは、具体的には過去に災害が発生したり、ヒヤリ・ハットが起こっている作業、あるいは重大な危険が予想される作業をいう。全ての単位作業の見直しは困難なので、「問題だなぁ」、「このままにしておくと危険だなぁ」と思われるものから取りかかろうというのである。

単位作業KYTは、チームの話し合いで潜在危険を発見・予知し、重要危険に対して具体策を立て、指差し呼称を組み込んだり、単位作業の手順やステップを見直して改善したり、チームの実践活動に結びつけ、解決していくKYT基礎４ラウンド法の活用技法である。

（2） 単位作業KYTのねらい

単位作業KYTのねらいとするところは、

① 作業手順が定められており、安全上も問題はないとされている単位作業やそのステップについて、もう一度、危ないことはないかと職場の話し合いで見直す。

② 重点実施項目（急所）に対して、現場で指差し呼称確認するとすれば、どのようにするか、みんなで考え、みんなで決めて実践する。

③ とかくしまい込みがちな作業手順書をもう一度取り出して、身近なものにし、作業手順を常に頭の中に置きながら仕事をする習慣を身につける。

④ 職場のヒヤリ・ハット情報や潜在危険を発掘し、活用する。

などの点が挙げられる。

（3） 作業手順書の見直し

"全員参加による作業手順書の見直し"を推進することは、最も本格的な職場小集団活動の１つである。しかし、１つの職場でも単位作業の数はかなり膨大なものがあり、一挙にすべての作業手順書を見直すことは難しい。また、作業分析や作業記述書、

明細書など、作業手順作成のプロセスを基本どおりに実施することは、現場の作業者にとって極めて困難なことである。

このような状況の中で、「問題のある単位作業」やその「ステップ」について、危険予知のホンネの話し合いを行うことは、1つの活路を開くものといえよう。

(4) 現場での実践

現場での実施に当たっては、定例的なミーティングの際に実施することになるので、あらかじめテーマとする「問題のある単位作業」、「問題のあるステップ」を予告しておくほうがよい。

単位作業KYTは、単位作業の中の"特に問題のあるステップ"をしぼり込んでとらえ、KYT基礎4ラウンド法を実施、そのステップでの、

① 危険のポイントのしぼり込み
② 重点実施項目（急所）の選定→作業手順書に「急所」を記入・組込み
③ 指差し呼称確認項目の設定→作業手順書に「指差し呼称項目」を記入・組込み

をすることにより、実践へ結びつける。

また、作業手順を改善する必要があるときは、上司に提案する。

(5) 単位作業KYTの効果

単位作業KYTは、仕事の流れを意識したKYTであり、これによって仕事の中に組み込まれた安全を実践することとなる。つまり職場に密着した具体的な手法として効果が期待できる。なお、職場レベルで見直し、改善した単位作業手順を登録し、実践している事業場もある。

IX　実践的な現場の先取り手法

単位作業ＫＹＴの進め方（手法まとめ）

準　備	チーム編成　　　５〜６人 役割分担　　　　リーダー　書記　レポート係　発表者　コメント係 配布資料　　　　単位作業（３〜５ステップ）の手順書 　　　　　　　　　または単位作業ＫＹＴレポート用紙		
導　入	〔全員起立〕リーダー＝「これから単位作業ＫＹＴを行います」とメンバーに伝える 　　　　　　　リーダー＝整列・番号、挨拶、健康確認		
テーマの 確　認	(1)　「問題のある単位作業」を選定 　　　その単位作業（３〜５ステップ）の手順書 　　　または単位作業ＫＹＴレポート用紙を配布 (2)　その単位作業の中で特に問題のある１〜２ステップを決定→☆印		
	☆印のステップについて４Ｒ—ＫＹＴを実施（必要あればイラスト化）		
１　Ｒ		現状把握 どんな危険が ひそんでいるか	リーダー＝状況読み上げ "危険要因"と引き起こされる"現象（事故の型）" 「〜なので〜になる」、「〜して〜になる」 「〜なので〜して〜になる」　　（５項目程度）
２　Ｒ		本質追究 これが危険 のポイントだ	(1)　問題と思われる項目→○印 (2)　○印項目→しぼり込み　（１〜２項目） 　　　→◎印・アンダーライン＝危険のポイント (3)　危険のポイント→指差し唱和 　　　リーダー「危険のポイント　〜なので〜になる　ヨシ！」 　　　→全　員「〜なので〜になる　ヨシ！」
３　Ｒ		対策樹立 あなたならどうする	危険のポイントに対する具体的で実行可能な対策 　→各　（３項目程度）　（全体で５〜７項目）
４　Ｒ		目標設定 私達はこうする	(1)　しぼり込み　（各１項目） 　　　→※印・アンダーライン＝重点実施項目 (2)　重点実施項目→チーム行動目標設定　（各１項目） (3)　チーム行動目標→指差し唱和 　　　リーダー「チーム行動目標 　　　　〜する時は〜を〜して〜しよう　ヨシ！」 　　　→全員「〜する時は〜を〜して〜しよう　ヨシ！」
確　認(1)	指差し呼称項目　設定　（各１項目） 　→リーダー「指差し呼称項目　○○　ヨシ！」→全員「○○　ヨシ！」（３回唱和）		
	☆印のステップが２つ以上あるときは、それぞれのステップについて 　〔１Ｒ、２Ｒ、３Ｒ、４Ｒ、確認〕の４Ｒ—ＫＹＴを実施		
確　認(2)	指差し唱和（タッチ・アンド・コール）　　「ゼロ災でいこう　ヨシ！」		
	・リーダーは、作業手順書の該当箇所に「急所」と「指差し呼称項目」を記入・組込み ・作業手順を改善する必要があるときは、上司に提案、責任者決定		

第12章　危険予知訓練（KYT）

単位作業ＫＹＴレポート

単位作業名	原料小分け作業（高粘土）	とき・・ ところ

チームNo.-サブチーム	チーム名	リーダー	書記	レポート係	発表者	コメント係	その他のメンバー

機械・用具	材料　ドラムポンプが使えない高粘土液体	保護具

特に問題のある1～2ステップを決定→☆印

☆印	作業手順・ステップ
	1　200L入りドラム缶をフォークリフトで運び、作業台の上に立てておく
	2　蓋を開けて、取り出し用ノズルを取りつける
☆	3　クッション（タイヤ）を置きゆっくり倒す
	4　ドラム缶の左右に歯止めをする
☆	5　原料抜き取り容器を持ってきて抜き取る

イラスト（イラスト化する必要のあるステップのみ）

1. 　　　　　　3.
4. 　　　　　　5.

☆印 No.(3)	4R-KYTを実施
	危険要因と現象（事故の型）重要危険項目→◎印1～2項目
1R・2R	①ドラム缶の重さに負けて、ドラム缶を落とし足に当てる
	②ドラム缶を傾けたとき、原料抜き取りノズルが顔に当たる
	③ドラム缶が滑り、後方に人も一緒に落ちる
	④ドラム缶がクッションに当たって横に転がりはずみで足に当たる
	⑤歯止めに足をひっかけて台から落ちる

◎No.	※印	具体策〔重点実施項目（急所）→※印2項目程度〕
1	※	1　クッション用タイヤを2本並べておく
		2　滑り止めのついた手袋を着用する
		3　安全靴を着用する
3R・4R		1
		2
		3
		1
		2
		3

〈チーム行動目標〉
原料ドラム缶を倒す時は、クッションタイヤを2本並べ、その中間におろそう　ヨシ！

確認　〈指差し呼称項目〉クッション、タイヤ2本　ヨシ！

〈実施後メモ〉

☆印 No.(5)	4R-KYTを実施
	危険要因と現象（事故の型）重要危険項目→◎印1～2項目
1R・2R	①液がはねて目に入り薬傷する
	②液がこぼれて手に触れ薬傷する
	③バルブを開けるときドラム缶が横にぐらつき液がこぼれ足にかかる
	④床にこぼれた液で足が滑る
	⑤ドラム缶が前に出すぎて、バルブを開けるとき前に傾いて落ちる

◎No.	※印	具体策〔重点実施項目（急所）→※印2項目程度〕
3	※	1　歯止めを両側にそれぞれ2カ所ずつ止める
		2　容器の下に受け皿を置く
		3
3R・4R		1
		2
		3
		1
		2
		3

〈チーム行動目標〉
ドラム缶を横置きする時は、両側にそれぞれ2カ所歯止めをしよう　ヨシ！

確認　〈指差し呼称項目〉歯止め両側2カ所　ヨシ！

〈上司（コーディネーター）コメント〉

3　S−KYT

> (S−KYTのねらい)
> 　この手法は、リーダーの主導で進めるもので、メンバーがKYTの手法を熟知していなくても効果的に実施できることが特徴である。進め方は、KYT基礎4ラウンド法と同様だが、第2ラウンドと第4ラウンドをワンポイントにしぼり込むため、時間の短縮もねらいとしている。
> 　また、リーダーが書記を兼ね、メンバーは気付いた危険を断片的に発言し、リーダーがメンバーに対して問いかけながら話し合いを進めて行くことから、リーダーシップを向上させる訓練ともいえる。
> 　なおこの手法は、KYT基礎4ラウンド法から、口頭だけで行う短時間KYTにスムーズに移行するための、1つのステップとしても活用できる。

(1)　手法の概要

　この手法は、KYT基礎4ラウンド法と同様、「導入」に始まり、4つのラウンドを経て「確認」で話し合いを締めくくるが、次の点が異なる。
① 1チームの人数は、4〜5人以下とする
② 第1ラウンドでは、メンバーは思いついた断片的な発言内容でもよい
③ リーダーは、それをとらえて問いかけ具体化し、アリアリと目に浮く表現にする
④ リーダーが書記を兼ね、問いかけて具体化しながらレポート用紙に記入する

（書記は他のメンバーが担当してもよい）
⑤ 第1ラウンドは、3〜5項目程度とする
⑥ 第2ラウンドと第4ラウンドをワンポイントにしぼり込む
⑦ 「導入」から「確認」までを10分〜15分間程度で終了できる

(2) 手法の由来

　この手法は、消防団員等公務災害補償等共済基金の依頼により、KYTにあまりなじみのない消防団員向けに、2000年（平成12年）に中央労働災害防止協会ゼロ災推進部

(現：教育ゼロ災推進部）で開発した。消防団員は、訓練や点検のために月に数回程度しか集合する機会がなく、また安全のためだけの集合研修の機会も作りにくい状況にある。このため、リーダーのみに集合研修すれば、そのリーダー主導の元にメンバーに負担をかけずに実施できる手法として開発したものである。

　名前の由来は、KYTに消防団（Shouboudan）の頭文字の「S」を冠して「S-KYT」としている。従来からあった、口頭だけでごく短時間で行う「SKYT」（264ページ参照）と区別するため「S」と「KYT」の間に「-（ハイフン）」をいれている。

（3）手法の特色

　リーダーが書記を兼ねることで、メンバーに負担をかけず実施できるのがこの手法の特色である。

　第1ラウンドで、リーダーはメンバーにイラストの間違い探しでないことを説明し、前後の動きも含め「どんな危険がひそんでいるか」を問いかける。

　メンバーは、気づいた危険を「ころぶ」などの現象のみでも良いのでドンドン発言する。

　リーダーは、レポート用紙にそのまま記入し、断片的な発言をしたメンバーに対して、「どんな状態で、どんな行動・動作をすると?」と問いかけ、メンバーは思い浮かべた危険の状況を説明して、「危険要因」が具体的になるように、加筆修正する。

　同様に、第3ラウンドでは、リーダーは対策を問いかけ、メンバーは否定的・抽象的な対策も含め「自分ならこうする」という対策を発言する。

　リーダーは、レポート用紙にそのまま記入し、話し合いながら「～しない」という否定的な対策は「～する」と前向きに、"非現実的"な対策は、"現実的"にできることに、「注意する」などの抽象的な対策は、「何を、どのように」と具体化して加筆・修正する。

　この手法は、消防団向けに開発したが、集合研修の時間をつくりにくい、サービス業などの第三次産業の「S」という意味でとらえて、活用されることも期待できる。

Ⅸ　実践的な現場の先取り手法

モデルシート
＜どんな危険がひそんでいるか＞

S－KYT
ホース降ろし

状　況
　あなたは、火災現場へホースを延ばすため、消防車両から降ろしている。

第12章　危険予知訓練（KYT）

危険予知訓練レポート（例）

| シートNo. | | 作業名 | ホース降ろし | リーダー | | メンバー | | とき | ・ ・ |

第1ラウンド ＜どんな危険がひそんでいるか＞　"危険要因"と"それによって引き起こされる"現象"「～なので～して～になる」
"危険要因"（状態と行動）～なので～して　"現象"～になる

◎○	No.	ホースを積載棚から取り出そうと、両手で持ったら引っ張った時、ホース金具が反動で手前に飛び出し	顔面に当たる
◎	1	2重巻きホースを積載棚から取り出そうと、両手で持ったら引っ張った時、ホース金具が反動で手前に飛び出し	顔面に当たる
	2	2重巻きホースを両手ではさんで持って、棚から取り出した時、手が滑って落とし	足に当たる
○	3	ホースを取り出そうと、両手でホースを持ち力を入れて引っ張ったので、ホースの重さで状態が後ろに反り返り、かかとに重心がかかり	滑ってころぶ
	4		
	5		

第2ラウンド ＜これが危険のポイントだ＞　"危険のポイント"に◎印。
第3ラウンド ＜あなたならどうする＞　"危険のポイント"◎印項目を解決するための「具体的に実行可能な対策」
◎印のNo.（　）に対する具体策

			※印
1	あらかじめゴムバンドでホースの金具付近を固定する		
2	ホースの金具付近を保持する		※
3	ホースを低い積載場所に収納しておく		
4			

第4ラウンド ＜私達はこうする＞　"チーム行動目標"

チーム行動目標　～の時は～をし～しよう！
ホースを積載棚から取り出すときは ホースの金具付近を保持しよう ヨシ！

確認	指差し呼称項目	ホース金具保持　ヨシ！

上司(リーダー)コメント

4　4S－KY

4Sとは、整理・整頓・清掃・清潔の頭文字を略称したもので、安全衛生推進のベースとして、古くから行われている運動である。しかし職場の4Sを築き、望ましい4Sの状態を日々維持していくことは非常に難しい課題である。この課題にこたえるため、4S－KYは短時間KY手法を取り入れ、日常の実践に活用するものである。

5　プロセス（P）KY

装置産業では職場小集団で行っているKY活動（主として不安全行動災害防止のため）に併せて、プロセスKY（主として誤操作防止のため）を行っているところがある（東亜合成化学工業㈱（現：東亜合成㈱）・三菱化成㈱（現：三菱ケミカル㈱）・出光石油化学㈱（現：出光興産㈱）・住友化学㈱などで開発）。プラントの異常（プロセス運転の設計値・基準値からのズレ）に対する感受性を高め、異常事態を冷静に把握し、適切な処置を行うことができるようにするため、KYT手法をベースに、活発に話し合い、PKYシートや、関連系統図などを作成し、設備点検方法や作業標準の改善などを行っている。装置工場における異常の早期発見と、それに対する誤操作防止の教育として、これからどんどん取り上げられるようになるだろう。

6　設計マンKY

設計マンが自分の設計図についてその危険を発見し、解決するためのKYで三菱重工業㈱広島造船所（現：広島製作所）で開発されたものである。これは
(1)　現場でその設計図によって作業指示を行う場合の自分自身の危険
(2)　その設計図によって製作し、工事する作業者の危険
(3)　その機械を使用する際のユーザーの危険
これらを予知・予想し、設計図上で解決しようというKYである。
設計マンの危険に対する感受性を鋭くして、工事の安全を先取りするのがねらいである。

7　インシデントレポートKYT

インシデントレポートKYTは、危険予知の考え方をベースとして産業界でのヒヤリハット活動のノウハウを医療分野で活用することをねらいとして開発された手法である。事故（ミス）発生には至らなかったヒヤリ・ハット（インシデント）情報から、そ

れらにひそむ問題点を話し合い、問題点をしぼり込んで、それらに対して自らが実行できる対策を立て、当面のチーム行動目標や指差し呼称項目を決めて実践していくための短時間の問題解決手法である。

ミス防止の基本は再発を防ぐことである。そのため一人ひとりのヒヤリとした、ハットした体験（インシデント）を詳細に分析する方法に加えて、あまり時間をかけずにサッと行う職場レベルの話し合いが効果的である。

この手法の効果は、次のとおりである。
(1) インシデント事例をテーマに話し合うことによって、情報を共有化できる。
(2) 現場の実情を踏まえた具体的、現実的な対策を決定できる。
(3) 職場でみんなが参画することによって、対策の実践意欲が高まる。
(4) 同種・類似の事故防止に迅速かつ有効に対応できる。

8 ヒューマンリスクアセスメントの活用（指差し呼称項目の作成）

ヒューマンエラー事故防止の決め手である「指差し呼称」は、作業の要所要所で行ってこそエラー防止に効果がある。そこで、整理した「作業手順」ごとに、起こりがちな事故（ミス）を考え、その事故（ミス）を防止するためにはどんなタイミングで、何を確かめればよいのかを、職場のみんなで話し合って、実行につなげるのがこの手法のねらいである。

この手法では、作業のステップごとにミスの「発生の可能性」とミスの「結果の重大性」で重要度を評価してミスのポイントを絞り込み、ミスのポイントごとに対策を踏まえた重点指差し呼称項目をしぼり込む。

なお、この手法は短時間で日々行うKY手法と異なり、ある程度時間をかけて定期的に行うことにより、作業の見直しに役立てる手法といえる。

この手法の効果は、次のとおりである。
(1) 作業のステップごとに起こりうるミスを出し合い共有化することにより、事故（ミス）に対する感受性を鋭くすることができる。
(2) その事故（ミス）を防ぐために、いつ、どのように確認したらよいかをみんなの話し合いで決めることによって、その実践につながる。
(3) 作業手順の問題と対策が明らかになるので、作業手順の見直し、要領の追加記載、指差し呼称の組込み等、管理活動に反映することもできる。

第13章　ヒヤリ・ハットの活用

I　ヒヤリ・ハットミーティング

　職場のヒヤリ・ハット体験は、安全先取りのための貴重な情報である。ところが、一般にヒヤリ・ハット体験は隠されがちで、ヒヤリ・メモもなかなか提出されず、先取りに生かされないことがある。一人ひとりのヒヤリ体験をどのようにして発掘し、どのように生かすかは、ゼロ災運動の重要な課題の一つである。

　現在ゼロ災運動で行っているヒヤリ・ハットミーティングは、問題解決法の第1ステップの「問題提起」ミーティングを応用して、みんなの話し合いでワイワイガヤガヤとヒヤリ・ハット体験を出し合ってから、テーマとするヒヤリ・ハット体験を選び、災害事例KYTによって4ラウンドの問題解決を行うものである。

　ゼロ災ミーティングで、ヒヤリ・ハットの出し合いのみだと15分〜20分程度（第1ラウンド15分〜　第2ラウンド5分〜）で実施できる。事前準備としては、あらかじめ、ミーティングで、チームメンバーのヒヤリ体験について話し合うことを予告（○月○日開催）しておくとよい（各人それぞれ1件以上の自分のヒヤリ体験を考え、メモしておくほうがよい）。

1　ヒヤリ・ハットミーティングの活用

(1)　ヒヤリ・メモ、ヒヤリ・ハット報告書などが個人プレーで行われると、ほとんど報告されないのが現状である。

(2)　このヒヤリ・ハットミーティングは「チームによるチームのための」ミーティングで、「誰がやったかは問わず」チームとしてたくさん出すことがねらいである。

(3)　出されたヒヤリ・ハット体験については、ライン管理監督者・スタッフは、現場からの問題提起として受け止め、的確な措置をとることが不可欠である。

2　災害事例KYTで解決

(1)　◎印の重要なヒヤリ・ハットについて、4ラウンドの問題解決（災害事例KYT）

を行って行動に結びつけることが最も本格的である。
(2) ヒヤリ事例をテーマにした災害事例KYTは、ヒヤリ・ハットミーティングに引き続きやってもよいし、機会をあらためてやってもよい。このヒヤリ・ハットミーティングではあくまでも気楽に、たくさん出し合うことがねらいである。

3　実践ヒヤリ・ハットKY

ヒヤリ・ハットミーティングで合意した◎印のヒヤリ・ハット事例を職場で、あるいはイラスト係がKYTシート化し、そのシートでワンポイントKYTないしSKYTを行うとよい。(Ⅱヒヤリ・ハットKYT参照)

4　仮想ヒヤリ、予想ヒヤリ、H・H・K

実際に発生したヒヤリ・ハット体験のみでなく、「もしかするとこういうヒヤリが」、「ウッカリするとこういうハットが」と幅広く、機械・設備など物の面も含めて気になることを出し、危険を予知・予想する方法もある。これをH・H・K（ヒヤリ・ハット・キガカリ）といっている。

ヒヤリ・ハットミーティングの進め方

手　　　順	要　　　領
準備	役割分担（リーダー、書記、レポート係、発表者、コメント係）を決める
導入　〔全員起立〕	リーダーが、整列・番号、挨拶、健康確認を行う
１Ｒ (1)　リーダーはヒヤリ・ハットミーティングの趣旨および進め方を説明する (2)　「どんなヒヤリ・ハットがあったか」について、全メンバーのヒヤリ体験をドンドン出していく (3)　書記は各人から出されたヒヤリ・ハット体験をホワイトボードまたは模造紙にドンドン書く	・「誰がやったか」とか、「そんなことをやったのか」などの批判は厳禁 ・問題提起の話し合いと同じ
２Ｒ (1)　各項目を全部読み上げ、これは問題だと思うもの何項目かに赤で○印をつける (2)　さらに○印の項目のうち、特に重要と思われるもの（◎印２～３項目程度しぼり込んで）を選び、赤で◎印をつけてアンダーラインを引き、全員で指差し唱和で確認する	・問題提起のテーマ決定のしぼり込み（討議テーマの形式）と同じ ・"重要"とはメンバーの関心の高いもの、重大事故となる可能性の高いもの、特に緊急に対策を要するものをいう
確認 ・指差し唱和（タッチ・アンド・コール）「ゼロ災でいこう　ヨシ！」を行ってミーティングをしめくくる	
・◎印の項目のヒヤリ・ハット事例のうち、メンバーの関心のあるもの１つについて、災害事例ＫＹＴの４ラウンド法によって問題解決を行う ・この災害事例ＫＹＴは、引き続き行ってもよいし、機会をあらためて行ってもよい	

Ⅱ　ヒヤリ・ハットKYT

　職場でヒヤリとした、ハットしたなどの「ヒヤリ・ハット」体験や「キガカリ」は、貴重な安全衛生先取り情報である。それをどう把握し、どう活用するか。「ヒヤリ提案（報告）制度」、「300バッテン運動」などの名称でかなり古くから行われているが、必ずしもうまく展開されていない。このヒヤリ・ハット活動を、KY自主活動の角度から見直そうというのが「ヒヤリ・ハットKYT」である。「どうすればヒヤリ・ハットは報告されるか」、「職場レベルでどう活用するか」に重点を置いて、ヒヤリ・ハット活動の活性化を図るとともに、ヒヤリ・ハット情報をすぐ職場でイラスト化して、短時間のワンポイントKYTやSKYTに活用することを提唱している。

　ヒヤリ・ハットKYTの進め方は次のとおりで、KYT手法としてはワンポイントKYTである。

1　イラストづくりのポイント

(1)　わざとらしい仕掛けを入れない。間違い探しではない。
(2)　シンプルに書く。欲ばって、ごたごたかき込まない。
(3)　ラフでもよい。下手でもよい。大胆に、のびのびとかく。
(4)　明るく、ユーモアのあるものにする。

2　イラストの書き方

(1)　下書き
　　うすく下書きをする。概略の配置、バランスを見る。
(2)　物の輪郭をかく
　　物を単純化する。フリーハンドでかく。
(3)　人をかく
　　①　頭を大きく　3〜4頭身に
　　②　手、指をしっかり
　　③　ポーズも自分でやってみて
　　④　ヘアスタイルと目で性格を

ヒヤリ・ハットKYTの進め方

◎イラストシートづくり

準　　　備	チーム2分割	サブチームA、Bに分かれる 役割分担（リーダー・メンバー）
導　　　入		〔全員起立〕リーダー＝整列・番号、挨拶、健康確認
ヒヤリ・ハットミーティング	どんなヒヤリを体験したか	(1)　各人が経験したヒヤリを話し合いドンドン出し合う (2)　各人が書くイラストテーマ決定 　（注）あらかじめヒヤリ体験を考えておくよう告げてある場合は、ヒヤリ・ハットミーティングを省略する。
イラスト作成	イラストに表現する	(1)　ヒヤリ体験をもとにヒヤリの起こる一歩前の(ふだんの)状況をイラストに表現する。 (2)　シートに状況を記入する
情報交換	相互発表	サブチーム内で自分の書いたイラストについてヒヤリ体験を説明する
選　　　択		KYTシートとして使いやすいものをサブチームごとにそれぞれ2枚選ぶ→○印 ・分かりやすい作業 ・第1Rで3項目程度出そうなもの
確　　　認		指差し唱和（タッチ・アンド・コール） 「ゼロ災でいこう　ヨシ！」

第13章　ヒヤリ・ハットの活用

ヒヤリ・ハットＫＹＴ（ワンポイントＫＹＴ）の進め方（手法まとめ）

準　　備	チーム2分割 イラストシートを準備する	サブチームＡ、Ｂに分かれる ほかのサブチームで選ばれたイラストシートを使用する
導　　入		〔全員起立〕リーダー＝「これからヒヤリ・ハットＫＹＴを行います」とメンバーに伝える リーダー＝整列・番号、挨拶、健康確認
1Ｒ	現状把握 どんな危険が 　ひそんでいるか	メンバー　○●○　メンバー　（イラストはリーダーのみ持つ。 　　　　　リーダー　　　　　メンバーは何も持たない。） リーダー＝状況読み上げ "危険要因"と引き起こされる"現象（事故の型）" 「〜なので〜になる」、「〜して〜になる」 「〜なので〜して〜になる」　（3〜5項目）
2Ｒ	本質追究 これが危険の 　　　ポイントだ	(1) しぼり込み＝危険のポイント　（1項目） (2) 危険のポイント→指差し唱和 　　リーダー「危険のポイント〜なので〜になる　ヨシ！」 　　→全　員「〜なので〜になる　ヨシ！」
3Ｒ	対策樹立 あなたならどうする	危険のポイントに対する具体的で実行可能な対策 　→（2〜3項目）
4Ｒ	目標設定 私達はこうする	(1) しぼり込み＝**重点実施項目**　（1項目） (2) 重点実施項目→**チーム行動目標**　設定 (3) チーム行動目標→指差し唱和 　　リーダー「チーム行動目標 　　　　　　〜する時は〜を〜して〜しよう　ヨシ！」 　　全　員「〜する時は〜を〜して〜しよう　ヨシ！」
確　　認		(1) 指差し呼称項目設定　1項目 　　→リーダー「指差し呼称項目　○○　ヨシ！」→全員「○○　ヨシ！」（3回） (2) 指差し唱和（タッチ・アンド・コール） 　　リーダー「ゼロ災でいこう　ヨシ！」→全員「ゼロ災でいこう　ヨシ！」（1回）
相互発表 コメント	相互発表 （サブチームＡ、Ｂ一緒に） コメント	ＫＹＴのリーダーが発表する 　①　危険のポイント　②　チーム行動目標 　③　指差し呼称項目 イラストを描いた人がコメントする 　①　ヒヤリ体験と対策　②　ＫＹＴのコメント

<資料①>

ゼロ災運動史年表

	年	主 な 出 来 事
第１次推進計画	運動テーマ	ゼロ災運動キャンペーン開始　－全員参加の先取り運動－
	昭和48年度 （1973）	・スローガン「ゼロ災害へ全員参加」労働省後援 ・ゼロ災害全員参加運動の進め方（手引き）発刊 ・ゼロ災運動シンボルマーク、推進相談室設置 ・ゼロ災シリーズ発刊 ・第32回全国産業安全衛生大会（以下、略称：全国大会）（名古屋）でゼロ災運動の強力な推進を決議、シンポジウム開催
	運動テーマ	運動理念の確立－理念３原則・推進３本柱－
	昭和49年度 （1974）	・６月ゼロ災推進部発足 ・ゼロ災シリーズNo１「ゼロ災運動と組織づくり」発刊 ・全国大会（東京）でゼロ災運動特別集会開催 ・チーム討議法開発
	運動テーマ	運動推進手法研修　－第１回プロ研開催－
	昭和50年度 （1975）	・「みんなで潜在災害を取り除こう」を提唱 ・広島県宮島町で第１回プログラム研究会（プロ研）開催 ・各地で情報交流会・懇談会開催
	運動テーマ	運動体験・情報の交流　－第１回体験交流会開催－
	昭和51年度 （1976）	・カードを使ったミーティング発想法完成 ・問題解決４Ｒ８Ｓ法はじめる ・第１回体験交流会開催（東京） ・神奈川ゼロ災運動研究会発足（現在まで全国36協議会）
	運動テーマ	問題解決法完成　－実施通報事業場１万－
	昭和52年度 （1977）	・問題解決４Ｒ８Ｓ法完成 ・第２次推進計画を準備、ゼロ災運動にKYTの導入を検討 ・第２次推進計画策定委員会開催

	年	主 な 出 来 事
第2次推進計画	運動テーマ	第2次推進計画開始　－先取りと組織化を重点－
	昭和53年度（1978）	・プロ研で実験的にKYT実施 ・運動トレーナー用テキスト（3分冊）発刊 ・ゼロ災運動5周年記念（東京）
	運動テーマ	・4RKYTを本格的にPR　－短時間のTBM－KY－
	昭和54年度（1979）	・4RKYT開発 ・KYTトレーナーテキスト発刊 ・「ゼロ災運動推進者ハンドブック」発刊 ・三角KYT、STK訓練開発 ・第1回危険予測活動トレーナー研修会（トレ研）2日コース開催
	運動テーマ	KYT活用技法を開発　－全国全産業に普及－
	昭和55年度（1980）	・トレ研が3日間コースに ・長時間KYから短時間KYへ（各種活用技法の開発） ・KYTスライド各種作成
	運動テーマ	指差し呼称キャンペーン　－KY活動の新展開－
	昭和56年度（1981）	・適切作業指示・短時間KY・指差し呼称の3本を重点としたキャンペーンの展開 ・各地区安全衛生サービスセンター主催研修会が活発化 ・1分間黙想法開発 ・第1回ゼロ災小集団活動セミナー（トップ向け）開催 ・第1回全国交流会開催（東京）
	運動テーマ	新KYTの提唱　－指差し呼称との一体化－
	昭和57年度（1982）	・適切指示即時KY、1人KY、タッチ・アンド・コール開発 ・KYTの2R、4R指差し唱和、ワンポイントKYTに指差し呼称項目を組み込む ・入門ガイドシリーズ発刊 ・「ゼロ災手帳（リーダー必携）」発刊 ・ゼロ災運動10年記念行事（札幌市） ・第3次推進計画策定委員会開催

	年	主 な 出 来 事
第３次推進計画	運動テーマ	第３次推進計画開始　－中小事業場への浸透－
	昭和58年度 (1983)	・「ゼロ災でいこう　ヨシ！」「短時間ミーティング」キャンペーン ・５分間ミーティング役割演技訓練開発 ・八段錦導入 ・第１回間接部門KY活動研修会開催 ・ゼロ災運動10周年記念行事開催（東京）
	運動テーマ	交通KY活動キャンペーン　－短時間KYの定着－
	昭和59年度 (1984)	・「危険を予知してゼロ災運転」キャンペーン実施 ・第１回交通危険予知活動トレーナー研修会（交通KYトレ研）開催 ・交通SKY開発（後のSKYT） ・第１回洋上セミナー開催（実施）（グアム・サイパン） ・ゼロ災推進部に推進室・業務課設置 ・「KY活動実践マニュアル」発刊（英訳本も出版） ・事故ゼロ大会開催（東京、大阪）
	運動テーマ	１人KY・個別KY・健康KYキャンペーン　－運動の国際化－
	昭和60年度 (1985)	・「１人KY・個別KY」キャンペーン実施 ・自問自答カードKYT、個別KY、職場レベルの健康KYシステム開発 ・韓国主要企業に運動普及、韓国、台湾、シンガポールから研修会に参加、シンガポールから視察団来日 ・第１回活性化研究会開催 ・「KY活動リーダー必携」発刊 ・KYT進め方カード開発 ・「新・ゼロ災手帳」発刊
	運動テーマ	KY活動の活性化キャンペーン　－研修会の内容充実－
	昭和61年度 (1986)	・シンガポールへ専門家派遣 ・中央労働災害防止協会公認KYTインストラクター制度創設、９月第１回認定 ・ヒヤリ・ハットKYT開発
	運動テーマ	実践KY活動キャンペーン　－KYTの活動－
	昭和62年度 (1987)	・「実践ヒヤリ・ハットKY活動」「実践4S-KY活動」キャンペーン実施 ・第１回交通KY体験研修会開催（鈴鹿サーキット） ・アメリカ・中国から研修会参加 ・「ゼロ災運転マニュアル」発刊、関連ビデオ・カードの制作 ・第２回洋上セミナー開催（中国・上海） ・第４次推進計画策定委員会開催

	年	主 な 出 来 事
第４次推進計画	運動テーマ	第4次推進計画開始　－24時間トータルゼロ災活動－
	昭和63年度 (1988)	・問いかけKY開発 ・よい聴き方訓練開発 ・第1回情報交流会開催（東京・大阪） ・ホームゼロ災キャンペーン実施
	運動テーマ	KYT研修指導適正化キャンペーン　－映像教材の導入活用－
	平成元年度 (1989)	・タイへ専門家派遣 ・プロ研・トレ研100回記念研究集会開催（東京・大阪） ・「ゼロ災運動研修会参加事業場名簿」記念出版 ・「'89年新訂版ハンドブック」発刊 ・単位作業KYT開発 ・「私の行動計画」の作成・発表などプロ研・トレ研カリキュラム見直し、体系化 ・トレ研名称を「危険予知活動トレーナー研修会」に変更 ・トレ研にアメリカ、タイ、韓国から参加 ・韓国、台湾へ専門家派遣 ・神奈川地区ゼロ災運動研究会表彰（全国大会・福岡）
	運動テーマ	キャンペーン　－指差し呼称の普及と定着－
	平成2年度 (1990)	・シンガポールへ専門家派遣 ・第3回洋上セミナー開催（グアム・サイパン） ・プロ研に台湾、韓国、アメリカから参加。小集団活動セミナーに韓国から参加 ・韓国へ専門家派遣 ・東京地区ゼロ災運動推進会表彰（全国大会・札幌）
	運動テーマ	キャンペーン　－短時間ミーティングの推進と交通事故防止－
	平成3年度 (1991)	・交通KYトレ研再開 ・「交通危険予知マニュアル」発刊 ・トレ研に韓国、フランス、プロ研にアメリカから参加 ・OECD東京ワークショップでゼロ災運動について発表 ・沖縄地区ゼロ災運動推進会表彰（全国大会・東京）
	運動テーマ	キャンペーン　－快適職場を目指しゼロ災4S－
	平成4年度 (1992)	・第4回洋上セミナー開催（グアム・サイパン） ・「危険予知活動研修ビデオ」（全7巻）制作 ・小集団活動セミナーを「ゼロ災運動トップセミナー」に名称変更 ・フィリピン、タイへ専門家派遣 ・トレ研にカタールから参加 ・滋賀地方ゼロ災運動推進会表彰（全国大会・大阪） ・第5次推進計画策定委員会開催

	年	主 な 出 来 事
第5次推進計画	運動テーマ	第5次推進計画開始　－決めたことみんなが実行ゼロ災職場－
	平成5年度 (1993)	・1人4ラウンドKY自己チェック表開発 ・インドへ専門家派遣 ・トレ研に韓国から参加 ・20周年記念出版「ゼロ災への道」発刊 ・埼玉地区ゼロ災運動推進協議会表彰（全国大会・横浜）
	運動テーマ	研修の体系化
	平成6年度 (1994)	・第5回洋上セミナー開催（台湾） ・「1人4RKYT」の実施など、プロ研・トレ研カリキュラムの見直し ・ゼロ災運動活性化集会開催（東京・大阪） ・三重ゼロ災運動推進協議会表彰（全国大会・名古屋）
	運動テーマ	交通KY活動キャンペーン（第1次）
	平成7年度 (1995)	・ストレートKYT開発 ・交通KY活動キャンペーンシンボルマーク決定 ・中央労働災害防止協会公認交通KYインストラクター制度創設 ・プロ研に韓国、台湾、アメリカから参加。 ・トップセミナーに台湾から参加。 ・「ゼロ災は資産」発刊 ・倉敷地区ゼロ災運動推進協議会表彰（全国大会・福岡）
	運動テーマ	交通KY活動キャンペーン（第2次）
	平成8年度 (1996)	・交通KYT基礎4ラウンド法開発 ・タイで海外初の本格的研修会開催（ゼロ災運動アジアキャラバン） ・全国ゼロ災運動推進協議会設立 ・プロ研にアメリカ・韓国から参加 ・「ゼロ災運動推進者ハンドブック」「危険予知活動トレーナー必携」 　「ゼロ災手帳」「交通危険予知ガイドブック」の大幅改訂 ・中災防編の社内研修用テキスト開発 ・第1回ゼロ災運動標語KYTシート募集開始 ・いわき労働基準協会表彰（全国大会・広島）
	運動テーマ	交通KY活動キャンペーン（第3次）
	平成9年度 (1997)	・第1回ゼロ災運動指導者研修会開催(ゼロ災運動推進協議会事業として、以降随時開催) ・「新交通危険予知訓練用イラストシート集」発刊 ・フィリピンへ専門家派遣 ・韓国（釜山）でKYT研修会開催（ゼロ災運動アジアキャラバン） ・群馬県ゼロ災運動推進協議会表彰（全国大会・札幌） ・関西ペイント㈱に中央労働災害防止協会会長賞

	年	主 な 出 来 事
第6次推進計画	運動テーマ	第6次推進計画開始 －人にやさしい活力あるゼロ災職場づくり－ －交通KY活動を通じた交通ゼロ災の推進－
	平成10年度 (1998)	・トレ研・プロ研200回目の開催 ・第7回洋上セミナー実施（グアム・サイパン） ・フィリピンへ専門家派遣 ・ゼロ災運動25周年記念集会（兵庫県）
	運動テーマ	交通労働災害撲滅ゼロ災運動キャンペーン
	平成11年度 (1999)	・ビデオ「KYT基礎4ラウンド法の進め方」制作 ・ゼロ災運動プログラム研究会2泊3日コース開設 ・「ゼロ災運動推進者ハンドブック」改訂
	運動テーマ	新たなニーズに応えるゼロ災運動の推進
	平成12年度 (2000)	・第8回洋上セミナー開催（サイパン） ・中災防ホームページ開設 ・ビデオ「交通災害ゼロを目指して」制作 ・「S－KYT（消防団危険予知訓練）」指導開始 ・新潟県連合会表彰（全国大会・金沢）
	運動テーマ	・ゼロ災運動の普及拡大と新たなニーズに応える研修会の展開
	平成13年度 (2001)	・医療事故予知活動体験研修会開催 ・新交通危険予知活動研修会（管理者・推進者コース）開催 ・ゼロ災職場活動支援サービス開始 ・プログラム研究会に「リスクアセスメントとKYT」を導入 ・ゼロ災運動ニュース100号を発刊 ・岡山県ゼロ災運動推進協議会表彰（全国大会・東京）
	運動テーマ	一人ひとりカケガエノナイひと　ゼロ災運動がめざす職場風土づくり
	平成14年度 (2002)	・「ゼロ災運動推進者ハンドブック」「危険予知活動トレーナー必携」 　「交通危険予知活動トレーナー必携」2002年版に大幅改訂 ・新版ゼロ災手帳発刊 ・「ゼロ災腕磨き道場」開催 ・ゼロ災運動トップセミナー第30回を開催 ・パンフレット「一人ひとりカケガエノナイひと」作成 ・アルゼンチンへ専門家派遣 ・モンゴルへ専門家派遣 ・ゼロ災腕磨き道場（フォローアップ1日研修）開催 ・医療事故防止活動情報交流会開催（東京） ・第7次推進計画策定委員会開催

	年	主 な 出 来 事
第7次推進計画	運動テーマ	第7次推進計画開始 －ゼロ災運動と労働安全衛生マネジメントシステムの一体的運用をめざして－
	平成15年度 (2003)	・「危険予知活動トレーナーのためのゼロ災運動Q＆A」発刊 ・ゼロ災運動ニュース「ゼロ災運動30周年記念キャンペーン特集号」発刊 ・医療現場における安全活動検討委員会開催 ・ゼロ災運動30周年記念誌発刊 ・ポラスグループ㈱中央住宅・ポラテック㈱に中央労働災害防止協会会長賞 ・東海旅客鉄道㈱に中央労働災害防止協会会長賞 ・ゼロ災運動30周年記念分科会開催、ゼロ災運動30周年記念感謝状贈呈 ・プログラム研究会カリキュラムの刷新 ・モンゴルへ専門家派遣
	運動テーマ	第7次推進計画の具体的展開 －推進3本柱「トップ」、「ライン」、「職場」によるゼロ災運動の新たな一歩を－
	平成16年度 (2004)	・第1回中災防公認KYTインストラクター等能力向上セミナー開催 ・ゼロ災運動ニュースがインターネット配信にリニューアル ・「医療事故予知活動体験研修会」を「医療安全のための危険予知活動実践セミナー（医療安全KYセミナー）」に名称を変更 ・医療安全のための危険予知活動の進め方（医療安全KYセミナーガイド）発刊 ・ベトナム、メキシコへ専門家派遣 ・大阪施設工業㈱に中央労働災害防止協会会長賞 ・ライン化徹底サイクル情報交流会開催 ・近畿KYTコーディネーター会表彰（全国大会・大阪）
	運動テーマ	交通KY活動SD（セーフティドライビング）サイクルをまわそう
	平成17年度 (2005)	・「交通危険予知活動トレーナー研修会」を、「安全運転のための交通危険予知活動実践セミナー（安全運転KYセミナー）」に変更 ・第1回安全健康快適フェア（安全衛生総合展）の実践セミナーにおいて、「交通KY活動ですすめる安全運転」を実施 ・「ゼロ災運動推進者ハンドブック」「危険予知活動トレーナー必携」「交通危険予知活動トレーナー必携」の改訂 ・「交通ゼロ災活動の進め方」を発行 ・ゼロ災運動推進宣言事業場登録制度開始 ・台湾企業へ導入支援
	運動テーマ	交通KY活動SD（セーフティドライビング）サイクルをまわそう
	平成18年度 (2006)	・東京地下鉄㈱に中央労働災害防止協会会長賞 ・マレーシア、インドネシアへ専門家派遣 ・医療安全KYセミナー（1日コース）を各地区安全衛生サービスセンターで開催 ・国際協力機構（JICA）からの依頼により中華人民共和国に専門家派遣

		年	主 な 出 来 事
第7次推進計画	運動テーマ		職場内短時間ミーティングのすすめ
	平成19年度 (2007)		・安全健康快適フェアにおいてTBMシナリオ実演を実施 ・日本バイリーン㈱に中央労働災害防止協会会長賞 ・リスクアセスメントに活かすKY活動の進め方セミナーを各地区安全衛生サービスセンターで開催 ・今後のゼロ災害全員参加運動の進め方検討会開催
第8次推進計画	運動テーマ		職場内短時間ミーティングのすすめ
	平成20年度 (2008)		・第8次推進計画開始 ・各種研修会に「ゼロ災チームミーティングシナリオ役割演技訓練」導入
	運動テーマ		職場内短時間ミーティングのすすめ
	平成21年度 (2009)		・「ゼロ災運動推進者ハンドブック」の改訂 ・マレーシアおよび中華人民共和国へ専門家派遣 ・現場力強化キャンペーン開始
	運動テーマ		ゼロ災運動現場力強化キャンペーン
	平成22年度 (2010)		・「社会福祉施設における危険予知活動実践セミナー」開催 ・「現場力強化のためのライン管理者コーチングセミナー」開催 ・メキシコ共和国へ専門家派遣
	運動テーマ		ゼロ災運動現場力強化キャンペーン
	平成23年度 (2011)		・メキシコ共和国へ専門家派遣
	運動テーマ		ゼロ災運動現場力強化キャンペーン
	平成24年度 (2012)		・第9次推進計画開始 ・メキシコ共和国へ専門家派遣
第9次推進計画	運動テーマ		ゼロ災運動現場力強化キャンペーン
	平成25年度 (2013)		・メキシコ共和国へ専門家派遣
	運動テーマ		ゼロ災運動現場力強化キャンペーン
	平成26年度 (2014)		・メキシコ共和国へ専門家派遣 ・「ゼロ災実践シリーズ危険予知訓練」の改訂
	運動テーマ		ゼロ災運動現場力強化キャンペーン
	平成27年度 (2015)		・メキシコ共和国へ専門家派遣 ・「危険予知活動トレーナー必携」「ゼロ災運動推進者ハンドブック」の改訂 ・「指差し呼称の定着研修会」開催

<資料②>

平成30年3月

ゼロ災害全員参加運動推進計画

1．推進計画の趣旨

（1）ゼロ災運動を推進するために

　ゼロ災害全員参加運動（以下「ゼロ災運動」という。）は、「カケガエノナイ一人ひとりを、誰一人ケガをさせない」という人間尊重の理念に基づき、労働災害をゼロにすることを究極の目標に、全員参加で安全と健康を先取りして、明るくいきいきとした職場風土づくりを目指す運動であり、中央労働災害防止協会（以下「中災防」という。）が、昭和48年（1973年）に提唱して以来、多くの事業場で導入され、労働災害の防止に役割を果たしてきた。

　ゼロ災運動を推進するためには、経営トップのゼロ災害・ゼロ疾病を目指した揺るぎない経営姿勢とリーダーシップ、ラインの管理監督者による安全衛生管理の徹底、リーダーを中心とした自主的な職場小集団活動の活発化により現場力を向上することが求められる。

（2）ゼロ災運動をとりまく環境の変化

　近年の高齢化、産業・就業構造の変化、技術革新、雇用・労働の多様化などが進展する中、合理化・世代交代によるベテラン作業員の不足や、業務のアウトソーシングによる協力企業の増加を始めとした事業場が直面する諸情勢の変化により、ともすればトップ、ライン、職場というゼロ災運動の基本的な推進体制が形骸化し、トップのリーダーシップが発揮されていない、管理監督者による職場小集団活動への指導・援助が活発に行われない、というような例が少なからず見られるようになった。

　労働災害の発生件数は、長期的には減少傾向にあるものの、平成29年における死亡災害の発生件数（速報値）が、前年比4.9%増となっているとともに、第三次産業の死傷災害が増大しているといった極めて憂慮すべき事態となっている。また、製造業の死亡災害の多発を踏まえ、平成29年3月に官民連携のもと設立された「製造業安全対策官民協議会」においても、経営トップが安全衛生管理に直接関与していない、団塊世代のリタイアにより災害防止のためのノウハウが継承されていない、労働安全衛生マネジメントシステム等が普及していない、労働者の高齢化に伴うリスクの増大、若年

層の危険に対する感受性の低下等の問題が指摘されている。
　これらの問題を解決するには、死亡災害を含め一切の労働災害の撲滅に向けた不断の努力を惜しまず、経営トップをはじめ、ラインの管理監督者、一人ひとりの作業者が、それぞれの立場でゼロ災運動への取組みを見直すとともに、その人づくりと推進体制を点検し、ゼロ災運動のより一層の活発化を図る必要がある。

（3）新たな動きに対応して
　ゼロ災運動にアジアやヨーロッパ諸国が関心を示すとともに、ISO 45001の発行を契機に、我が国で定着している安全衛生活動をベースとし、ISO 45001と一体で運用できる日本版マネジメント規格（JIS規格）の制定に向けた準備が進められるなど新たな動きが進展している。折りしも国においては、「第13次労働災害防止計画」が策定され、働く人一人ひとりが、かけがえのない人であり、一人として被災者を出さないという基本理念のもと、労働災害を減らし、誰もが安心して健康に働くことができる社会の実現に向け、重点的に取り組む事項や方向性が示された。
　これらを踏まえ、中災防ではゼロ災運動を、時代の変化・動きに応じた実効あるものとし、ゼロ災運動の一層の普及・促進を図るため、「ゼロ災害全員参加運動推進計画」を策定し、事業場の取組事項及び中災防の重点実施事項を示すものとする。

2．運動スローガン

「　ゼロ災害へ全員参加　」

3．期　間

2018年度から2022年度まで

4．事業場の取組事項

（1）トップの経営姿勢
　事業場のトップは、ゼロ災運動の推進を表明するとともに、作業者自ら安全な作業をするために自主的に行う職場自主活動及びそれを指導・援助するラインの管理監督者を積極的に支援する。

（2）管理監督者の積極的な参加と率先垂範
　ラインの管理監督者は、トップの意向を踏まえ、職場の機械設備や作業方法等の改善

を進めるとともに、ゼロ災運動の意義及び安全先取り手法等の理解に努め、ミーティングへのアドバイスや作業者への問いかけなどを率先して行う。

（3）職場自主活動の活発化による現場力の強化

作業者一人ひとりが、安全と健康を自分たちの問題としてとらえ、日々の朝礼などのミーティングでKYT等を行うことによって職場自主活動の活発化につなげ、職場の問題を自分たちで解決できる現場力を強化する。

（4）安全衛生スタッフによる支援

事業場の安全衛生スタッフは、機械・設備、作業の方法や職場の自主活動など事業場の安全衛生活動について、PDCAサイクルが回るように、積極的に支援する。

（5）活発なコミュニケーションのとれる良好な職場風土づくりを通じた安全衛生活動の活性化

KY活動により、上司、部下との双方向の活発なコミュニケーションが取れる良好な職場風土を築くことにより、メンタルヘルス等の対策も活性化する。

5．中災防の重点実施事項

（1）ゼロ災運動に関する研修会

トップ、ライン、職場というゼロ災運動の推進体制を強化するため、ISO 45001にKY活動が加わる予定となっている日本版マネジメント規格（JIS規格）の動向を踏まえ、トップ、管理監督者、安全衛生スタッフなどの各層を対象として、チームワークによるKYTの体験学習等を通じて、各層の役割、職場の問題解決力を高めるための方法について理解を深める「ゼロ災運動トップセミナー」、「ゼロ災運動プログラム研究会」、「危険予知活動トレーナー研修会」などの研修会を開催するとともに、危険体感教育とKY手法を組み合わせたメニューを提供するなどにより、ゼロ災運動の活性化につなげる。

（2）事業場などへのゼロ災運動の相談・支援等

① 事業場の企業内研修の実施にあたり、KY活動の進め方の指導や管理監督者の養成等を行うための専門家を派遣するなど、必要な支援を行う。また、新規にゼロ災運動に取り組もうとする事業場に対しても、積極的にその相談に応じる。

②　大規模事業場及びその協力会社、中小規模事業場、工業団地等に対するゼロ災運動の普及と定着化のため、地域の事業場からなる安全衛生に関する懇談会等に対して相談対応・指導を実施する。
　③　ゼロ災運動の一層の推進を図るため、ゼロ災運動の推進を内外に宣言する「ゼロ災運動推進宣言事業場」の拡大を目指すとともに、当該事業場の指導・支援を充実させる。

（3）第三次産業の事業場への普及

医療機関、社会福祉施設、小売業、飲食業等の第三次産業については、業種、業態に応じたプログラムの検討やイラスト集等の整備を図るとともに、危険感受性向上のためゼロ災運動の普及に向けて、継続的に相談対応・指導の実施や研修会の開催を行う。

（4）時代に応じたゼロ災運動の展開

ISO 45001と一体で運用できる日本版マネジメント規格（JIS規格）の制度の動きを踏まえ、KY活動と労働安全衛生マネジメントシステムを関連させ、職場自主活動の継続的な活発化を目指すため、中災防で独自に開発したツールにより、事業場としての職場KY活動の仕組みを確認し、それに基づいた職場KY活動の現状を把握するとともに、事業場のKY活動が活発に進められるよう、その改善の支援・指導を実施する。

（5）関係団体との連携等

ゼロ災運動の推進団体である「全国ゼロ災運動推進協議会」や各労働基準協会などに対して、製造業安全対策官民協議会の成果等の情報の提供などの支援を積極的に行うとともに、これら推進団体との連携のもと、事業場においてゼロ災運動を推進する人材を育成しサポート体制を図る。あわせて、全国産業安全衛生大会において、他企業、他業種の取組みを学ぶ機会を与えるなど、関係事業場のゼロ災運動の活発化を図る。さらに、社会人・企業人になる前から、リスク認識を身につけてもらうことは、ゼロ災運動の普及につながるとの観点から、製造業安全対策官民協議会での検討を踏まえ、学校等の関係機関との連携のもと、必要な支援を図る。

（6）ゼロ災運動の国際化への対応

ゼロ災運動のアジア地域への広がりやヨーロッパ諸国の関心の高さを踏まえて、そ

れら安全衛生関係団体等へのゼロ災運動のグローバルな発信に努める。

<資料③>

ゼロ災運動における管理活動

1　労働安全衛生マネジメントシステム（OSHMS：Occupational Safety & Health Management System）の仕組み

　KY活動をはじめとする職場自主活動は管理活動がきちんと行われていなければその効果は期待できない。このような中、2006年（平成18年）4月に労働安全衛生法が改正されるなど、企業では労働安全衛生マネジメントシステム（OSHMS）による安全衛生管理が求められてきている。

　労働安全衛生マネジメントシステムは、事業者が労働者の協力の下に、「計画－実施－評価－改善（以下「PDCA」という。）」という一連の過程を定めて、連続的かつ継続的な安全衛生管理を自主的に行うことにより、事業場の労働災害の潜在的危険性を低減するとともに、労働者の健康の増進及び快適な職場環境の形成の促進を図り、事業場における安全衛生水準の向上に資することを目的とした安全衛生管理の仕組みである。

　こうした安全衛生管理の仕組みが必要とされる背景には、労働災害の減少率の鈍化が見られる中で、安全衛生管理のノウハウを蓄積したベテランの担当者が定年等により退職するなど、事業場において安全衛生管理のノウハウが十分に継承されず、その結果、事業場の安全衛生水準が低下し、労働災害の発生につながるのではないかという危惧がある。

　また、労働災害が減少していく中で、事業場によっては年間を通して無災害であることも珍しくなくなりつつあるが、無災害である職場であっても「労働災害の危険性のない職場」であることを必ずしも意味するものではない。それらの職場においても労働災害の危険性が内在しているおそれがあることから、この潜在的危険性を減少させるための継続的な努力が必要とされている。

　労働安全衛生マネジメントシステムの概要は次のとおりである。
　①　事業者が安全衛生方針を表明する。
　②　機械、設備、化学物質等の危険性又は有害性等を調査し、その結果に基づき、それを除去又は低減するための実施事項を決定する。併せて、労働安全衛生関係法令等に基づき実施事項を決定する。

③ 安全衛生方針に基づき、安全衛生目標を設定する。
④ ②の実施事項と③の安全衛生目標等に基づき、安全衛生計画を作成する。
⑤ 安全衛生計画を実施する。
⑥ 安全衛生計画の実施状況等の日常的な点検及び改善を行う。
⑦ 定期的に労働安全衛生マネジメントシステムについてシステム監査を行い、点検および改善を行う。
⑧ 事業者が定期的に労働安全衛生マネジメントシステムの見直しを行う。
①〜⑧を繰り返して、継続的にPDCAを実施する。

また、PDCAという一連の過程を定めて、連続的かつ継続的に実施するため、労働安全衛生マネジメントシステムに必要な要件を手順化、文書化、明文化するとともに、システム各級管理者の指名等の体制の整備を行うことが必要である。

また、安全衛生計画の作成、実施、評価および改善に当たり労働者の意見を反映することとなっている。

労働安全衛生マネジメントシステム（OSHMS）の概要（指針）

```
          事業者による安全衛生方針の表明　第5条

   ┌─── PDCAサイクル ───┐    ┌─── 基本要素 ───┐

      危険性又は有害性等の調査の実施　第10条　P

      安全衛生目標の設定　第11条　P           体制の整備
                                                第7条
      実施事項の決定　第10条　P
                              安全衛生計画の作成
      緊急事態への対応　第14条　P    第12条　P      労働者の意見の
                                                反映　第6条
      安全衛生計画の実施等　第13条　D

      日常的な点検、改善等　第15条　C、A        明文化　第8条
      労働災害発生原因の調査等　第16条　C、A

      システム監査の実施　第17条　C    改善　第17条　A    記録　第9条

                  システムの見直し　第18条
```

2 労働安全衛生マネジメントシステムとゼロ災運動の一体的運用

　トップが安全衛生方針を表明し、安全衛生目標を達成するための安全衛生計画を立て、ラインの各級管理者の役割、責任、権限を明確化しそれぞれの立場でPDCAをまわし、危険又は有害要因を特定し、除去又は低減する労働安全衛生マネジメントシステムは、ゼロ災運動の推進3本柱である「トップの経営姿勢」、「ライン化の徹底」、「職場自主活動の活発化」を具体化する有効な方法である。

　労働安全衛生マネジメントシステムの導入により、管理活動として対応する危険が特定される。その結果、管理活動ではいますぐには対応しきれない危険についてKY活動で対応することとなるので、これまで以上に職場自主活動の役割が明確化され、より具体的な活動が実施されるという効果も期待できる。

　システムも人が運用するものである以上、それを十分に機能させるのは"人"つまりトップ・ライン・職場の人の意欲であり熱意である。労働安全衛生マネジメントシステムは、そうした意欲・熱意をもって取り組む職場風土づくり、人づくりを行うゼ

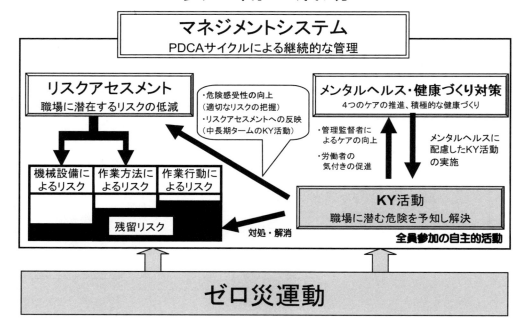

図1

ロ災運動を土台として運用することにより、一層その効果を発揮するものと考えられる。

3 KYTとリスクアセスメントの特徴

OSHMSで求める職場の潜在的な危険又は有害要因を見つけ出し除去又は低減するための効果的な手法として、リスクアセスメントがある。そして、リスクアセスメントによる対策を実施後に残された危険に職場レベルで対応するのがKYTであり、その役割を明確に分けることができる。

また、このリスクアセスメントを効果的に実施するためには日頃からKY活動を実施している現場第一線の危険に対する鋭い感受性が必要である。すなわち、管理活動として行うリスクアセスメントと職場自主活動として行うKYTは、両者が相まって相乗効果をあげる活動だといえる。

[両者の特徴]

KYTは、現場レベルでの日々の取組みが基本となる。このため、対策が当面の行動レベルの内容となるのが一般的である。

これに対してリスクアセスメントは、管理責任に基づく管理活動として行うもので、設備改善などの恒久的対策が主となる。

この両者があって初めて、現場の危険が具体的に解決される。

これは、マネジメントシステムとゼロ災運動との一体的運用のひとつの姿ともいえる。

【 KYT 】	【 リスクアセスメント 】
・定期的に、あるいは日々の作業にかかる都度 ・直面する作業に潜む危険を予知し ・当面の現場レベルの対策を立て実行する	・定期的に、あるいは設備の新設・改造、作業方法の変更時 ・計画的・網羅的に危険性又は有害性を特定し ・設備改善や作業方法の見直しを行い ・リスク低減措置を実施する

図2

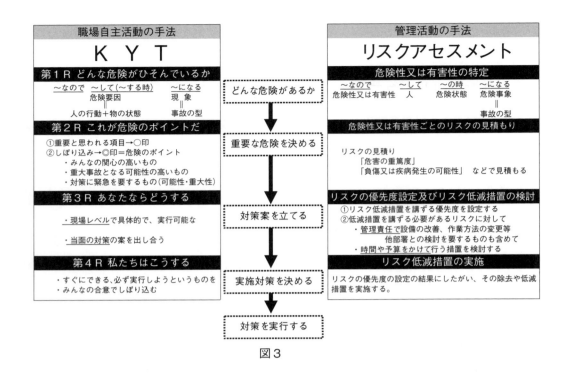

図3

4　KYTとリスクアセスメントの関係

　職場自主活動の「KYT」と管理活動の「リスクアセスメント」は、どちらも「安全衛生先取りの手法」である。どちらの手法も、「どんな危険があるか」を具体的にとらえることが最も重要である。リスクアセスメントの出発点である「危険性又は有害性の特定」には、現場のKYTの実践がより効果をあげる。

　また、リスクアセスメントで示された残留リスク、特に人の行動で対策を進めざるを得ない場合やレベル評価が低いリスクの場合では、作業者の行動による対策となる。そこにKYTが対応する。

[必要な取組み]

　リスクアセスメントの危険性又は有害性の特定には、日頃からしっかりしたKYTを行っている現場第一線の危険に対する感受性が活かされる。

　KYTを実施していないところは、リスクアセスメントと並行して新たにKYTの取組みを、また、すでに実施しているところは、KYTの質はどうか、形式的に流れていないか、などについて現状の見直しを行おう。

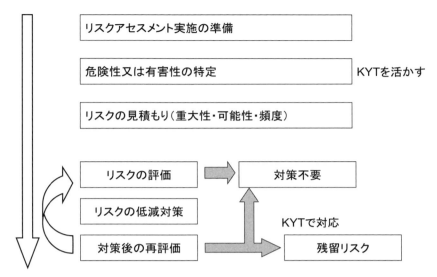

図4　リスクアセスメントの流れ

あ と が き

　本書は、ゼロ災運動50周年を機にゼロ災運動の理念3原則を再構築したことから、再構築に係る個所のほか、細かな修正を加え、さらに文面を平易に分かりやすく修正した。

　文面の修正によって、従来のゼロ災らしい表現が幾分失われたかもしれないが、人間尊重を基本理念とした運動そのものに変わりはない。ゼロ災らしい表現の一つに「ゼロ災のこころ」がある。こころというと、ゼロ災運動を精神論だと決めつけたがる人がいるが、そうではない。私たち人間は、一人ひとり個性や感情を持つ存在であるがゆえ、システムや方法論、理屈や数値を示して命令するだけでは、人は自ら動かず、人間尊重を基本にした人づくり職場づくりを進めることは難しい。かけがえのない部下・仲間を尊重し、大切にして思いやる気持ち「こころ」を、時に熱意や情熱を込めて伝えることが、ゼロ災の真意や必要性の理解、信頼関係の構築へつながり、ゼロ災運動の目指す人づくり職場づくりに影響を与えるのである。

　このゼロ災運動推進者ハンドブックは、トップ・経営層や管理者、安全衛生スタッフおよびゼロ災運動を推進する方々が常に手元に置き、ゼロ災運動推進の参考にしていただくとともに、テキストとしてゼロ災運動トップセミナーやゼロ災運動プログラム研究会において使用している。また、本書から「ゼロ災のこころ」の一端を読み取っていただければ幸いである。

　このハンドブックが、ゼロ災害運動の理念とその実現のための知恵と工夫を集大成したものとして活用され、ゼロ災運動のさらなる普及とともに、労働災害とすべての事故・災害の防止、健康の保持と健康づくりに貢献していくことを願ってやまない。

　令和6年10月

中央労働災害防止協会

ゼロ災運動推進者ハンドブック

平成17年 9 月30日	第 1 版第 1 刷発行
平成21年12月18日	第 2 版第 1 刷発行
平成28年 3 月25日	第 3 版第 1 刷発行
令和 6 年10月30日	第 4 版第 1 刷発行

編　　　者	中央労働災害防止協会
発　行　者	平　　山　　　　剛
発　行　所	中央労働災害防止協会
	〒108-0023
	東京都港区芝浦 3 丁目17番12号
	吾妻ビル 9 階
	電話　販売　03(3452)6401
	編集　03(3452)6209
印刷・製本	サンパートナーズ株式会社

落丁・乱丁本はお取替えします。　ⒸJISHA 2024

ISBN978-4-8059-2129-6　C3060

中災防ホームページ　https://www.jisha.or.jp/

本書の内容は著作権法によって保護されています。
本書の全部または一部を複写（コピー）、複製、転載すること（電子媒体への加工を含む）を禁じます。